你是这样的人

——回忆周恩来口述实录

顾问：周尔均 廖心文　主编：邓在军

人民出版社

《沉思中的周恩来》——意大利著名摄影家焦尔乔·洛迪于 1973 年 1 月 9 日摄于北京人民大会堂。

拍摄这张照片时，周总理已被查出患有膀胱癌，病情开始加重。此时，也正是他积极推动邓小平复出工作的重要历史时刻。照片展示了他过人的风采和沉稳的身姿，在他那深邃的目光中，饱含着对国家命运的忧思和对未来的坚强信念。

这张照片一经发表，很快传遍了我国千家万户，曾被邓颖超赞为“恩来同志生前最好的照片之一”。

1997 年 7 月，为纪念周恩来诞辰 100 周年，洛迪先生亲赴巴黎，把这张原版照片面赠本书主编邓在军夫妇，并题词：“百年恩来—— 一位世纪伟人”。这是国内仅有的一张由作者签名、题词的原版照片。

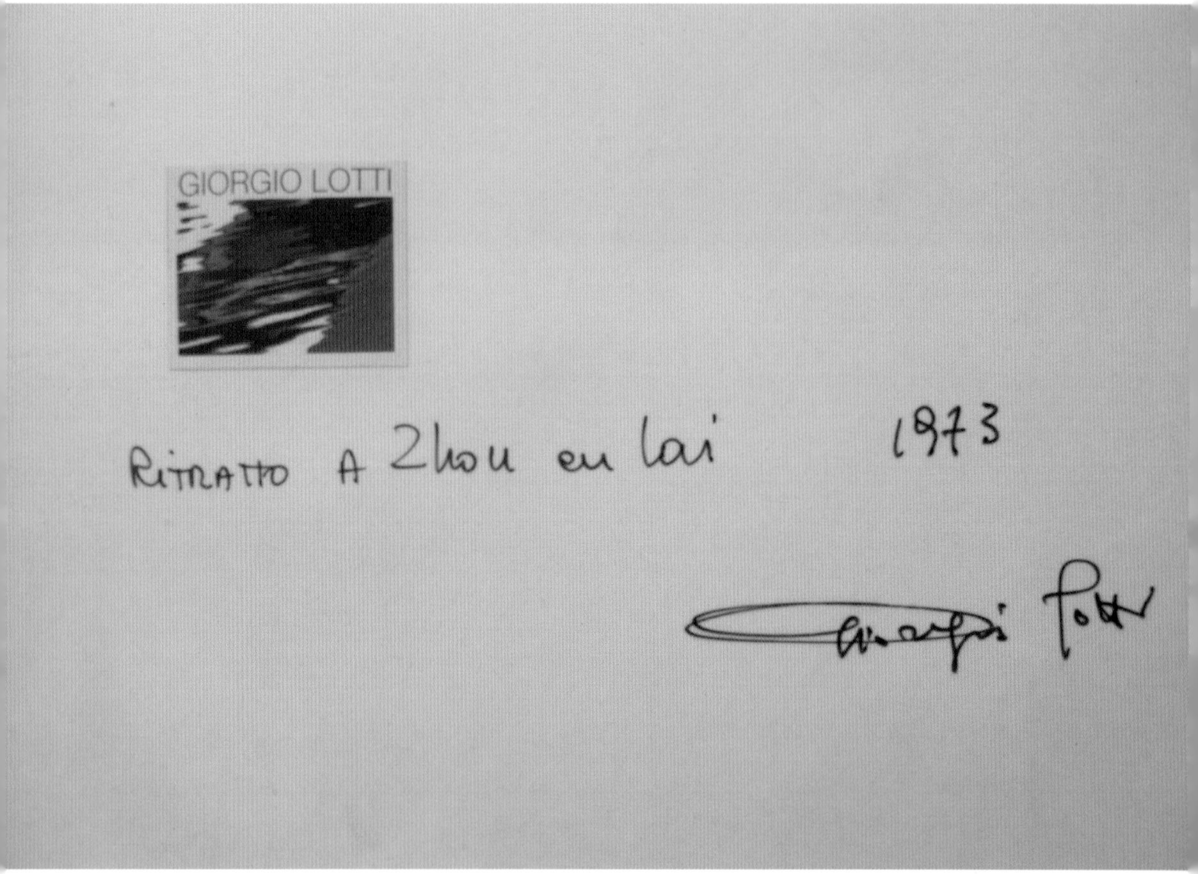

焦尔乔·洛迪在面赠邓在军夫妇的《沉思中的周恩来》原版照片背面，亲笔签名并贴有他本人的印花票。

重印说明

《你是这样的人——回忆周恩来口述实录》自2013年纪念周恩来总理诞辰115周年之际出版以来，深受广大读者的欢迎。我们在北京、上海、绍兴、淮安、苏州、海口、三亚等地举行读者签名会。每到一处，现场都会排起长龙，热心的读者手捧新书耐心等候，书中部分作者秦怡、郭兰英、林丽韫、高振普、赵炜与我们共同出席签名会，尽管他们多已年届八十，著名电影表演艺术家秦怡年龄已逾九十岁高龄，但面对许许多多热爱周恩来总理的读者，全都不顾疲劳，一签就是几个小时。不论是签名者，还是读者，都将他们对于周总理的深切怀念融入到整个活动当中，场面热烈感人。

此次重印，我们校订了个别错谬之处，增加了一篇著名音乐指挥家严良堃的回忆文章，其他文章均未做改动。

特此说明。

周尔均、邓在军

2016年7月

出版说明

今年是我们敬爱的周恩来总理诞辰115周年，为了纪念这位世纪伟人，我们编辑出版了《你是这样的人——回忆周恩来口述实录》这本书。

十七八年前，为了纪念周总理诞辰100周年，著名电视艺术家邓在军为了筹拍大型电视艺术片《百年恩来》，在1995年至1998年近三年的时间里，采访了300余位和周总理亲身接触交往过的各界著名人士，并做了详细记录。之后，她又在执导纪念周总理诞辰110周年大型文艺晚会《你是这样的人》前后，采访了有关人士。本书在约400篇采访记录中精选出63篇，根据被采访人所谈内容的历史顺序，精心编辑而成。全书基本保持了被采访人的个性和语言特点，使读者能从书中共同体验他们人生中最宝贵的记忆与最真挚的情感。书中的许多被采访者已经故去，因此本书所记录的大量鲜为人知的史料更加弥足珍贵。

周总理的一生，事迹浩如烟海，本书涉及的只是其中很小的一部分，但所表达出来的却是不尽的思念。周总理的精神，就是我们中华民族精神中的精华所在，永远值得我们珍视。

本书由邓在军亲自主编、周总理的侄儿周尔均将军和周恩来研究专家廖心文同志担任顾问，对于他们为本书做出的贡献表示感谢。

人民出版社

2013 年 8 月

目　录

首义战旗红，功在第一枪

肖　克

中顾委常委、国防部原副部长

1924 年 11 月，周恩来同志主持的中共广东区委商得孙中山同意，建立了中国共产党领导下最早的一支革命武装——大元帅府铁甲车队，广东区委选派了五个干部到铁甲车队担任队长、副队长、军事教官等，周士第是五个人中的一个。

周恩来同志在广东期间做了大量工作，影响也最大。第一次东征时，他是以黄埔军校政治部主任身份随军，从广州出发，打到潮州、汕头。第二次东征，他是以国民革命军第一军政治部主任和东征军总政治部总主任身份率军出发，参与指挥了打惠州战役。第一军军长是何应钦。

叶挺的独立团中有许多共产党员，建立了共产党的支部。北伐出发时，恩来同志曾经去欢送他们。到了武汉，叶挺独立团仍然由共产党指挥。

1927 年 7 月中央决定发动南昌起义，指定周恩来为前敌委员会书记，还有三个委员：李立三、恽代英、彭湃。起义时就是由前敌委员会加上军事领导人指挥。我当时在军事委员会参谋团的布告上见过周恩来的名字。还有刘伯承、蔡廷锴、贺龙。当时在党员里面传达，军事工作由周恩来领导。我当时在叶挺的71团第8连任连指导员。

八一南昌起义“功在第一枪”。对国民党叛变革命，共产党敢打第一枪。

我们打河南的时候，汪精卫、孙科、冯玉祥正在郑州开会。那是国民党右派动摇的时候。武汉方面不叛变，我们不会起义。

汪精卫宣布张发奎为第二方面军总指挥，黄琪翔为第4军军长，贺龙为第20军军长。后来成立警卫团。警卫团也是党领导的。叶挺去找张云逸，张云逸去找了张发奎，让叶挺当团长，当时可以任命连长，就把好多共产党干部带进来了。秋收起义以后，毛泽东同志能顺利地把这支队伍带上井冈山。没这个基础，旧军队能带走啊？这是我们党做了工作的。

南昌起义时朱德同志说“工农从此有了武装”。“第一枪”是恩来同志讲的。

南昌起义后朱老总领导湘南起义，然后同毛泽东会师井冈山。在井冈山，朱毛领导我们打仗，然后又到福建。

上井冈山是28团，31团，还有32团。那时你一查干部，都是参加过南昌起义的。

南昌起义战斗力最强的是贺龙的第20军。南昌起义部队保持了叶挺独立团的战斗风格，干部也还是那些。

南昌起义的时候，天气热得很。党员干部白天去看地形，我的队伍住在宽化中学。原定夜里3点起义，结果跑了一个人，赶快干，到天亮时就解决战斗了。革命委员会的主席团有宋庆龄、邓演达、郭沫若、谭平山。第二天革命委员会的布告就出来了。参谋部的布告也出来了。发动“八一”起义，我们党员前一天就知道了，最重要的是党员守秘密，看了地形以后回来准备，都是秘密准备，只是几个党员干部秘密准备。我们 3 号离开南昌，那时我才 19 岁。

南昌起义失败后，我们先入广东，部队散了，留下一小部分。周恩来同志非常有军事才能。我们当时就是往彭湃那里去。国民党军队多哇！我们军队少。但是我们的军队毕竟是党领导的，有党员带着。枪也不多，我们只有几百支枪，部队留下很少一点。

恩来同志领导了南昌起义以后到上海，管全国的军事组织工作。向各地方派军事干部，都是他在派。那时中央发了不少军事文件，通报各地军事、军队情况。

1930 年 7 月底中央写了封信到中央苏区，纠正肃反扩大化、简单化的错误。这封信送到江西，中央苏区赶快采取措施纠正错误。这个信写得很好。

我问过邓大姐，周恩来同志当时纠正肃反简单化、扩大化你知道吗？她说："知道。是不是他起草的我不知道，但指出这个问题我是知道的。"我想这么重要的批评中央苏区的信不是他主持是不可能的。据说情况是欧阳钦汇报的。

第四次反"围剿"，是消灭国民党蒋介石军队最多的一次，周恩来和朱德、王稼祥负责。消灭了国民党第 5 师周士达旅，52 师 3 个旅 6 个团，还有 59 师，特别是 11 师，是国民党军队主力军中的主力。当时他是红一方面军总政治委员，朱德是总司令。

我当时在 17 师，恩来同志通过文电指挥我们的工作。蒋介石抽调 4 个师到福建去镇压十九路军，中央以朱、周名义发电报，让我们截断铁路，阻止蒋军东进。当时在文电上见到他的名字。解放后到北京才见过他的面。

解放战争中的周恩来

张清化

中国人民解放军总参作战部原顾问

1947 年 3 月，敌人进攻延安，那个时候中央已经看出蒋介石要进攻延安了。因为到处已经打起来了，就差没攻延安了，于是布置延安军民撤退。我们作战部的文件，重要的都已经转移了。在王家坪总部成立了西北野战兵团司令部，彭德怀当司令员、张文舟当参谋长，就在那儿组织起这个班子，我们作战部一部分人就参加了一野。

到了最后，毛主席、周恩来副主席都到了王家坪。恩来同志就亲自布置和组织撤退，他到处检查，坚壁清野。敌人是 1947 年 3 月 19 日占领延安的，3 月 17 日，作战部的最后一批撤离延安。周副主席跟毛主席是 3 月 18 日晚上撤退，他们坐一辆吉普车，撤离延安，到了枣林沟，在那儿停了下来开中央工作会议，研究下一步的部署。最后决定毛主席、周恩来、任弼时同志留下，后来还有陆定一、胡乔木也留下了。那个时候叫前委，前方委员会。另一部分包括朱德、少奇同志，过黄河到石家庄这一边，成立中央工委。又决定由杨尚昆和叶剑英几个过黄河，成立中央后委，周副主席亲自过河布置后委的工作，从枣林沟就走了，以后才回到前委。在王家湾那个地方住得比较久。

我一过河，中央就打来电报，让作战部赶紧组织一个作战组过来，作战组是我率领的，情报组是罗青长率领。我们两人带个警卫连到王家湾和中央联系上了，直接归周副主席指挥。彭德怀原来是总参谋长，他去西北野战兵团后，就是周恩来代替他指挥全国的作战，命令下得迟一些，是 1947 年 8 月 1 日下的命令，由周恩来代理总参谋长，实际上他早就在那儿指挥了。

周恩来同志在军队的指挥上面非常出色。他领导过上海工人武装起义、南昌起义、中央苏区的多次战役和二万五千里长征作战，有着丰富的经验，是这方面的天才，他和毛主席的配合非常默契。毛主席讲过嘛，恩来同志是最得力的助手！在陕北这个阶段更是这样。

我们知道，中央转战陕北的胜利，对解放战争在全国取得胜利，起到了关键的决定性的作用。在这个期间，好多的战役发起、战役前准备、战役的组织实施或者在战役进行中，好多很好的主意都是周恩来提出来。毛主席一看，行，很快就一起签发。很多电报，毛主席都是批示，“周阅后给大家传”。那个时候急，不能耽误时间。也有很多电报是周恩来起草的，请毛主席阅后发给大家看，因为要争取时间。要不说我们抓战机抓得非常好嘛！敌人那个时候由全面进攻改成重点进攻，其中的一个重点就是陕北。咱们相当困难，一边行军，一边指挥陕甘宁的作战，同时指挥全国的作战。我们的公文包都是背着，一停下来就赶快办公，该报告的及时报告，那个时候也没什么疲劳不疲劳了。我们有四五个参谋干这个事，周副主席是比较满意的。从重庆一直到我们在陕北作战，我们都跟着他。他一直给我们讲，对敌情怎么判断，对我情怎么掌握，怎样争取时间。

在对整个战局的判断和把握上，我举一个例子：当时敌人的力量是我方的 10 倍以上，我们两万多人，敌人二十几万人。原来决定调陈赓兵团到陕北来，后来周恩来一想，这一来虽然增加了力量，但是粮食怎么办？接下来大概跟主席商议后认为，不能来，叫他下洛阳，陈赓兵团后来就从洛阳打了出去！我们作战困难，但是没有粮食更困难。这样就把原来的决定改变了。虽然是在边区指挥作战，心里要统管全局，牵制敌人。

当然也有很危险的时候，敌人在山那边，我们在山这边。最紧张的时候是过绥德，我们从大李川往绥德走，敌人后面从大李川追过来，那一天，从绥德北边过桥的时候，都是跑着步过去的。以后就是跑到沙家店，组织了沙家店战役。

另外，周副主席在后勤保障这方面，组织指挥也很周密。陕北不像咱们这个平原到处有吃的，那个地方人少，地里也长不了多少东西，没有东西吃。部队两三万多人，再加上民工，过这么一趟，这地方什么都没有了，仗就没办法打。在这种情况下，周副主席安排，贺老总支援，从河东往这儿运粮食。那时候运粮食也麻烦啊，背一袋子回来，路上就消耗了近一半，运输是个大问题。要保证群众有吃的，保证部队有吃的，没有饭吃就不能打仗，是个大问题。周副主席在这上面费了不少心思，在后勤的组织方面耗费了不少精力。

在这儿两万多人，从 1947 年的 3 月到 1948 年的 3 月一年时间，把敌人基本打垮了。中央走了多少地方？从延安出来，一站一站，大概走了 41 站，有的地方经过两次。一年多一点的时间，就把敌人给打垮了。我们是 1948 年 3 月过的黄河，中央转移。在这个期间，凡是大的活动，只要是毛主席最后下了决心的，最后都是周恩来同志组织实施、落实。在我们消灭沙家店的敌人以后，毛主席跟周副主席到一个小村子，我，还有个参谋，跟着他们去的，在那个地方谈下一步的工作，从哪儿打出去，先打什么地方。那个时候就说陕北的形势已经发生了大的转变。1947 年年底中央开了会议，毛主席作《目前的形势和我们的任务》的报告。中央会议开了以后，到 1948 年，我们就在杨家沟住，当时那儿是陕北的“小上海”，房子挺漂亮的。预见到整个的战争形势要转变了，全国胜利要到来了。那个时候周副主席就想到了新形势下军队怎么建设，首先要有军旗、军徽、军章、臂章等。

1948年2月21日，周副主席起草了给各野战军的电报，让大家提出意见，要搞个军旗，咱们快到二百万军队了，没有军旗不行，正规化必不可少，还有臂章、胸章，都得有。因为那个时候已经有反映，随便弄个五星就戴上了，不统一。他就让大家现在不要乱搞，先把意见提出来，军委研究。这个电报是在杨家沟发出去的。后来转移到西柏坡，恩来同志就把这个任务交给我们一局办。到了西柏坡七届二中全会期间，我们设计了几个样子，最后由毛主席决定的，也是毛主席和周副主席两人决定的，军旗上要有“八一”。我们又设计用五星，是黄边的，里头是红色的。这是西柏坡定的初步方案。到了北京，在香山双清别墅，最后确定了八一军旗现在的样子。周副主席看了后，说，“行了！”还确定了旗子的大小，军里要多大的，师里要多大的。毛主席看后，还组织了授旗仪式，拍了电影，《人民日报》发了社论。这是周恩来从陕北一直到北京抓这件事，直到最后批准，全国实行。

三大战役的时候，毛主席、周副主席日夜不睡觉哇！我们同样日夜不睡觉哇，有情况就报。开始从苏北、苏南，到徐州，碾庄战役，打得很苦哇！一定要拿下。中央命令重新组织力量把华野、中野联合起来，邓小平任书记，刘伯承和陈毅任司令员。那个时候下的死命令，无论如何不许长江以北的国民党军撤退到南边。要不然，下一步过江就麻烦了。过去是保存实力，消灭敌人有生力量，现在是不惜牺牲，消灭敌人有生力量。就这样下的决心，打淮海战役。

辽沈战役时装备等各方面都比较好，打得比较顺当。辽沈战役后东北野战军准备在东北休整一个多月的，后来研究，不行，这一休整，敌人可能跑掉，几十万兵力跑到南边去，这就麻烦了。所以决定四野提前进关。平津战役也是讲究艺术的，对北平是围而不打。

三大战役时，周副主席除协助毛主席指挥作战外，对后勤工作也抓得很紧。杨立三当时任后勤部长，恩来同志经常找他商量，部队穿什么，吃什么，从全军、从缴获里边怎么调。每天晚上我陪着他，他总是说：你去睡一会儿。他住的房子就是小作战室。

周恩来早年投身五四运动，发起成立进步学生组织觉悟社。图为觉悟社部分成员合影。后排右一为周恩来，右五为马骏，右三为郭隆真；前排右二为刘清扬，右三为邓颖超(1919年)

图为《百年恩来》摄制组采访觉悟社最后一位成员、百岁老人管易文。已经完全失去记忆的管老，面对周恩来的照片，竟然连续高呼三声：“音容宛在，永别难忘。”50多天后，管老离开了人间。照片上方为周总理逝世当天，管老流泪手书的条幅。(左为管老夫人黄范，右为邓在军。1996年)

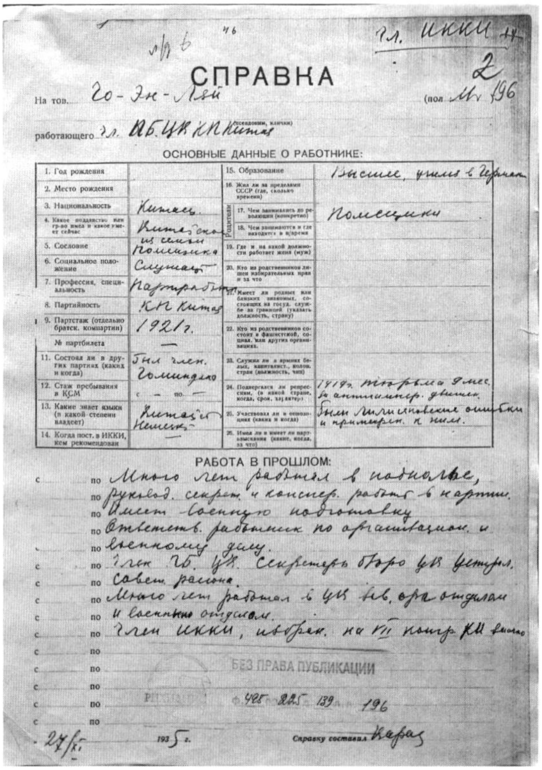

СПРАВКА

На тов. Го-Эн-Лай (пол. Мr 196)

работающего гл. ЮБ. ЦК КП Китая

ОСНОВНЫЕ ДАННЫЕ О РАБОТНИКЕ:

1. Год рождения		15. Образование	Высшее, учился в Германии
2. Место рождения		16. Жил ли за пределами СССР (где, сколько времени)	
3. Национальность	Китаец	Родители: 17. Чем занимались до революции (конкретно)	Помещики
4. Какое подданство или гр-во имел и какое имеет сейчас	Китайское	Родители: 18. Чем занимаются и где находятся в н/время	
5. Сословие	из семьи помещика	19. Где и на какой должности работает жена (муж)	
6. Социальное положение	Служащий	20. Кто из родственников лишен избирательных прав и за что	
7. Профессия, специальность	Партработник	21. Имеет ли родных или близких знакомых, состоящих на госуд. службе за границей (указать должность, страну)	
8. Партийность	КП Китая		
9. Партстаж (отдельно братск. компартии)	1921 г.	22. Кто из родственников состоит в фашистской, социал. или других организациях	
№ партбилета	—		
11. Состоял ли в других партиях (каких и когда)	Был член. Гоминдана	23. Служил ли в армиях белых, капиталист., колон. стран (должность, чин)	
12. Стаж пребывания в КСМ	с — по —	24. Подвергался ли репрессиям, (в какой стране, когда, срок, характер)	1919 г. тюрьма 9 мес. за антиимпер. движен.
13. Какие знает языки (в какой степени владеет)	Китайский, Немецк.	25. Участвовал ли в оппозициях (каких и когда)	Были лилисановские ошибки и примирен. к ним.
14. Когда пост. в ИККИ, кем рекомендован	—	26. Имел ли и имеет ли партвзыскания (какие, когда, за что)	

РАБОТА В ПРОШЛОМ:

по Много лет работал в подполье,
по руковод. секрет. и конспир. работы в партии.
по Имеет военную подготовку
по Ответств. работник по организацион. и военному делу.
по Член Гб. ЦК. Секретарь бюро ЦК центрл. совет района.
по Много лет работал в ЦК в в. орг. отделом и военным отделом.
по Член ИККИ, избран. на VI конгр. КИ

БЕЗ ПРАВА ПУБЛИКАЦИИ

ф. 495 - 225 - 139 - 196

27/XI 1935 г. Справку составил Карас

1921年春天，经张申府、刘清扬介绍，周恩来加入中国共产党八个发起组织之一的巴黎共产主义小组，从事党的创建活动。图为1996年拍摄《百年恩来》电视专题艺术片时，在俄罗斯中央档案馆发现的周恩来为共产国际填写的履历表，其中注明：1921年加入共产党

1924年，中国社会主义青年团旅欧支部部分成员在巴黎合影。前排左四为周恩来，左六为李富春，左一为聂荣臻；后排右三为邓小平

1927年，第一次国共合作破裂前后，为挽救中国革命，周恩来领导了上海工人第三次武装起义和南昌起义。图为领导上海工人第三次武装起义时的周恩来

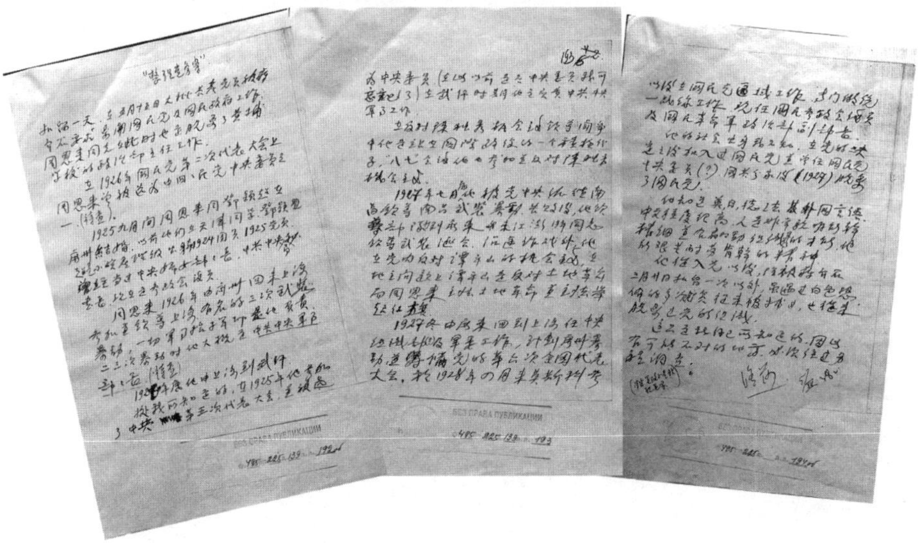

拍摄《百年恩来》期间，俄罗斯中央档案馆提供的蔡畅（别名洛莎）于1938年7月为共产国际写的关于周恩来的旁证材料。其中提到：“周恩来1926年由广州回来上海，参加并领导上海有名的三次武装暴动，一切军事指挥都是他负责”，“1927年7月底他被党中央派往南昌领导南昌武装暴动。”此材料的最后一页有她亲笔签名“洛莎”

1931年12月，周恩来抵达中央苏区，担任红军总政治委员、中央革命军事委员会副主席等职。图为1933年12月，和红军第一方面军部分领导人在福建建宁合影。左起：叶剑英、杨尚昆、彭德怀、刘伯坚、张纯清、李克农、周恩来、滕代远、袁国平

1937年，与毛泽东、博古合影

西安事变和平解决后，周恩来参与同国民党的谈判，建立抗日统一战线。图为与八路军副总司令彭德怀(左二)、郭沫若(左三)、叶剑英(左四)合影(1938年)

抗日战争期间，周恩来臂伤后为共产国际提供的照片，由俄罗斯中央档案馆提供(1940年)

抗日战争胜利后，周恩来代表中国共产党参加由马歇尔、张治中组成的三人小组与国民党进行谈判(1946年2月)

与马歇尔(右三)、张治中(右四)同随行的北平军事调处执行部成员沃尔特·S·罗伯逊(右六)、郑介民(右五)、叶剑英(右一)视察张家口时，在晋察冀军区司令部门前合影

步出南京梅园新村17号住宅，
去同国民党谈判(1946年)

1946年11月，周恩来回到延安，和毛泽东、朱德在一起

在西柏坡签署作战命令(1948 年)

1949 年 10 月 1 日，周恩来被任命为政务院总理兼外交部部长。图为在中央人民政府委员会第一次会议上讲话

周恩来的延安情

土金璋

原延安地委书记

在我脑子里印象最深的一件事，就是陈有才的事。陈有才是战争年代周恩来同志的警卫参谋，抗战初期牺牲了。陈有才的事发生在1937年4月，恩来同志和张云逸、孔石泉，要通过西安，由西安再到南京到庐山，去和国民党谈判红军的改编问题。

走到离延安50华里时就发生了劳山遭袭事件：国民党、土匪事先准备好了近百十多个人，他们把机关枪都架起来，就在那儿堵截。据说这是内部有人把消息传出去了。

在这次事件中我们牺牲了11位同志，陈有才也牺牲了。恩来同志的警卫员刘久洲对我说过，当时恩来同志和他们坐一辆大卡车，车上坐的是警卫员，孔石泉、张云逸也坐在卡车上面。驾驶室里司机旁是陈有才，陈有才旁边是周恩来。敌人一打，把司机打倒了，再一打就把陈有才打了。恩来同志不是在车的右边嘛，他迅速下车指挥反击。结果牺牲了11位同志。

这件事情，恩来同志一直念念不忘。1970年6月1日，邓颖超大姐到延安来，在宝塔山跟我说起这个事。她说："金璋同志，我有一个事情要跟你说一下，我这次来的时候，总理跟我说，陈有才同志是替他死的，你要想办法把那个坟墓给找到。”她也是听人说，大致上是在清凉山，具体哪一个位置她也说不清楚。

宝塔山和清凉山是遥遥相对，宝塔山在南边，她当时是面向着这个山说。邓大姐把事情的过程给我说了一下，一边说，一边流着泪。说完了以后，把我叫过来，在这儿照了相，做个纪念。

这是周总理的指示，邓大姐转告的。我们就找过去在直属队的周恩来的警卫员，查资料，问群众。经过我们调查研究，还组织了几个人，基本上搞清楚了陈有才的坟墓肯定是在清凉山上。但是清凉山烈士的坟墓比较多，大致的位置大家讲是靠南边，到底是哪一座，说不清。

1973年6月9日周总理来延安，他问我："哎，我请大姐跟你说的那件事，你给我办得咋样啊？"我知道这就是问陈有才的坟墓找到没有。我向他详细汇报了。他把当时的战斗经过，他怎么脱险，给我说

重返故地——1973年6月9日周恩来回到延安

了一遍。大姐说过一遍，恩来同志又亲自和我说了一遍。总理跟我讲，陈有才是替他死的。陈有才身上装着他的一个名片，他当时做交际和联络工作。陈有才穿的衣服比较整齐的，一身黑衣服，戴着一个礼帽，长得也很精神，结果敌人以为打死的就是周恩来，所以就没继续追。恩来同志讲："敌人从西面那个沟翻过去，走了。他们都是长枪，我们都是短枪，敌人要是拿长枪射我，打我，我们也走不了。敌人要是追赶我，我们人少，武器只是短枪，也不好脱险。正因为敌人在陈有才身上找到了我的名片，所以没有追，这样陈有才代替我死的。"

作为一个大国的总理，他的一个警卫参谋牺牲了这么多年，一直念念不忘。直到 1973 年，还那么认真地要把陈有才的坟墓给找到，这说明他的高尚品格，心中始终有他人，给人以非常深刻的教育。

周总理生前非常关心人民，特别是非常关心延安人民的生活和生产。1970 年他从各个方面了解到延安人民还吃不饱饭的时候，就把地委负责人和省委负责人召集到北京开会研究。1973 年 6 月 9 日，他陪外宾到延安之前，邓颖超大姐让秘书赵炜给我打电话，说外宾住在延安宾馆，周总理还住在南关招待所。南关招待所是陕甘宁边区时候的交际处，那时经常接待外边来的人。当时我对他的意图还不十分了解，但多少也想到，周总理这次一方面是陪外宾来延安；另一方面也是要解决延安人吃饱饭的问题，这就是后来周总理提出的"三变五翻"，三年变面貌，五年粮食翻一番的问题。

6 月 9 日这一天中午吃饭，外宾在宾馆里吃饭，南关招待所准备了两桌饭，当时安排省上的同志和延安的几位主要负责同志和周总理坐一桌，其他延安的书记专员坐一桌。坐下以后，周总理说："今天中午，你们省上同志坐一桌，延安的书记专员、常委和我坐一桌。"这样，省上同志到另外一桌，我们都来和周总理坐到一起了。因为周总理不常回延安来，我们给准备的好酒，有茅台酒，有西凤酒，有白米，有细面馍，周总理都不吃。他只吃了一碗小米饭。他说：延安的小米很香，很好吃。他又说延安人民吃不饱饭，我咋能在延安来吃你们的好饭？周总理说："我这个总理没当好，延安人民没饭吃。"他是含着眼泪说这话的。他是在承担责任啊！周总理他可是全国人民的总理啊！当时周总理这么一说，我们是在延安工作啊！我是地委副书记、副专员，我们是在那儿身临其境的人，当时我们都几乎要掉下眼泪来了。

在吃饭当中他又提出来："我要和你们商量一件事，延安用三年时间改变这个落后的面貌，五年粮食在现有的基础上翻一番，行不行？"当时的地委书记叫许效民，他和其他书记、专员异口同声地说：行！三年变面貌，五年粮食翻一番，行！周总理说："好！我就要这句话。"当时我在他左边坐着，书记在他右边，中间还隔着一个人。周总理就叫着我的名字："拿酒来！"服务员给每个人斟了一杯酒。周总理向大家说："为延安三年变面貌，五年粮食翻一番，干一杯！"这样大家都站起来，干！碰杯！碰杯的响声都很大。干杯以后，周总理从书记和我那儿开始，和每个人握手。因为大家都很激动，握手时候手劲很大，发出了声音。握手的时候，服务员在门口站着，还有炊事员们看着，后来在延安传出去：为延安三年变面貌，五年粮食翻一番，周总理和延安地委的领导同志击了掌。击掌，用陕西和陕北话来说，就是赌了咒、发了誓的意思。后来我一听，这么理解也很好嘛！群众传说击了掌，意思就是说，看你们当地领导能不能做到翻一番？群众说，你们看周总理这样关心我们，周总理又流了泪，又承担责任，看你地委能不能做到粮食翻一番。当时我们地委领导向周总理表了态，也确实下了决心。周总理这是 1973 年讲的，到 1978 年够 5 年了，那个时候还不是放得很开，1978 年粮食增加了一成，到了 1979 年在原来的那个基础上才翻了一番。原来延安辖 14 个县，130 多万人，平均不到 500 斤，后来翻一番是 900 斤，不到 1000 斤。到了 1980 年，就是十一届三中全会以后，改革开放后，情况发生了很大变化。

军事家周恩来

张 震

中央军委原副主席

周恩来同志是我非常崇拜的一个人，崇敬的一个人，他军事上也好，政治上也好，各个方面，都是全党全军的楷模，所以在他逝世的时候，我们在总后的门口站了一个小时，等待灵车通过。那个感情，那个压抑的心情是无法用语言来表达的。

我们印象最深的是周恩来同志领导的南昌起义，打响了武装反抗国民党反动派的第一枪。朱德总司令对南昌起义有个评价：从此人民有了自己的军队，建立了人民的军队。秋收起义不同于南昌起义，南昌起义是一个大战役，我记得我们后来到会昌时还看到挖的战壕里，子弹壳啊，尸体啊成堆，这里是南昌起义部队与钱大钧决战的地方。那一仗没打好，部队退到广东去了。如果那个时候与江西农民结合起来搞根据地，那后来保存的部队还会多些啊！

后来毛泽东同志领导秋收起义吸取了南昌起义的教训，打大城市不成，就上山当“山大王”，依托山区发展自己。建立武装以后，对人民军队怎么样建设党内有很大争论。

毛泽东同志讲：我们还是要建立人民的军队，这支军队是完成政治任务的集团，波浪式地发展，发展以后要建立根据地。不同意见的人说那样部队太苦了。这样争来争去，就在红四军七大上把毛泽东的军委书记选掉了，陈毅当了军委书记。

以后，山头主义、农民意识、家乡观念等错误思想在部队蔓延。湖南的部队想回湖南，湘南的部队要回湘南，结果打了两个败仗，到红四军八大开会时，结论都没做，陈毅就到上海找周恩来。周恩来同志对当时的前委有一个指示，被称为“九月来信”。信的核心意思就是要让毛泽东同志来领导。周恩来那时认识到毛泽东是对的。周恩来当时是中央军委书记，都受他领导。陈毅把信带回来，接到信以后，毛泽东不来，说：你们糊里糊涂把我搞下去，现在又糊里糊涂要我上台，那不行，咱们要讲个清楚。他花了几天时间做准备，开了个古田会议。这个古田会议解决了我们建军的方针问题、路线问题、政策问题，到现在我们解放军还是按这个方针来做的。

所以我们讲周恩来同志的伟大：第一个，南昌起义打了武装反抗国民党反动派的第一枪，使人民有了军队。第二个，“九月来信”对统一大家的思想起到重要作用。

恩来同志到中央苏区后，我们没有什么接触，我还年轻哪。我记得我到瑞金参加过一次周恩来主持的团委书记会。我是一个步兵团的团委书记，恩来同志是江苏人，说话听不懂，就吃了几天好饭，在稀饭里面放白糖就是很高的待遇，很了不起啦。

红军第四次反“围剿”是周恩来和朱德统一指挥的。这个仗同我们以前的战役不一样，一、二、三次反“围剿”都是诱敌深入，在苏区的中心打的。这次有个特点，是在苏区的前沿打的，采用伏击战，大规模的运动战，分进合击。周恩来同志指挥的中央苏区打的最大的一个胜仗，消灭了敌五十二师、五十九师大部，五十二师师长被打伤了，俘虏以后死了。五十九师师长陈时骥被俘虏了，一直到了陕北，他给我们讲地形学，给我们讲课。抗战以后，把他放回国民党去了。

恩来同志那时候留个大胡子，大概是在上海时为了掩护工作方便吧，像牧师一样的，我们看到觉得很奇怪。到了中央苏区后，他也没有剃掉胡子，别人见了都很害怕，感到这个人厉害，很庄严的。

后来，中央动员收复广昌，我也参加了。广昌战斗以后就是单纯防御，敌人前进一二百米、二三百米就支一个堡垒，我们不懂得，我们只有步枪，没有炮，就打不动了，就只有离开阵地，短促出击。毛泽东说，短促出击的失败是我们自己造成的。你应当这么打，把部队带出去，在运动中消灭敌人。当时的中央不同意毛泽东的意见，认为那一套是不正规的，是游击主义，要反对。红军第五次反“围剿”因为执行了中央的路线而失败，打到最后，红军被迫实行战略转移，也就是我们后来讲的长征。当时中央军委直属队在瑞金附近办工厂，办鞋厂、办兵工厂，我们刚从火线上下来，借房子住，那时我们不知道红军要实行战略转移，离开中央苏区。一个星期后，我们出发了。队伍走到湖南、广东边境，仗就好打了，运动中敌人也不多。过第一道敌人封锁线时，中央做了统战工作的，余汉谋把路让出来了。为什么呢？他怕我们到广州去，蒋介石军队追进广州去，把他搞掉。但他提出有个条件：我让开路，你走，你不要把蒋介石的军队引到我那儿来，因为我们走了以后，蒋介石也不好到广东，所以我们就这样通过第一道封锁线，没打什么仗。通过第二道、第三道封锁线时，部队还比较精干，人员比较充实，我那时在三军团，毛泽东建议在湘南打几仗。第四道封锁线过湘江，红军损失惨重。如果那时轻装，把东西都扔掉，我看损失不会那么大。

8 万多人过湘江，只剩下 3 万多人。大家就思考问题了，首先这个问题摆在恩来同志那儿，仗到底怎么个打法？损失这么大！如果还坚持按原计划和红二、六军团会师，敌人结了个大网搞我们，敌人那么多，这个仗怎么打？

那时候，中央领导内部发生争论，焦点在红军战略行动方针问题。毛泽东同志那时病了躺在担架上。王稼祥同志被飞机炸伤了，也在后面坐担架。他们和张闻天一起交谈，认为第五次反“围剿”以来的失败，是由于军事领导上战略战术的错误路线造成的。他们向周恩来建议：鉴于在去同红二、红六军团会合的道路上，蒋介石已设重兵，红军已失去到达湘西的先机，红军应该转到敌人力量薄弱的贵州。那时周恩来有职有权。毛主席只有威望，只能是提提意见。王稼祥也是这样。周恩来支持了他们的意见。这样，红军就改变了方向，向贵州前进，并且召开了遵义会议，解决了红军的战略行动方向问题。

周恩来这一次认识到还是毛泽东的这套行，他就支持了毛泽东。所以遵义会议以后，根据毛泽东的提议，中央决定由周恩来、毛泽东、王稼祥组成三人团，全权指挥军事，周恩来当头。但起骨干作用的还是毛泽东。遵义会议后我们也传达了遵义会议的决定，决定是建立根据地，建立川黔滇边界根据地。

四渡赤水后我们打贵阳，蒋介石以为我们还要过长江，又把队伍调到长江。敌人沿着赤水河做碉堡，我们在空隙之间，30华里的空隙之间几万红军都过去了，毛泽东指挥几万红军。毛泽东用兵如神，一下插到贵阳。

蒋介石慌了，没兵，要云南部队守贵阳，帮他，云南又空虚了，云南部队没赶到贵阳，我们又杀到云南。周恩来同毛泽东协同得非常好。四渡赤水实际上主要的负责人还是周恩来，恩来同志虚心地接受了毛泽东同志的意见。那时候主要是解决军事问题，听三人小组指挥。没有周恩来的支持也难。

我们到了陕北以后的一个问题是地窄人少，粮食困难，所以毛泽东说要东征，利用蒋介石同阎锡山、阎锡山同日本的矛盾。我们依靠山西向东边，向河北发展，不打大城市。周恩来那时任务重，后方一切的安排都是他负责，既要照顾后方，又要照顾前方的红军，一万多红军。接下来东征也是这样的。

周恩来对张学良的统战工作做得好，西征我们打垮了马鸿宾以后，在部队特别是同东北军对峙时，放空枪，晚上自由来往，东北军用汽车给我们运铁来，准备造船过黄河，背靠着蒙古，因为地太窄了。

西征以后，我们打了一个仗，把马承宾俘虏了，接下来把他送回去了，所以就同马鸿宾统战工作搞好了。马鸿宾一直与我们关系比较好，我们不进攻他，他也不主动打我们。以后红军会师了，我们先打了一仗，消灭胡宗南的第一师的一个旅，打完以后，就准备打埋伏，在田边、山边，消灭回到榆林的敌人。

刚刚打完这个仗，正在休整，就发生了西安事变，大家很高兴，周恩来按照中央制定的和平解决西安事变的方针，反复做张学良的工作。我们调回来，集中在三原地区，接下来同张学良、杨虎城谈判，谈判中周恩来起了重要的作用。

当时部队有两种情绪，我们这些人非常简单，认为抓着蒋介石杀掉算了，十年内战都打红眼了。老说打倒蒋介石，抓着还放吗？要杀。后来听说要放蒋介石，是中央决定的，放就放吧，只是憋点气。后来说还要红军改编成国民革命军第八路军，戴国民党军队的帽徽，把红军的五星帽换掉，有不少人想不通，还跑了一些人呢，跑掉一些干部、老兵。他们说：不干了，老子搞这么多年就是打蒋介石，现在还要穿这些衣服，不干了，回家。这样跑了些，但绝大部分人还是听中央招呼的。

抗战开始的时候我在太原，周恩来同志也在太原，住在太原华北军分会，任务之一是统一部队的作战思想，当时毛泽东主张游击战，但前方一些同志说打日本要打运动战，最后洛川会议决定游击式的运动战，打得了就打，打不了就走。为统一这个思想，周恩来在太原召开会议，八路军三个师的师长都来了，又闹又吵的。我们没有资格参会，在外面听着吵，后来思想还是统一了。以彭德怀的名义印制了一个小册子，坚持华北游击战。我把这些小册子送给阎锡山的各部、处。八路军公开以后，我是总部参谋，同阎锡山的参谋部联系。

周恩来同志在太原部署华北工作，组织开展游击战争，派了一些干部出去，争取阎锡山的部队和红军协同打仗，输送一些青年学生到陕北来。日本军队逼近太原，恩来同志非常坚定，我们的汽车都是阎锡山派的汽车，驾驶员跟我们讲：阎主任走了，你们共产党还不走？汉奸和日本人联系，炸弹就打在门口。我们同周恩来住到地下室防空洞里，蜡烛都熄了，也不走。

日军打到忻口时，听到炮响了，旁人都走了，就剩我们三个人，周恩来、彭雪枫带着我。晚上城门堵住了，我们出不了城。彭雪枫带着我去找守太原的傅作义。傅作义下了个手谕，给我们开门。怎么开哪？就在城墙上挖一个通道，弯着腰跑出来了，恩来同志后来也是这么出来的。出了城以后，看见汾河桥上停了一辆装甲车，把桥卡住了，推也推不动，翻也翻不动，过不去了。装甲车里面装的全是虾米，周恩来下决心，把私人东西都扔掉，带电台过汾河，他是不能离开电台的。接下来，我就组织大家过河，把东西都扔了，箱子也扔了，就过去了。他们先过，我最后过，我一过去，他们已经走掉了，一个人也没有了，看不见了，我也没去追他们。我带了个通信员慢慢走，到汾阳才赶上他们。周恩来在那里布置游击战争，彭真也在那儿。

后来在武汉，我又见到恩来同志。我说：你在太原时让我们扔东西，我连衣服都没有了，你得给我一套。他给了我两套衣服。我说我出来了，还没回过家，他又给了我20元钱，那时很值钱。周恩来关心人，他记忆力也强，我当时是试试他，看他记不记得在太原让我们丢东西的事。从那以后我们就分开了，我在河南，只是从电报上得到他的指示如何开展工作，以后一直到抗战胜利。

解放后，我到北京总参作战部工作，那时周恩来是军委副主席，代总参谋长。到1952年5月他就不代了，那时彭德怀从朝鲜秘密回来了，由彭德怀主持。那时还有一个公开的代总参谋长聂荣臻，实际主持工作是周恩来。他很细致，大家都怕，怕他问得细，想得细，记得准。我记得他找杨立三开会算账，三毛三分钱的错都算出来了，搞得杨立三没有办法。我们作战部到军委开会都是列席，但一开会我就紧张得一晚上睡不好，第二天白天又工作，疲惫极了。恩来同志每一个星期都要到居仁堂作战室来，搞得大家很紧张。他每个星期来两三次，记忆力特好，哪个军在哪儿，哪个军的指挥是谁记得很清楚，答错了你就倒霉。他有时候考我们，本来他记得，故意问我们，你答对了他不说话，问问情况，抓得比较紧。他的确很忙，操心部队的装备问题。

恩来同志非常重感情，杨立三病故了，悼词是周恩来念的。告别仪式在一个小礼堂举行，我们都去了。周恩来特别讲到，杨立三从井冈山起，几十年奋斗，对我们后勤建设起了很大作用，特别是过草地时他得了肝脓疡，发着高烧，杨立三亲自参加抬担架，抬着他过草地。周恩来讲到这儿时直流眼泪，哭起来了，我们深受感动。我特别怀念红军时代，红军时候打仗牺牲了一个人，要把遗体抢下来，为了抢遗体，甚至还要牺牲一个人，伤兵不丢，不准丢遗体，伤兵要抢下来，遗体要抢回来埋掉，这是个好作风。

1954年我离开总参，到军事学院学习。在军事学院学习时，两派斗争把我抓起来了。恩来同志知道了，打电话给许世友，要把我送到医院，这样算平静下来了。

对周恩来总理，我尊重他，爱戴他。我就怕他问问题，他问得细，脑子又好使，学识非常渊博。到他那儿开会的话，准备工作要花上一天，因为你不知道他要问什么。他对我们的要求很严格。

铭记周总理的嘱托

罗青长

周总理办公室副主任，原中央调查部部长

1936年我开始认识周恩来同志。1946年从南京回来后一直在他领导下工作。从跟随他转战陕北到他的骨灰撒向江河大地。回想他对自己的教育培养，感慨万千。

解放战争时期，我跟随恩来同志转战陕北。当时敌我斗争的形势非常严峻，敌人以10倍于我的兵力包围我们。中央决定留在陕北，成立中央前委，周恩来任中央军委副主席兼总参谋长。

周恩来同志自南昌起义后一直担任重要的军事领导任务，特别是在解放战争中协助毛泽东，一是军事方面，包括地面战争，“空中战场”。另外是国统区的第二战场。

“空中战场”是看不见的战线，包括双方的通信斗争、密码的保密斗争、侦察情报工作、保卫工作的斗争。这四项是周恩来1928年期间开始创建和领导的，许多是鲜为人知的。

世界战争史上密码失密导致战争失败不乏其例，恩来同志非常注意这个问题。他领导机要人员，在最落后的技术条件下，取得这么高的成功率，保持了通信的秘密。他在陕北曾两次亲自主持机要工作会议。

蒋介石靠美国的装备和专家，还有缴获的日本装备和专家，研究中共的密码，研究中共的通信。蒋介石了解中共情况最重要的渠道，就是每天通过办公桌上的一张地图，了解中共纵队以上的行动方向，作出决策。周恩来同志采取许多措施，确保密码的安全，并且利用蒋的迷信测向的心理将计就计。

1947 年秋天，我军消灭蒋介石 76 军廖昂部，恩来同志命令西北野战军电台集中在延川地区，发出许多加急电报，在清涧附近部署军队，佯攻清涧。胡宗南相信测向报告，不相信廖昂(胡宗南部将，时任整编第二十九军第七十六师师长)的报告。

1950 年解放南京后，缴获档案中有国民党军对我军侦察、测向的报告。报告的结论是：普通密码搞到一些，共产党的核心机密没有得到。

我们党的第一个密码是“豪密”，就是周恩来发明的，他在党内的代号是“伍豪”。也可以说周恩来是密码专家。我党的第一个译电员是邓颖超。解放战争、抗日战争这方面的工作又有很大发展，这是打败国民党的重要因素之一。蒋介石在秘密战线上也打了败仗。

打败蒋介石，有 180 万国民党军起义投诚，绝大部分是周恩来同志在抗日战争初期、解放战争中做了大量很周密的工作的结果。第二舰队起义、江防舰队起义、川军起义、湖南程潜起义、云南卢汉起义、北平傅作义起义，等等，大部分工作，是在周恩来领导下进行的，董必武、叶剑英、李克农等同志也都做了许多工作。

刘文辉是国民党西康省主席，抗战初期在重庆。他要求中共派代表帮助。周恩来派了王少春去。蒋介石对付地方势力的情况，他都向我们通报。解放战争时，他的电台同延安、陕北有联系。

蒋介石的嫡系康泽，是被俘战犯，他曾写信给周恩来说，恩来吾师，我没听你的话。很多地方势力，同中共建立了关系，在解放战争中发挥了作用。

在福建、四川、昆明，都有恩来同志领导的秘密电台。对于推翻蒋家王朝，起了很大作用。

接管大城市，在政策方面恩来同志考虑很多。如对上海的帮派势力，他在西柏坡时发了许多指示，争取杜月笙、黄金荣、杨啸天。杜跑到香港，恩来同志派金山去做他的工作，说：只要不反对新政权，过去的事既往不咎。1950 年我在医院碰到留在上海的黄金荣。他在上海街头贴了认罪书，让他的徒子徒孙遵守新政府的法律。这对稳定当时的社会起了很大的作用。杨啸天作为列席代表出席了在怀仁堂召开的政协会议。还有司徒美堂的洪门会。对稳定社会、接管城市，起了很重要的作用。

周恩来同志对给人民做过有益事情的人，一再告诫我们不要忘记他们。1975 年 12 月 20 日，他病危的时候找我去面谈，除了谈对台湾工作外，也讲到这个问题。

他非常关心张学良。在重庆，在延安，在第二次国共谈判中，非常关心张学良。他写了条子给张学良，写下 16 个字：为国珍重，修身养性，前途有望，后会有期。

很多人从中挑拨张学良与中共的关系，他据理力驳，说与周恩来一见如故。他知道周恩来很关心他。赵四小姐的许多亲戚在上海，出国的事都是我去办的。张学思受迫害，恩来同志很生气。对张群、宋子文，周恩来也做了很多工作。宋子文到香港，周恩来曾带信给他，说西安事变时蒋介石的三条保证是你兄妹保证的。宋说，第一、二条实现了，第三条由于众所周知的原因，我实在无能为力，请周恩来先生谅解。周恩来说：宋子文的话有外交辞令，但也是事实，张学良是“民族英雄，千古功臣”。

1945 年，毛主席赴重庆谈判时，发生了国民党士兵枪击周恩来秘书李少石事件。当时情况很紧张，恩来同志找到宪兵司令张镇，要他保障毛泽东的安全。他拍着胸脯说：“周主任，这件事情放在我的身上，毛先生回去的时候坐我的车，我在车上。”对张镇的保护，周恩来很感激，一直记在心上。周恩来重病期间，还一再向我们交代：如果将来祖国统一，你们一定不要忘记这件事情。

台湾统一是周恩来一生的未了之事。1955 年万隆会议后我们提出解决台湾问题可以有两种方式，一种是武力，一种是以蒋介石、陈诚等做谈判对手，提出“爱国一家，爱国不分先后”。他通过上层民主人士张治中、傅作义、章士钊、屈武等做台湾方面工作。陈诚逝世后，发表公开遗嘱，就没有提反攻大陆。

1964 年政协会议时，周恩来对张治中、傅作义、章士钊说：“我们做的工作不是白做的。”“文革”中他们几位受冲击，周恩来予以保护。章士钊在香港得病住院，周恩来非常关心。傅作义弥留之际，周恩来去看他，说：“你对和平解放北平有功。”傅已不能说话，但面露笑容。

恩来同志教育我们对这些人的名和字以及他们的籍贯都得记熟，有时会考我们。在谈台湾问题时，周恩来反复讲：“求其在我。”

他真正做到“鞠躬尽瘁，死而后已”

童小鹏

周总理办公室主任，中央统战部原副部长

1945 年 8 月 15 日日本投降，蒋介石邀请毛泽东去重庆。10 月 8 日，国共两党约定，10 月 10 日双方在《双十协定》上签字。当天下午，柳亚子来曾家岩，由周恩来秘书李少石送他回沙坪坝，在回到红岩嘴的路上，车子碰伤了一个国民党士兵，他开枪就打，一枪击中了李少石，司机把李少石送到市民医院去抢救后，害怕了，交回车就跑了。钱之光向周恩来同志报告后，周恩来找到宪兵司令张镇，首先问他是不是谋杀，要他去查。第二要他保证毛主席的安全，然后赶到医院去看李少石。恩来同志说：“20 年前我看到你的岳父被国民党暗杀了，没想到 20 年后你也死在国民党的枪下。”李少石的岳父是廖仲恺。

最后查明是误杀，《新华日报》登了启事，说明真相。周恩来临危不惧，机敏果断地处理了这件事。

周恩来的副官龙飞虎写了一本《跟随周副主席十一年》，里面提到李少石死，还按传闻说李少石是被特务暗杀的。恩来同志不赞成这样写，批评了龙飞虎。

解放后谈到对台工作，周恩来同志不止一次提到张镇，说毛主席在重庆的时候他做了两件事：一是让他查清李少石的案子，他很快查清楚了，和我们调查的结果一致。第二是那天晚会散会，要他护送毛主席到红岩，他马上答应而且做了。恩来同志让我们不要忘记他做的好事。

我一直是机要科长，我们的电台是公开的，国民党要定期检查的。我们在国统区的秘书、机要、档案工作都是由周恩来亲自领导并培养干部。我党无线电台是1931年在上海建立的，后来到中央苏区，由李强、曾三负责。电台的报务员主要是从国民党军队俘虏来的，王铮立了大功。王是1930年张辉瓒部的电台台长。第一次我军缴获电台、发报机，因为我们不懂，被破坏了，只留了一个收音机，用来收国民党的情报。王铮一听就知道敌人的电台在什么地方，以后又破获了敌人的密码。

我们的密码最早是周恩来发明的，叫作豪密，我们用的密码不重复。主要是密码的斗争，西安事变前刘鼎同志在张学良公馆公开架电台。1939年后，国民党开始限制、破坏。

我们在国统区公开的电台，国民党来了给他们看，都是假的。有些故意让他们破译。真正的机要密码，他们最终也没有破译出来。1943年，国民党通过军政部把我们的电台封了。

恩来同志对机要人员政治上要求很严。他说：美国和国民党在技术上比我们强，设备很好，但他政治上不如我们，我们在政治上比他们强。我们只有5瓦台，天气好的时候钻空子收发报，重要的是秘密电台，公开的掩护秘密的。

周恩来亲自发明了密码，亲自培养机要人员，建立了一套严密的制度、严格的作风，所以从没出什么大事情。全党机要工作的好传统，是周恩来亲自培养出来的。

周恩来总理是我们国家的中流砥柱，就像陈云同志所说的：“如果没有周恩来同志，‘文化大革命’的后果不堪设想。”“文化大革命”中，余秋里、谷牧同志一边挨斗，一边在周恩来的保护下每天还要工作。外地的李井泉等人被造反派弄到北京，周总理指示把他保护到中直招待所，派人站岗，规定不准乱揪。军队干部就放到京西宾馆，也有人站岗保护。彭真被抓走，周总理知道了，派人赶快追了回来。他还保护了贺龙。章士钊在“文革”初期受冲击，给毛泽东写信请求保护，毛将信批给周恩来说要保护，周恩来借此保护了一大批人。红卫兵进陈云家，去抢档案，说是“破四旧”，恩来同志叫我去制止。许多部长受冲击，周恩来把他们集中到中南海工字楼，名为“写检讨”，实为保护起来。民族学院抓班禅去批斗，周恩来说：“只许文斗，不许武斗。”发生武斗时，他还派人把班禅保护出来。所以周总理去世后，每逢忌日班禅都到天安门广场给他献花圈。

他为中国革命和建设事业奋斗几十年，真正做到了鞠躬尽瘁，死而后已。

我党最早密码的发明者

戴镜元

解放军总参三部原部长

我党最早的密码是周恩来同志发明的，最早使用这个密码的是任弼时。第一份电报是周恩来从上海发给苏区中央局的，内容是问任弼时是否到了中央苏区。周恩来有重要事情不在时，就由邓颖超译电。任弼时有紧急事情不在时，陈琮英负责译电。第二份电报，是关于商定中华苏维埃临时中央政府的人事安排问题。以后“豪密”逐渐用于全军全党的联络，主要内容都用豪密。

1947 年秋天，恩来同志在陕北神泉堡召开了一次机要工作会议。研究讨论机要、保密、密码通信工作。密码方针，保密制度，工作纪律，都是要保证全军机要密码工作绝对安全。我军保密工作，在现代战争史上是罕见的。

当时，周恩来对我局工作作了重要指示。

第一，现在是统一领导，分散经营，准备在两年以后，达到相当程度的集中。这是一个科学的预见。1946 年是战略防御，战术进攻。现在是战略进攻。我们的方针是打到蒋管区，发展解放区。

第二，我们的科学技术工作和革命精神相结合，有无限的发展前途，无往而不胜。我们党的机要工作，科学技术工作正 50 分，我们的政治是正义的，是有无限生命力的，也是正 50 分，两者相加得正 100 分。敌人的科学技术也是正 50 分，但他在政治上是腐化的、没落的，没有前途的，是负 50 分，正负相加等于零。所以我们一定胜利，敌人一定失败。

共产党掌握了技术，一定能够战胜反动派所有的技术，这是千真万确的真理。我们的胜利之首，就是技术 + 政治，我们如果没有革命的政治，就不可能战胜敌人。周恩来对政治非常重视。

1948 年 3 月 12 日，恩来同志在我局一个报告上作了这样的批示："这一次报告写得很好，有内容、有分析、有批评、有方针，这是你们局的工作上升一步的积极表现。以科学战胜科学，应该加上政治，就是我们掌握了科学，一定能够战胜敌人使用的科学。"

"豪密"是我党建立机要工作的最好的，而且是保密性能很强的一种密码。

心中珍藏的往事

熊向晖

周总理助理、中央统战部原副部长、中国人民外交学会原副会长

搞情报工作的同志应该是无名英雄。由于一些同志一定要我讲，所以我写过一点东西，主要是体现周恩来同志对党的情报工作的领导和杰出的贡献。

抗日战争爆发后，周恩来根据国共合作的需要，布置了一些人到国民党军队中，帮助抗日，必要的时候，做我们的工作。在这种情况之下，我被派到胡宗南那里。

最初，我没做什么，一直到胡宗南反共了，才开始做情报工作。所谓情报工作，就是把了解的情况，经过适当的途径，向中央报告。当时胡宗南主要的任务，是守卫黄河河防，从潼关到宜川以外，就是要包围陕甘宁边区。我的情报工作，主要是保卫延安。

1943 年 5 月，共产国际解散，蒋介石想利用这个机会，对陕甘宁边区施行突然袭击。这个事情我当然知道了，报告了中央，由朱德通电，公开揭露蒋介石的阴谋，再加上当时各方面的压力，英国、美国、包括苏联都不赞成，所以蒋介石就让胡宗南收兵了。

这时候正好周恩来从重庆回延安，随行有一百多人。7 月 9 日，

他们先到了西安，这是我第一次见到周恩来。7 月 10 日下午，胡宗南在他的司令部举行酒会，欢迎周恩来，企图把恩来同志灌醉。他就让我到七贤庄八路军办事处去接周恩来。我就跟恩来同志用英文讲了这个事情，他当然很警惕了。

胡宗南事先做了布置，在酒会上他的高级军官以及他们的夫人，分批地向周恩来敬酒，恩来同志都很巧妙地回绝了。最后，周恩来就问胡宗南："我看到朱总司令的 7·24 电报，你要进攻延安，究竟是怎么回事情？"胡宗南说："没有这个事情，我没有进攻延安的意图。"周恩来说："这样好，我提议来敬一杯酒。"胡宗南让他的政治部主任提议："我们为领导全国抗战的蒋委员长干杯。"周恩来说："你提到全国抗战，我很欣赏。全国抗战，是以国共合作为基础。蒋委员长是国民党的总裁，毛泽东是共产党的主席。我作为共产党员，我愿意为蒋委员长的健康干杯，我也提议在座的为毛泽东主席的健康干杯！"国民党人都楞了。周恩来看到他们不好干杯，说："大家有为难之处，我不强人所难，这杯酒就算了。"就这样用这种方式拒绝了。

最后周恩来提议：我们干杯！希望坚持抗战，坚持进步，坚持团结，为收复一切失地干杯。他说，愿意的干杯，不愿意的不勉强。结果周恩来一饮而尽。胡宗南以及他的高级将领也都一饮而尽。周恩来具有高度的智慧。

那个时候，胡宗南的司令部设在西安小雁塔的一个庙里，胡宗南喜欢住庙。酒会完了以后，胡宗南又让我送周恩来回七贤庄。在车上恩来同志说："我刚才跟胡总司令讲了，我要送他一些延安出版的书报杂志，请熊先生到办事处稍微停几分钟，我要准备杂志，请你带回去。"说着，他用手碰了我一下，我就知道他有话跟我说。到了八路军办事处以后，车停在门外，我就跟着恩来同志到里边一个房子里，他就借这个机会说："我们谈一刻钟。"趁这个机会，他就把胡宗南主要

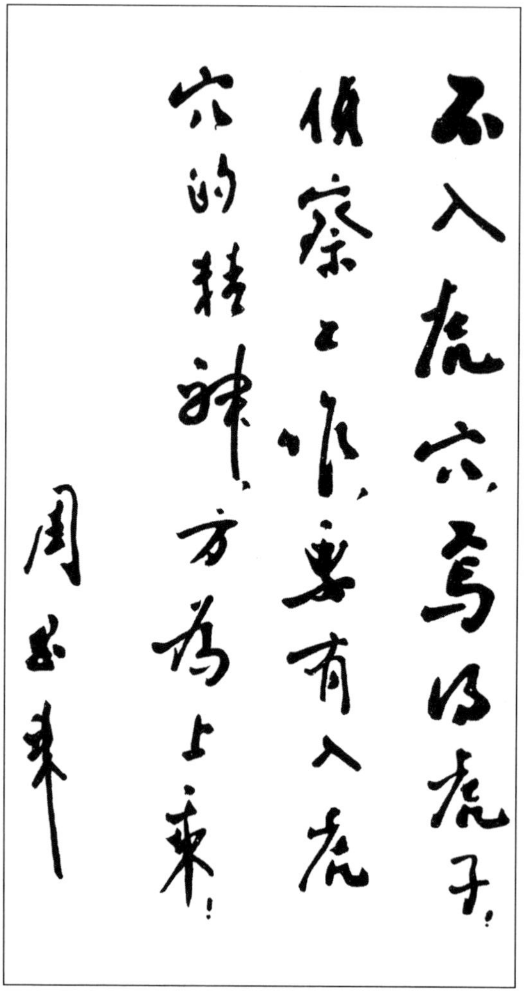

周恩来关于隐蔽战线斗争的批示

的情况向我问清楚了，然后就让办事处人员把事先已经准备好的书报放到汽车上，把没有打包的书给我几本，我拿在手。

国民党军统西安站，是派人监视八路军办事处的，就把这个情况向胡宗南报告了，说是：有一辆汽车，有一个人，到八路军办事处，几点几分去接，几点几分去送，送的时候几点几分出来，临走的时候带了一大包东西，手里拿的反动杂志。胡宗南看了以后哈哈大笑，说周恩来到西安，一举一动都逃不过他们的眼睛。

第二次见到周恩来同志是 1946 年了，当时胡宗南准备送我到美国留学。我在清华大学没有毕业，如果到美国进大学，太吃亏了，当时我已经 26 岁了。所以我想用我哥哥的文凭。我哥哥毕业于南京中央大学，我就去南京办这个文凭。那时我们在西安有电台，就报告了延安，也报告了周恩来。他说，我到南京以后，他要找我谈话。当时内战的气氛比较浓了。找我联系的人说："到了南京以后，头一个星期上午都不要出去，很可能有人找你，找你的时候他说：‘胡公找你’，你就跟他走。”“胡公”是周恩来的代号。

6月初，我到了南京。6月10日上午，有一个人来了，个儿不高，说：“胡公找你。”我就跟他走了。走到很僻静的地方，他说他叫童小鹏。我上了车，就到了梅园新村30号，当时是中共代表团驻地。

见到董必武，他说：“有一件事情要恩来同志跟你谈，他马上就回来。”不久，周恩来回来了。他说：6月7日，我坐马歇尔的专机到延安，讨论研究东北停战。9日还是坐马歇尔的专机回南京。到延安以后由于一直开会，没睡觉，所以上了飞机以后，就很累了。当时因为要找你，我就把你住的地址写在一个小本上。小本子上写的其他事情无关紧要，就是写的你的地点，还写着一个“熊”字。这个小本子我就放在衬衣口袋里，以为这样很保险了。结果呢，由于太疲劳了，在飞机上睡着了，一直到飞机降落到南京我才醒来，醒来以后匆匆忙忙地回到梅园新村，结果一看，本子不见了。我想一定是睡着了，衬衣口袋没扣，掉到马歇尔专机上了。过了一会儿，马歇尔派他的副官，给我送了一份密件，拿火漆封了，当面交给我，里面就是这个小本子。他们是一定照了相的，小本子的内容他会知道的。现在的问题是，他会不会告诉蒋介石。如果告诉蒋介石，“军统”或者“中统”马上就会抓你。但是我跟董老反复商量，马歇尔也可能不告诉蒋介石。因为如果告诉了，抓了你，他这个调处人的面目就不存在了，那他就不是中立的了。但是从最坏处做打算，你还是做这个准备，离开南京到上海，到思南路找王炳南，我已经告诉王炳南了。你到上海住两个星期，你也向西安问问情况，我也通知西安，如果有什么动静，在南京有什么动静，就通知你马上到思南路找王炳南，送你到苏北。如果没有事，你还照样回西安。

两个星期以后没有事，我就又回西安了。

飞机上丢了小本子的事情，只有他一个人知道，但是他对我讲，他已经报告了中央，请求处分。这让我确实感到非常震撼。这样的一个领导人，这件事情只有他一个人知道，他不仅向我讲，而且向中央报告，请求处分。这种光明磊落，我确实从来没见过。

这件事情我本来不想讲，不想写。后来有些同志讲，这表现了周恩来伟大的一个侧面，还是讲吧，对大家有教育意义。

韩素音是周总理的外事秘书龚澎的同学，从 1956 年开始，经龚澎介绍她每年差不多都到中国来一次，有时候来两次。她是个作家，社会关系很广泛，可以向外国介绍新中国。1966 年，她来中国参加亚洲作家紧急会议，当时“文化大革命”还没有起来。1967 年她要求到中国来，当时的电报都送给“文革小组”了，康生看到了，说韩素音这个人要查一查。

韩素音的父亲是中国人，母亲是比利时人，韩素音“自传”里都写了的，她没有隐讳。她最初嫁给国民党的一个少将，曾经是驻英国的武官，解放战争时期做过国民党的师长，被我们打死了。然后她又跟一个美国记者恋爱，而这个记者在朝鲜战争中被打死了。她后来的丈夫陆文星，是印度工程兵上校，尼赫鲁的亲信。这个情况，康生一看，说：“这显然是国际特务，怎么对外友协邀请这样的人！”康生送给江青，又送给周总理。周总理画了个圈，没有说什么。

1969 年，韩素音来了。周总理向毛泽东汇报了。我在英国当代办的时候，就跟韩素音认识。每次韩素音到国内来，都是对外友协派个翻译全程陪同。谈话，主要是龚澎。最后由中央领导，周总理或陈毅接见她。当时龚澎身体已经不太好了，所以周总理就让我跟龚澎一块儿接待她。周总理对龚澎和我说：“文化大革命”开始这几年来，我们使馆的大使都撤回来了，对外面的情况毫不了解。“文化大革命”，中国究竟怎么样，外国人也不了解。所以韩素音来了以后，可以向她多了解国际情况，让她在国内，要找什么人就找什么人，去几个地方，可以让她定。还说，她来了以后，在北京可以安排四个人：第一个，郭沫若，让郭老请她吃一次饭。第二个，你去找梁思成，让梁思成会见她。再找钱伟长和她谈一谈。还要让周培源夫妇在家里搞个小茶会，欢迎韩素音。你都不要参加，让她随便谈。

郭老好说。梁思成当时是“反动学术权威”，正在害病，住在北京医院。我就到北京医院告诉梁思成，说总理请你会见韩素音。他一听到这话就痛哭流涕。因为在这个时候周总理让他会见个外宾，就等于解放他了。钱伟长当时是清华大学教授，由迟群管。1969 年迟群还不像后来那么太坏，他同意钱伟长见，他要派人看着。我找了周培源夫妇。周培源夫人王蒂澂开始不同意，说：“唉，我到现在为止，海外关系还没搞清呐，又搞海外关系。”后来周培源说：“向晖同志来了，总理要我们办。”她说：“那有批件没有？”我应声说：“带着呢。”周培源说：“还要什么批件哪！”就同意了。

这个事情我深受感动，在那个时候，这些高级知识分子正处于困难的情况下，钱伟长还没有行动自由。这件事体现了周恩来关心人，信任人，等于给这些人平了反。

周总理在外交方面确实有他独特的风格，他的话很能够为人接受。当时台湾问题是中美关系当中的关键问题。你要是这么原则地讲：台湾自古以来就是中国的领土，《开罗宣言》讲台湾归还中国，《波茨坦协议》也重申这一点。日本投降以后，蒋介石国民政府已经把台湾收复了，美国都承认了。这些话都好讲，但这话在当时情况下，不容易打动人。

周总理怎么讲呢？他说：台湾自古是中国的领土，在甲午战争中，清政府失败了，被迫签定了条约，把台湾割让给日本。台湾是中国领土，日本人为什么要订这个条约呢？ 1870 年，普鲁士跟法国打仗，法国失败了，就把法国的阿尔萨斯—洛林割让给普鲁士。台湾割让给日本是 50 年。到第一次世界大战，阿尔萨斯—洛林归还法国，这是当时美国总统威尔逊提出的和平十四条中，第 8 条就是阿尔萨斯—洛林归还法国。阿尔萨斯—洛林被普鲁士德国占领，就比台湾少两年，48 年。周总理说：阿尔萨斯—洛林，20 年代我去过，当时叫作斯特拉斯堡，当地的居民多数已经讲德国话了。可是台湾虽然被日本占领 50 年，大多数、绝大多数居民还讲的是福建话，台湾就是中国的领土嘛！这样的话最能说服人。因为基辛格的父亲就是德国人，以后移民到美国去的。这个阿尔萨斯—洛林在历史上很多人都清楚嘛。这么一讲就非常艺术，非常贴切。一个 50 年，一个 48 年，一个是《开罗宣言》，一个是威尔逊十四条，而且不同的地方，阿尔萨斯—洛林地方的人已经讲德国话了，但是台湾居民还是绝大多数讲福建话。

英国蒙哥马利元帅 1960 年和 1961 年两次访华。1960 年他来的时间比较短，因为时间太短，他就要求 1961 年再来一次。1961 年蒙哥马利来华的接待工作，根据外交部提议，陈毅批准，是由李达上将以国防体委主任的身份带队，具体接待工作由外交部西欧司、礼宾司负责。因为蒙哥马利是第二次来华，陈毅先接见他并举行欢迎宴会。蒙哥马利提出缓和世界紧张局势的三原则，其中第一条是一个中国，台湾是中国领土的一部分。周总理看了以后就找我去，说蒙哥马利这个人很有政治头脑，他这次来，提出来要访问许多不对西方开放的城市，先从香港到广州到北京，然后准备到包头、太原、延安、西安、三门峡、洛阳、郑州，然后回到北京，再考虑毛泽东是不是接见。周恩来让我参加接待工作，所以我是中途参加进去的。当时正在困难时期，周总理说，我们建国以后有成绩，也有缺点错误，这都是客观存在，让他看，让他自己做结论，你在必要的时候，或关键的时候点一点，让他从本质上了解中国的内外政策。

蒙哥马利确实很有观察能力。他作为一个英国的元帅，提出要搞世界和平，这很不简单的。所以周总理说要对他多做工作。在国内访问时给他安排了一架专机，伊尔-14，飞到包头，飞到太原，飞到延安，飞到西安，到西安以后坐火车。

回来以后，我对总理办公室外事秘书浦寿昌说，要向周总理汇报情况。浦寿昌说："现在总理马上要开政治局会议，恐怕要到明天了，你就睡觉吧。"我刚睡下，后半夜两点钟左右，周总理把我找去了，问蒙哥马利的情况。我说蒙哥马利对中国很友好，但是也有战略观察。周恩来就问得很详细，政治问题问得特别详细。

我顺便说一下蒙哥马利的战略观察。他到洛阳拖拉机厂，拖拉机一开出来他就看，开了那么几圈，总工程师就告诉我：这是行家。他这么一看就证明，这个拖拉机可以做坦克。

这些情况我都给周总理讲了，周总理就问他一路上看了什么文艺节目。我说他先到包头，要看文艺节目，没有，看了电影《五朵金花》。到洛阳，当地预备晚会他不看，他要逛街，我就陪他逛街，街上一个戏院有灯，演豫剧《穆桂英挂帅》。进去以后，那个翻译给他稍微讲一讲，他不要一句句翻。后来就出来了，他说：这个戏不好，怎么女人做元帅。我讲，这是民间的传说，老百姓很愿意看。蒙哥马利说：爱看女人当元帅戏的男人，不是真正的男人。爱看女人当元帅戏的女人，也不是真正的女人。听了这话以后，我又说：现在中国也还有解放军女少将李贞嘛！他说：红军、解放军我都非常钦佩，我不知道女人当少将，这有损于红军、解放军的声誉。这时候我就讲："按照你们的体制，英国女王就是陆海空军总司令，你这个元帅也要听她的。"这样他没话说了。

周总理听了后，说："你顶得人家无话可说，就算你胜利了？人家搞'三原则'，一个中国，一切外国军队从外国撤回去，很好嘛！你搞了那么些年的外交工作，你不懂得求同存异呀？你说民间传说就够了嘛，你何必说英国女王，你把他弄得无话可说，你就算胜利了？鲁迅曾经讲过：‘辱骂和恐吓决不是战斗。’讽刺挖苦也决不是我们的外交。”这一批评使我很受教育，还想多听几句批评。周总理说完从一个夹子里拿出第二天准备请蒙哥马利看晚会的节目，一看，连说：糟糕，又是个女的元帅，京剧折子戏《木兰从军》。幸亏问了你，不然又是个女元帅，好像我们故意讽刺他。周总理问，他喜欢看什么？我说他喜欢看杂技，我们在太原看了杂技，他很喜欢。周总理说，马上给外交部礼宾司长俞沛文打电话，把明天晚会的节目改了，不要《木兰从军》，加上杂技，要有口技。他问蒙哥马利看过“抢椅子”没有？我说：没看过。他说：北京杂技团的“抢椅子”很好，加上“抢椅子”。而且指定由哪个演员演，对演员情况他都熟悉。蒙哥马利看得很高兴。他回去写了本书，就把这次晚会“抢椅子”、口技等都写进去了。

周总理工作之细，不管什么外国人，都对他很是钦佩。

蒙哥马利在第二次世界大战时候，打败了纳粹德国著名的元帅、“沙漠之狐”隆美尔，是很了不起的一个元帅。蒙哥马利最后做到英国的总参谋长、陆军元帅。但是也很奇怪，他打了一辈子仗，最后却要和平，致力于和平。他认为：和平的关键在中国。中国的强大是不可避免的，中国强大了，就能够达到全世界普通人所渴望的和平。这个人有他的战略眼光。这些都是跟周总理 1960 年跟他的谈话，1961 年跟他的谈话不可分的。

1955 年，中国代表团为参加万隆会议，租了印度航空公司“克什米尔公主”号飞机。本来周总理要从香港起飞，事先都准备好了。但是缅甸总理吴努临时邀请他同印度总理尼赫鲁、埃及总理纳赛尔先到仰光开预备会。所以周总理先到昆明(当时周恩来刚做完阑尾炎手术不久)，然后从昆明到仰光。当时我们已经接到情报，蒋介石特务集团要破坏“克什米尔公主”号，主要是暗杀周总理。周总理就采取措施，有的人，比如冀朝铸，就从香港坐船走。“克什米尔公主”号是一个航班，从孟买起飞，经过加尔各答，到曼谷，再到香港，定期航线。事先商量好，照样卖票，到了香港以后，临时改为专机，加油一个钟头。临走之前，罗青长把有关单位的同志叫去，说他们肯定用炸药。当时周恩来就让外交部跟英国代办讲清楚，要注意机场，注意接近飞机的人，要绝对保险。但是交涉的人没看清电报，给英国人讲，有一架飞机要从香港起飞，国民党要准备捣乱。所以港英政府采取的是戒严措施，但就没有想到不让人接近飞机。于是国民党特务机关收买了加油工人，把炸弹挂在油箱上。

说实话，万隆会议期间周总理非常忙，但他一直领导处理这件事情。周总理考虑到我们单独和英国交涉很困难，于是就联合印度跟英国交涉。因为飞机是印度的，机组 8 个人死了 5 个，活着 3 个。周总理在万隆那么忙，仍几次接见英国方面调查事件情况的人，要求英国准许中印双方各派代表到香港去交涉，督促香港提供有关的情况。英国首相艾登先是不同意，最后还是同意了。印度尼赫鲁派了一个代表，周总理派我作为中国代表去了。

飞机爆炸的地方，都是鲨鱼成群的地方。按照国际法，那是印尼的海域，由印尼负责打捞。印度机组的 3 个人游泳到一个小岛上活下来了，其他打捞上来的人都已经是面目全非了。周总理就让驻印度使馆参赞申健到新加坡去，因为打捞上来的东西由英国军舰运到新加坡。捞上来的尸体是中国人，就火化了，把骨灰送到万隆，周总理亲自带回来。周总理让我到香港去，他说：稍有疏忽就死了人，本来讲清楚了，结果还是死了人。他非常难过，指示在八宝山专门建了“克什米尔公主”号牺牲的同志的公墓，他还题了词，去祭奠。印度方面机组牺牲了 5 个人，周总理让我国驻印度使馆或总领事馆的同志，去慰问他们的家属。根据周恩来指示，国内在中山公园开了大规模的追悼会，毛主席送了花圈。

周总理在万隆接见了英国代表好几次，然后邀请他们到北京来，又让我同他一块儿到香港去。3 个月后，英国方面发表声明，承认凶手到了台湾。周总理提出和印度方面联合起来调查这次事件，跟印度方面也是又团结又斗争。这个斗争艺术是太强了。这个事情台湾也承认了，不过他们没有讲得很清楚。

我们去香港之前，周总理说：这次事件牺牲了 11 个人，无谓的牺牲，不能再牺牲人了。他和当时的西欧非洲司司长黄华一块儿到万隆，回来以后就和英国代办杜威廉说，一定要保证安全。我当时还带了一个机要员和密码电报。周总理当时特别提到香港大东电报局，通过上海海底电缆发电报(多少年不通了)，24 小时昼夜值班，随时电报来往。周总理特别交代我，你到那里的情况，随时报告。我到那里，香港当局派人到罗湖去接，前面是警卫车。我住的地方是新华社驻香港分社的山摩岭，有几个岗，其中发现有不可靠的要换。我感到周总理对人的关心和做工作，全心全意，考虑周到。

周公吐哺　天下归心

程思远

全国人大常委会原副委员长、中国和平统一促进会原会长

周恩来总理为争取李宗仁先生回国呕心沥血。日内瓦会议和万隆会议取得胜利后，我国国际地位不断提高。了解到党的统战工作的伟大，新中国成立以来经济建设的伟大成就，李宗仁先生起了落叶归根的念头。

李宗仁写了封信给李任潮(济深)，说新中国10年取得了伟大的成就，国际声誉很高，华侨都认为作为中国人很骄傲，100年来中国人的形象起了这么大的变化。1959年我回国参加国庆10周年的宴会，周恩来在紫光阁召见我，说：李宗仁给李任潮来信，说要回国定居，但是我估计现在这个形势还没成熟。李宗仁要求把他收藏的文物贡献给国家，这是他爱国主义的表现，政府准备接受。我的意思是让你到欧洲去和李先生谈一次，再决定他回国定居的计划。

我见到李先生后向他转达了周恩来找我说话的意思。他同意周恩来的意见，让他的夫人郭德洁先回到香港。1963年冬天，李宗仁先生到瑞士同我见面。我动身之前见了周总理。周恩来在紫光阁告诉我，让我传达“四可”、“四不可”的方针给李宗仁，当时不好记录，他

让我背诵。这个方针的核心是尊重李宗仁先生本人的意愿，回国后来去自由。临走时，他送我到紫光阁台阶底下，我非常感动。

李宗仁说，“四可”我只要“一可”，就是回祖国定居；因为他从心里佩服周恩来。

李宗仁归来是党的统战工作的胜利，也是周恩来亲自抓的工作，付出了大量心血。李宗仁的回来，屈武说我做的工作了不起。我说，没有周恩来领导，我也是没法完成这个任务的。

周恩来最大的伟大，是鞠躬尽瘁，无私奉献。他无私。

对李宗仁提出“四可”、“四不可”的时候，他讲起自己过“五关”，对个人的生活，对亲属的照顾，一点没有私心，完全为党，为国家，为革命，是世上少有的领导人物。

周恩来的伟大之处在无私奉献，处理工作细致周到，对人的关照也是无微不至，一般人很难做到。

李宗仁回来第二年，“文化大革命”爆发，周恩来派人关照说，如果红卫兵上门，还是开门接见。后来情况不好，宋庆龄、章士钊都遇到问题。一天夜里，他派国务院机关事务管理局的副局长送李宗仁到301医院，等局势比较平定了才回来。后来李宗仁住院，周恩来最终定下对他的治疗方案。

1968年国庆节前夕，周总理关照把李宗仁请到天安门城楼上亮相，国宴就不要参加了，因他身体不行。机关事务管理局原来的同志都上“五七”干校了，军代表对周总理的指示没有贯彻到底，头一天让他出席国宴，第二天又上天安门，结果病倒了。第二次再住院就没办法了，患了肺炎去世了。

李宗仁行将离开人间的时候，亲自口述让我写封信，给毛泽东和周恩来，表示回国后受到党和国家的照顾无微不至，表示由衷地感谢。深深感到这次回来走上爱国主义的道路是正确的。希望流亡在海外的以及在台湾的国民党人，都能回到祖国看一看，都应该走上爱国主义的道路，完成祖国统一的大业。后来周恩来高度地评价了这封信，说这封信是历史文件。

他了不起啊！许多人做不到的。

李宗仁非常佩服周恩来。抗战前夕周恩来曾经派张云逸将军见李宗仁先生，1937年7月2日到桂林，当面劝导他，表示对先生的关注。

抗战爆发后，张云逸到新四军当参谋长。第四支队在津浦路南段与第四集团军协同作战，五战区成立了个文化动员委员会，由范长江领导，是周恩来派去的。五战区的青年军团成立，周恩来也派人去了，担任指导。

李宗仁对周恩来非常敬仰、崇拜。

1939年2月16日，周恩来要到新四军去视察，李宗仁把黄绍竑叫到桂林，让他陪着周恩来到浙赣铁路视察。李宗仁取得台儿庄对日作战的胜利，也是采纳了周恩来的作战指导方针，把阵地战、游击战、运动战，三者紧密地结合起来。

武汉撤退的时候，白崇禧由武昌到长沙的途中汽车坏了，周恩来得知后，说敌人离武昌不远了，你还是坐上我的车子，我们一道到长沙。沿途，周恩来把早年到日本留学，到欧洲留学，到苏区工作，中央红军壮大的情况和作战的方针简单地告诉他。白崇禧深为感动，他认为周是杰出的政治家。后来我们在桂林的工作顺利开展，与白崇禧的掩护是分不开的。

广西籍的许多高级将领有共产党的血债，有的参加过“四一二”反革命政变，有的参加过广西清党，李宗仁没有参加。“四一二”时，李在芜湖，让他参加“四一二”清党，他不去，要黄绍竑去。他就是崇拜周恩来。

邓颖超大姐也是一样，周总理和邓大姐的风范、人格、作风，以身作则，以德服人。

李宗仁刚回国后住在北京饭店旧楼4楼，他很喜欢吃上海菜、淮扬菜，周恩来就派了个做淮扬菜的厨师。郭德洁不喜欢西总布胡同5号的房子，要换房，周恩来就派国务院机关事务管理局的人陪同郭德洁到处看房子，看来看去没有比这个好的。周恩来非常有耐心，不强加于人，使人心悦诚服。

周总理事无大小，无不躬亲。比如，李宗仁回来，他为什么要我同他去欧洲见面，而不让我和他在美国见面呢？因为去美国见面容易暴露目标，李宗仁在美国受监视，到欧洲就脱离了美国监视。周恩来处理事情都很细致周密。

李宗仁回国时，周恩来批示李宗仁的座机要停到飞机库藏几天，防止敌人破坏。批示丁国钰(时为驻巴基斯坦大使)出面，并具体安排行程。1965年7月17日晚上我们动身，周总理在上海没睡觉，一直到7月18日凌晨，李宗仁乘坐的飞机到了云南边境，他接到了电话才休息。

张学良说，我佩服的人里周恩来是第一个

吕正操

全国政协原副主席

我认识周恩来同志是在1936年12月12日发生的西安事变中。此前，我在东北军任团长。张学良抓到蒋介石后，是派飞机到延安把周恩来接到西安来的。当时周恩来穿着棉军衣，胡子已经刮去了。他一到，张学良就去看他。周恩来说："你们这种做法，我们共产党人不赞成。"张学良一愣。周恩来向他解释党的政策，提出要和平解决。

有一种说法是，共产国际提出和平解决西安事变。这不准确，因为"国际"12月17号的来电不清楚，译不出来，退了回去，20号才又收到。让张学良伤心的是，共产国际说张学良是在日本人支持下发动的西安事变。

国民党方面先到西安的是蒋介石的澳大利亚籍顾问端纳。当时何应钦的想法是让西安方面把蒋杀掉。宋美龄、宋子文是24号来的，同来的还有戴笠。延安方面派周恩来来西安，把蒋介石吓了一跳。放蒋时许多人想不通。

西安事变时，我的任务是保卫张公馆和随时掌握情报。12月25日下午，张学良身着军装来到我的住处，说他要亲自送蒋介石回南

京，三天后就能回来。当时我就判断蒋介石绝不可能放他回来，劝他不要去，但他执意要去。

张学良送蒋介石是继承了他爸爸张作霖那套江湖义气。蒋还假惺惺地不让他去，他一定要去。他走的消息是孙铭九来向周恩来报告的，说是：副总司令送蒋介石走了。周恩来听了很着急，说：唉！怎么这样办事，也不商量就走了。他赶紧弄了个车赶去机场，到时飞机已经起飞了。周恩来很生气，说："张汉卿就是看《连环套》那些旧戏中毒了，他不但像窦尔敦那样送黄天霸，还要负荆请罪啊！"

张学良不想和红军打仗，已经不只是一次两次。东北军的装备比蒋介石的嫡系还要好，可是跟红军一碰就垮。

张学良被蒋介石扣押后，周恩来指派我为张学良的联系人。

1991 年 5 月间，我到美国去见张学良，前后会面三次。他跟我讲周恩来，说他俩是"一见如故"。他说：周先生这个人是有什么说什么，说的都很打动他。周对当时处于危险中的东北军的前途，分析得很深入，对他张学良很有益。张学良很感动，说周恩来是共产党里最伟大的人物，毛泽东我没见过，我不敢说。他在自己的回忆录里和公开场合都这样讲。他在海外接受采访时说：我认为，毛泽东的成功，可以是周恩来的成功。我本来在中国人里佩服几个人，周恩来是第一个，我是非常地佩服他。

那次我去见张学良，是祝贺他 90 大寿，也是邓颖超同志指派我去探望他的。见面时我给他送上几件礼物：张学良喜爱的《中国京剧大全》、新采制的江苏碧螺春茶和书法家启功手书的贺幛，上面录有他的座右铭："不怕死、不爱钱，丈夫决不受人怜，顶天立地男儿汉，磊落光明度余年。"第二天见面，我向他递交了邓颖超的亲笔信，转达了中共领导人对他的问候。邓大姐受小平同志委托，诚恳地欢迎张学良回家乡看看。张学良极其认真地一字一句地把信读完后，对我说：

“我这个人清清楚楚地很想回去，但现在时候不到。我一动，就会牵涉到大陆、台湾两个方面。我不愿意为我个人的事，弄得政治上很复杂。”他给邓颖超写了回信：“寄居台湾，遥首云天，无日不有怀乡之感。一有机缘，定当踏上故土。”

第三次会面，是在中国大使馆别墅。我向他介绍了“一国两制，和平统一”的政策。张学良表示愿意在有生之年为祖国和平统一尽一份力量。他还拿出一幅刚写的条幅：

> 孽子孤臣一稚儒，
> 填膺大义抗强胡。
> 丰功岂在尊明朔，
> 确保台湾入版图。
>
> 九十老人毅庵(注：张学良的号)书

张学良对我说：“我虽然90多岁了，但是天假之年，还有用得着的地方，作为一名中国人，我愿意为中国出力。”

十大建筑凝心血

万 里

全国人大常委会原委员长

全国解放后，我先随二野到重庆，后调到北京任建筑工程部的副部长，这个时候我才认识了周总理。

到北京时，赶上筹备国庆10周年工程建设。我跟周总理建议，要把天安门规划搞起来，我说，需要有一批人，搞出一个北京市城市规划图，特别是天安门广场的规划，然后报到中央。在怀仁堂，中央常委包括周总理在内，审查了这个规划。

规划定下了以后，我就赶快督促设计。从天安门广场到人民大会堂，每一个具体的设计，周总理都管得很细。当时我们差不多一个礼拜研究一两次，周总理和我查对规划、设计，一直到每个部位的设计图纸，都亲自看。我们两个有时候看完了以后在一块儿吃饭，次数也比较多。周总理说他太忙，就把他的办公室主任齐燕铭找来帮忙办这个事情。齐燕铭大力协助，我有什么事情就找齐燕铭，跟周总理来汇报。人民大会堂的屋顶是周总理亲自设计的。屋顶那个红星是代表中国共产党领导全国人民波浪式地前进，这是他出的主意，设计人员就按照这个设计的，所以现在人民大会堂的屋顶非常好。这是周总理的杰作，既好看，政治意义又大。

大会堂宴会厅，还有各个厅和中央厅，也都是周总理来指导设计的。我们为了搞设计，做了个模型，放到天安门城楼上边，他亲自去看，这个部位怎么样，那个部位怎么样。人民大会堂外墙的颜色，我们提出了几个方案，拿不定主意，他说你再找几个调色专家，把这个墙的颜色搞好。我和清华大学的几位专家比较熟，就把学校的学生找来投票，哪个颜色好，最后决定这个颜色很不容易的。现在看人民大会堂的颜色非常漂亮，大家说周总理发挥了集体智慧，他是非常认真听取专家意见的。参加设计的，特别是设计人民大会堂的几个专家，他都亲自找来谈话，亲自请吃饭。十大建筑的其他建筑，像民族文化宫的高度及瓦的颜色，都是他来定的。

那一段我们两人接触最多，结下了亲密的友谊。周总理跟毛主席讲：万里把人民大会堂建设得那么好，真不容易啊！毛主席听他讲完了以后，打电话找我，说要看一看。半夜两点钟他从中南海到人民大会堂来，我在那里跟齐燕铭等着，我们不知道毛主席什么时候来。毛主席把人民大会堂上下都看了，看了以后到二楼休息，说我在这儿抽一支烟行不行，我说，可以。

我就问他，这座建筑到底叫什么名字，现在还没定，最好定一下。我说：全国人民代表大会大会堂，名字太长，还有别的名字，都不合适。我问到底叫什么名字合适。他说：工地叫什么名字？我说叫大会堂工地，他说那加个“人民”，叫“人民大会堂”吧。人民大会堂也代表你讲的那层意思——人民代表大会，全国人民代表大会大会堂。我们的总路线现在不都叫鼓足干劲，力争上游，多快好省地建设社会主义的总路线嘛！这是简称。原来是“全国人民在中国共产党领导之下，鼓足干劲，力争上游，多快好省地建设社会主义。”全名应该是这样一个情况。照这样子叫人民大会堂也可以。他很高兴。第二天，毛主席到中央开会时讲了我一大段好话。如果前一天我要是准备好笔墨就好了，请毛主席把“人民大会堂”几个字就写下来。现在“人民大会堂”名字不是他写的。我请周总理写，他说：“不写，毛主席不写我也不写。”

周总理生病期间搞的北京饭店扩建，也是他批准的。我们搞了设计方案，他也看了。饭店东边很相称，我们都审查完了，李先念说：这么大的地方，你们才盖这么矮的房子，应该盖得高一点。我说：盖高了钱就花得多了。他说：我拿钱。我就跟周总理讲，先念同志的意思是嫌矮了，加上去盖上几十层，在市中心，他拿钱。周总理他这个人非常尊重别人，本来他审查的图纸非常好的。他说：他讲得有道理，我审查那个方案就不要了。北京饭店原来设计的比这还高。在中南海有人看见了，周总理亲自打电话给我，又坐着施工的电梯到现在这个高度，然后用望远镜看看中南海，看中南海看得很清楚。周总理说：这不行，停止，不能再高了。看得见中南海怎么办？现在看起来北京饭店盖那么高在那儿是不合适的，还是周总理的意见对。周总理从北京饭店下来，说我们两个到人民大会堂喝茅台去。这是我们喝的最后一杯茅台。

我们最后一次见面，是周总理在305医院住院期间，当时不准探视他。我们是在北海散步时偶然一次见面。我问他病怎么样？那时，正在“反击右倾翻案风”，我很担心。他说：不要紧，还有小平同志在吗，没有关系。

密云水库是我和周总理的杰作。建密云水库是为解决北京人的饮水问题，我就跟周总理讲，北京水的问题比较大，官厅水库不行，要搞个密云水库。他说“好”。哪一天，我们两人去看一下。那个时候去密云还没有公路，我们两人坐了辆吉普车，到了修密云水库的地方，就是现在水库的中心，我们俩上去了。

那一天非常辛苦，回来的路上我就说：密云水库非修不行。密云水库归河北管，归通县管，但是水主要是北京用。这样必须把通县这个专区划给北京市管。我带着顺天府的地图，我说明顺天府一直管到河北。周总理说：那好，你提个意见吧，提个意见我给你解决。以后他亲自批准，把通县地区划给北京，把北京扩大了。

怀柔水库名字是周总理题写的，密云水库建起来以后，他说我不写了，让毛主席写。毛主席说，修密云水库没通知我，我没去。密云水库的名字后来是周总理题写的。

念总理鞠躬尽瘁　学总理死而后已

李德生

中共中央原副主席、中顾委常委

“文革”期间，把国务院的部长们请进中南海，贺龙到西山，都是周总理争取的保护措施。大批地解放干部是刘建章从监狱里给毛主席写了一封信，讲了监狱里的情况。毛主席批给周总理办。周总理对安排干部很具体，我们把这个工作放在第一位去落实，来了就马上办，绝不压。如谭甫仁(时任云南省革委会主任)问题，李震(时任公安部部长)到底是自杀还是凶杀等，都是周总理亲自过问，把事情弄清楚。周总理对干部的爱护无微不至，大事小事都很关心。

叶剑英到张北去看演习，周总理问怎么去？坐什么飞机？到张家口以后坐什么？直升飞机可不是随便坐的。连我出去看地形坐飞机，他也是亲自向北京空军的参谋长交代，注意安全，怎么走，并亲自检查，对干部处处关心、爱护、保护。

周总理对自己要求很严的，他从外地回来，不让人去接的，你去接，他不高兴的。

他的平易近人，一般人做不到。周总理那么忙，对人关心那么具体，很不容易。他管的事情很多，说日理万机并不过分。他一般是下午3点到下半夜3点，参加集体活动，回家还要批文件，直到早晨六七点，工作很多，有条不紊。经常是他还在和这一批干部研究工作，第二批已经等在那儿。不知他的精力怎么这么充沛，我们都跟不上他。

1970年庐山会议议程上没有林彪的讲话，会议开始后，他突然要讲话，然后就把会议扭到讨论他的讲话。黄永胜、吴法宪、叶群、李作鹏、邱会作第二天在会上就要讨论林彪的讲话，讨论设国家主席的问题。毛主席拉住许世友的手说：你看我的手是冷的还是热的。国家主席我不能当。好几个组讨论林彪讲话，后来毛主席扭转了会议。毛主席、周总理派我和李先念回北京值班，周荣鑫和纪登奎从北京上庐山参加会议。李先念管地方，我管军队。我飞回来的时候，周总理在吃饭，把我叫去交代值班的问题，提出注意军队边防问题，有问题及时和他联系。

1971年9月12日毛主席从上海回到北京，车子停在丰台，把我、纪登奎、吴德、吴忠四个人召集去，讲了南行一路上谈话的情况。唱了《国际歌》第一段，《三大纪律八项注意》第一段。我们谈完话，他进城回中南海。晚上周总理召集会议讨论政府工作报告，政治局委员大部分都到了。讨论文件过程中，周总理接到叶群打来的电话，说"首长要活动活动。"周总理问："怎么活动？"那边说："要在空中，坐飞机。"要调飞机。当时山海关有一架飞机，周总理不知道，是吴法宪与他的副参谋长弄去的。周总理查问飞机的情况，一听说飞机已经在山海关了，知道有问题了，马上找吴法宪，让他交代，飞机是怎么去的。吴交代是他和他的副参谋长弄的。周总理马上采取措施，叫杨德中陪吴法宪去西郊机场，把机场控制起来。我到空军指挥所，叫纪登奎去北空指挥所，都是周总理亲自布置的。先把空军控制起来，机场控制起来，部队一级战备。机场由陆军派一部分人与空军共同管理。把空军的人集中到“亚疗”去，待在那里。后来林豆豆打电话来，说林彪乘坐的飞机起飞往西北张家口、承德方向去了。周总理把我派到空军指挥所，观察飞机的走向，随时向他报告，飞机到边境后20分钟就看不见了。

第二架直升飞机从沙河起飞，周总理命令拦回来，在怀柔迫降。

对林彪的飞机，有一种意见说拦击。毛主席主张不能打，“天要下雨，娘要嫁人，由他去吧！”这个决策是非常英明的。如果打下来也不好交代，飞到莫斯科去也很复杂。摔死了，这个结果再好不过了，结果不是坏事情。

“九一三”事件发生后的10多天内，我们很少睡觉，周总理在大会堂抓总，我在空军指挥所。之前，林立果在空军可以指挥一切，调动一切，这是很惊人的事情，是吴法宪向常委讲的。后来鲁珉主动找我反映情况，他当时用盐水把眼睛揉了，红眼，住进医院。我们找王辉球、江腾蛟谈，把谈的情况向周总理报告。

拦截飞机有民兵和卫戍区参加，也是有布置的，把飞机上的文件，一个红铅笔写的纸条撕碎了，周总理一点点拼起来的，把大意弄明白了，周总理真细致啊。

那个时候的一个措施，是把黄、吴、李、邱集中在大会堂，不许他们回去。我们把《571工程纪要》找着了，全部就清楚了。

关于“文革”中支“左”问题。

周总理派了飞机，把我们接到北京来，亲自交代任务，让我们到安徽处理武斗问题。他的记忆力很强，是少有的，见过一面就能叫出名字。他叫我们不要站到一边去，要公正，要一碗水端平，局势就会很快扭转过来。那时安徽两派打得很厉害，我们按周总理的指示进行调解，武斗很快就停下来了。第一次到合肥，两派都走了一趟，做一些工作，很快联合起来了，一起游行。周总理发通报，说这个做法是好的。支“左”部队不能参加武斗，不能开枪。

我去处理芜湖事件时，是和周总理直接通了电话的，有时是秘书传达，有时是直接与他通话。他问芜湖的情况，问怎么处理。我直接得到他的指示的。

周总理“举轻若重”

薄一波

国务院原副总理、中顾委副主任

我先就说一下举轻若重。

1950年七届三中全会期间，周总理若有所思，他是想到问题了。他问我：你在晋冀鲁豫跟伯承、小平共事多年，对他们二位工作怎么看？

我说：一个司令员，一个政治委员，各尽职责，我学到的东西不少，他们在工作上配合得很好。

周总理摇了摇头：我不是讲他们的配合，而是问你，对他们工作方法上有什么看法。

我不假思索地反问道：总理，你是老领导，那就请总理讲讲吧。

周总理说：根据我多年观察，他们两人的工作方法大不相同。小平是“举重若轻”，伯承则是“举轻若重”。你看是不是这样？

我说：完全对，这八个字概括得很准确。

接着，周总理又问我：那么，这两种工作方法，你比较喜欢哪一种？他没有等我来回答，就讲了自己的看法：从愿望上说，我更欣赏小平的“举重若轻”，但说句实在的话，我做不到。我同伯承同志一样，在工作上都是“举轻若重”。

周总理制订、完成第一个五年计划，他的贡献非常大。

“一五”计划是从 1952 年着手编制，到 1955 年提交第一次全国人民代表大会第二次会议审议通过，前后整整用了三年多的时间。

1952 年年初，根据周总理的提议，中央决定由周恩来、陈云、薄一波、李富春、聂荣臻、宋劭文 6 个人组成领导小组，组织领导“一五”计划的编制工作。同年 8 月试编出《五年计划轮廓草案》，并组成以周总理为团长、陈云和李富春同志为副团长的政府代表团到苏联，征询苏联政府对我“一五”计划的意见，同时商谈苏联政府援建我国进行经济建设的具体意见。那时，周总理和陈云同志在苏联大概逗留了一个多月的时间，两次会见了斯大林。这说明，苏联是重视我们的。

1955 年 3 月召开党的全国代表会议，讨论通过了“一五”计划草案，并建议由政务院提请全国人大审议批准颁布实施。据我回忆，在陈云的指导下，计划草案曾经进行过五次重大修改。周总理也经常主持召开政务院的会议，对计划的细节一一加以研究。

“一五”计划编制得很好，执行的结果也很好，得到了党内外人士的赞扬。就是说，当时的党内外人士都很满意。

“反冒进”的问题很重要，我们都反过。

从 1957 年秋开始，毛主席开始批评“反冒进”，通过一系列会议进行，并指名道性地批评了周恩来等同志。

对毛主席的批评，周总理在党的八大二次会议上做了自我批评，说：在经济工作中，有些重大的工作问题没有及时向中央请示报告，更没有经常地、系统地向中央反映情况。即使请示了、报告了，也不是“毛毛细雨”，而是“倾盆大雨”，材料数字一大堆，使中央对于需要作出决策问题的时候，也来不及仔细地分析和研究。这就是周总理的检查。我看周总理在那时候只能够如此答复。你再能说什么呢？

批评“反冒进”是不适当的，批过了头的，为以后的“大冒进”开了绿灯。实践证明，不适当的过火的批评，挑毛病，不利于而是有害于发扬党内民主，不利于而是有害于保证党的决策的正确性。这次批评“反冒进”，历时半年多，其影响所及，在党内生活史上是一件很不小的事情，也可以说是一种标志。它标志着新中国成立以后党内的民主生活开始由比较正常向不正常的发展，以后发展成“一言堂”。这些我们都是有深切感受的。

周总理说“举轻若重”，实际上，他是非常谨慎的一个人，凡事都是直接报告毛主席、党中央。那比较我们这些人，就不知细致了多少。

我在“文革”中被打成“三反分子”，开除党籍，解除一切职务，抓起来，关起来，监护了四年半，我就再没有见过周总理。监护期间我在国务院第二招待所，因为周总理去世了，要在那里开追悼会。我们也要求参加。人家告诉我们说没有资格。后来我对我的女儿说，有什么委屈呢？我们自己也可以追悼，搞几块黑布盖上去，自己也在那个地方讲讲周总理的历史，讲讲周总理的为人，我们也尽了我们的心了。我对周总理的感情不能说不深，尽管我被监护后再也没有见到他了。

1928 年我们山西开了一个会，那时候讲究这个共产党是工人阶级的政党，结果把当时活跃的知识分子开除出党。这个时候周恩来作了指示，说这是不对的，没有知识分子的领导也是不行的，知识分子已经为工人阶级服务了，加入了工人阶级的先锋队。那个时候我并没有认识到。

1937 年，恩来同志率领八路军的将领包括徐向前等到太原。这个时候我可以参加阎锡山的会议，和阎锡山单独接触，建立了上层统一战线。阎知道我是共产党员，真正的共产党，因此建立了特殊形式的统一战线。我尊重他，他也尊重我，我们还是他的下级。恩来同志到了太原，在我小时候读书的地方国民师范学校的礼堂讲话，礼堂很大，能够容纳 3000 人。结果那天听演讲的人把玻璃什么的都挤碎了，外面全挤的是人，满满的。我说，用个扩音器吧。恩来同志看不起那个扩音器，扒拉到旁边。那么个礼堂，谁都听得见恩来同志的讲话。那一次在山西轰动得很。阎锡山就说：人才都跑到共产党那一方面去了。现在看起来，咱们看错了，人家那个地方有人才，实干，真正地能够干出活来。

雁北 13 县失陷以后，成立了一个战地动员委员会，邓小平在那儿负责，要成立这个战地动员委员会，归共产党领导。我刚到阎锡山那儿，阎锡山的指挥所就在太和岭口那个地方，他就谈起这个事情了。他说：真有人才，周恩来真是一个大人才，我请他写一个作战计划，人家没有用一天的工夫就给送来了。咱们没有这个人才啊！人才都在那一方面。阎锡山看了这个作战计划后，他一个字也没有改动。阎锡山对恩来同志很称赞的，他连说：人才！人才！真了不得！

周总理的功绩怎么估计也不为过

谷 牧

国务院原副总理

在“文革”大动乱中，周总理殚精竭虑支撑了这个局面，那时候他的处境也是很困难的，他一方面不能违抗毛泽东发动“文化大革命”这个决心，同时又要跟林彪、江青反党集团进行斗争，还要千方百计保护革命干部。“文化大革命”一闹起来要抄我们的家，要批斗我们，周总理就及时下了决心：让我们搬到国务院来住。他公开跟造反派讲：我不能没有几个帮手，这么大的国家，千头万绪，许多事情都叫我自己抓，不合理，我得有几个帮手。在生产方面他主要靠人们讲的“三只胳膊”，靠余秋里、谷牧。所以我们以后就搬进了国务院西花厅附近那几座房子里。开始的时候大家讲，你谷牧一次也不出来那不脱离群众啊，效果不好。决定我一个礼拜出去三次两次。所谓出去就是挨批斗，什么都有，喷气式啦，罚站啦，游街，出去一次大体都是 5 个小时。他好不容易揪到你，早上 8 点出去，一般都搞到下午 1 点左右，最后回到国务院，这时人就像散了架一样，连水都不想喝了。这个情况坚持了一段，最后李富春向周总理建议，谷牧一个礼拜出去两次三次，又耽误工作，他身体也受不了啊。周总理说：什么两次三次，不出去了。此后我们就搬到国务院住了。

那时候两派总有些事要求见周总理，他见群众的时候总是带着我，还有余秋里。后来余秋里病了，就剩下我一个人。带着我们一起出场，而且公开地就讲，我没有助手不行啊！他们都是帮我做工作。因为群众一见面就是喊打倒，而且公开质问周总理，你为什么要带着他们出来？我们当时都被打成“走资派”嘛！后来又都被打成“叛徒”、“特务”。尽管如此，他照例带着我们出去。

那个时候我管三线建设，管港口，我在北京也做不了工作了，偶尔一个礼拜一次约外面部长进中南海谈谈问题。有一次，一个部长级的干部拒绝出席我的会议，他那话就很难听了。他说“叛徒”召集会议，我们去参加，最后作出决定，让“走资派”执行。这种局面我们不参加。所以以后在那里连开会也很困难了。

这个情况下我曾经向周总理说：让我到下面锻炼一下吧，我在北京做不了什么事情。周总理考虑了一下说：好哇！那你出去看看。我们那时对三线建设不放心，怕“文化大革命”连三线建设也搞乱了，将来后患无穷。我就到了西南云、贵、川走了一趟，最后又经过周总理批准，到湖北的潜江，潜江刚发现一个大油田，是湖北军区的司令员韩东山在那里主持，以后就派我到那里去了，劳动锻炼了一年，身体支持不住，就回来了。回来我就去见周总理了，我说了我下放劳动情况，我们都当作下去锻炼，还经常给周总理写报告。我说回来休息一下，然后看看安排什么工作。

休息了几天，周总理对我很关心，派秘书来看我，以后身体也渐恢复了，我就去见周总理，我说我下一步究竟怎么样？还是回原来的地方去劳动锻炼还是怎么样？总理说：那个地方不要去了，但是你现在回建委有困难，两派斗得你胜我败互不服气。我给你出个题目，你抓抓港口建设怎么样？他说：我提个口号：三年改变港口面貌。那时候我们的港口，那是落后得很了，那时候万吨级的泊位51个，万吨级是小船，国际上拉煤、拉矿的船都是50万吨、60万吨，那我们要靠万吨级的船来拉这些东西就不行了，所以我就沿海一个港口一个港口地研究，能不能搞大泊位，还有哪些地方可以开辟新港，比如日照、温州、宁波安排了一批泊位，还有广西的房城增加了一个出海口。

周总理曾说过，该花的钱一定要花，你把港口早修起来，你不就很快地就赚回来了。

我说我很高兴抓这个事儿，我不愿意回机关，那时候我就抓港口了。从秦皇岛顺着沿海，青岛、烟台、威海，一直走到广西的房城。我印象很深刻的是，我在西南那里还办了一件事，我发现房城是一个很好的港口，云、贵、川的物资要通过长江转一个大的圈子才能到香港，到国际上去。我说你这个地方修一个几十里路的铁路，把这个路修通了，从房城这里出去路多近呐！办了这个事，对云、贵、川的对外开放，对外交通，那是方便得多了。

周总理那个时候抓生产，第一条是保护管生产的干部。他一看我们都不能正常工作了，他才下决心，让余秋里我们两个住进了国务院。他让部长们也分期分批住进国务院去休息一段，然后再出去。

有一天周总理接见什么人，谈到后半夜3点钟，我就跟周总理咬耳朵说："没我的事了，我是不是可以走了？"他说："你不能走，一会儿又碰到你的事，怎么再叫你呀！"最后3点多钟会散了，他把我留下说：谷牧你开会怎么好请假呢？现在我就靠你们来工作。我对他讲：总理，明天9点钟我还要召集几个部长谈什么问题，我总想休息几个钟头，否则我怎么对付明天的会。那时候我跟周总理什么都敢谈。他说：谷牧，你吃不吃安眠药？我说：不吃，到现在我还没吃过。他说：你吃安眠药，毛泽东主席吃了一辈子了，我也吃了一辈子了，没有什么事。安眠药吃下，你至少可以休息两三个钟头吧。这是叫我吃安眠药，我学会了，开始吃安眠药。

那个时候，明明白白的，他没有时间睡觉嘛！什么事情都集中在他身上，千斤重担压在他肩上，部长们都“靠边站”了，就靠我跟余秋里，他要办什么事，事先跟我们讲：你们先替我摸摸情况。我们找部长谈一谈，情况怎么样，怎么样处理，我们先提出建议，给他看一看，这样对他还有点帮助。

“文化大革命”以前，有一次我陪周总理到哈尔滨去开会，那时候叫东北协作区。那时候一个大区叫一个协作区。我们走到山海关的时候，他让秘书给传达，让飞机在山海关低飞，转一个圈儿。周总理就告诉我，你看清楚，你看下面火车这一列那一列的距离有多长，山海关这里火车拥挤的情况怎么样？我专心致志地数，回头给他报告，他说：看起来，再修铁路是不成了，这里太拥挤了。他说，你看怎么解决这个问题？他一面问我一面就看大海，山海关不是离东面海很近吗，我知道他的意图。我对他讲，总理的想法我懂得了，你老看海嘛！恐怕要做海上的文章。他说：对！我也是这样考虑。这是第一次谈到海上的问题。

没有周总理的“三年改变港口面貌”这个题目以及这个决心，以后的改革开放就很困难了。

周总理病重住院后，我去看他的时候，我就报告他，改变港口面貌这个问题解决了，现在泊位增加了多少，货运量增加了多少。他听了以后很高兴，说：谷牧啊，你能不能再抓一抓飞机场。

我抓飞机场有困难，那时候我们的民航归空军管，周总理也没向他们交代，我怎么好找他们谈，所以耽误了几年。

那时候全国经济情况已经很困难了，要不采取措施就要出大问题了，我报告周总理说要开个会，把经济情况了解一下，再怎么困难，不生产总不成啊。周总理支持我。我提议是在计划工作会议开始的几天，先讨论讨论这个问题，周总理下了决心，说，你另外搞一摊，计划会还照常开，你另外找人来研究这个问题。我是把省委书记请来了。没都来，来了八九个，研究怎么能使铁路不乱，港口不乱，要维持生产。

经过周总理批准，我召集了一部分省委书记在京西宾馆开了个工业书记会议，不是全国都来，来了八九个，研究怎么样才能革命生产两不误，八小时工作不要受到侵犯，业余闹革命。当时不但周总理支持，毛主席也表示支持。就在开会期间，周总理来了，他要听听大家的意见。他刚走进京西宾馆大厅，部长们发现他来了，别人报告我说周总理进了门了，我就要去接他，结果几个部长把周总理包围了。那也是当时有名的故事了，叫"五部长包围周总理"，段君毅、吕正操都是老资格了，老将包围周总理，部长们陈词，讲道理讲得很好，说：我们这些人批斗没关系，打垮了我们也不在意，但是生产不能垮啊！周总理，现在生产已经开始很乱了。有人给他建议，说是你得保重身体，这种会议少来参加，那些省委书记见了周总理纷纷诉苦，说将来这个生产垮了还革什么命啊。就在这个场合，他讲了一番话，说：现在这个形势是大势所趋，欲罢不能，只有挺身而出，站在运动前面来引导运动。这时又有人说了一句什么，周总理说：我怕什么，我不入地狱谁入地狱，我不下火海谁下火海，我不入虎穴谁入虎穴。

周总理到会是给我们的支持。以后林彪出面听工交座谈会的汇报，是我汇报的。我跟林彪汇报以后，批我批了三天，周总理陪了三天，李富春、谭震林、叶帅等中央一些领导同志都参加了。汇报还没完，王力就带头攻我。最后周总理站出来说话，他说，我要说几句话，谷牧他们就是担心一件事，就是怕生产搞垮，经济工作搞垮，生产搞垮，农业搞垮，没粮食，你怎么不吃饭闹革命吗？经济搞垮了，整个经济瘫痪了，那你还怎么闹革命呢？他说：我劝了他们几次了，你们不要说你们怕，要站在这个运动前面来领导这个运动。他替我说话。

林彪批我的时候，周总理又站出来说：谷牧他们的顾虑就是怕生产垮，生产垮了还怎么闹革命？当场我看了他们几次，他们也无法否定这个观点。陈伯达就说：这个汇报提纲为什么不送给我们看看，搞突然袭击。周总理挺身而出，说，这个提纲是我要谷牧搞的，昨天晚上连夜搞出来的，来不及送你们看。他替我圆了个场吧。

那个年代周总理睡觉很少，他动员我吃安眠药，一天睡 3 个钟头就不错了，午间再闭闭眼。有一次深更半夜 3 点多钟，我回来睡觉，我刚刚闭上眼没多久，床头的保密电话响了，我拿起来一听是周总理的声音，他问，我刚才批送的一个文件给你，你看到了没有？我说我看到了。他问，你准备怎么办？我说，我明天早上一起来我就去抓这个事。是纺织部的两派就要武斗了，不可开交。3 点多钟了，我想我去找谁呀？找部长们也不方便，光我自己也不能办事啊？结果我睡了几个钟头早上醒来时，周总理处理这个问题的批示，已经送到我的桌子上面来了。他写道：谷牧同志，我来不及等你明天了，我已经找他们处理了这个事，并且告钱之光把情况向你汇报。那时候我觉着很惭愧，我应当晚不睡，起来处理这个问题。可是我只想到第二天还有事，已经是 3 点了。我一直觉得这个事没办好，对不起周总理。周总理这么大岁数还工作，我们应当分担他一点辛苦。结果是我睡了觉了，他当夜把事情办完了，把有关材料给我送来了，这个事我一想起来就于心不安哪。这个文件复印件我还有，他鞠躬尽瘁，为人民办事不能休息的精神，真是深深地感动着我。

当时我们就有个想法，如果没有周总理这个人，这个天下会乱到什么程度？一方面毛主席决定的事情他要办，一方面在办的中间要迂回曲折地尽量地避害就利，尽量地减轻这件事情对国家、对人民造成的损失，耗费苦心哪。

没有周总理，“文革”局面真是不堪设想，我们这些人根本不能露面呀！我跟余秋里，待在中南海也不成，我们不能开会呀！不能找人谈话呀！周总理一出面就带着我们俩，他就公开讲，我不能没有帮手啊！有一次群众喊“打倒余秋里！”、“打倒谷牧！”给周总理写条子说余秋里是贺龙的什么什么，谷牧是饶漱石的什么什么。饶漱石因为高饶事件被打倒了，贺龙也被批斗了，周总理正式地声明：余秋里跟贺龙是工作关系，谷牧跟饶漱石很少接触，他们根本不相干嘛！替我们解释。没有周总理我们怎么能出头，一出头就把我们抓走了。还真是这样！我们有一次上了陈伯达一个当。陈伯达让他那一伙的什么人在北京一个体育场组织了一个万人大会批斗什么人，群众提出最好让余秋里、谷牧出场。有的意见当然是好意见，是让我们来给他撑撑局面，有的就是想把我们引去，好批斗我们。结果我们俩出场了，开什么会？结果没开什么会，没多久余秋里就被石油部的造反派拉跑了。建工部有保我的，有反对我的，他们几乎武斗，他们要把我拉跑，保我的那一派说：“不行，今天不行！”把我送到场外去。我根本没回家，我不能回家，我没有自由了。我就到周总理那里去了，说余秋里被他们抓跑了。周总理说，找个什么人去把他接出来。当时正开会，李富春、谭震林都在，李富春说：“我去吧，我去找群众谈。”这时在场的有王力、关锋、戚本禹。戚本禹说：“富春同志去恐怕还有困难，我去吧！”他去把余秋里领回来了。

进口的三套化纤设备，有一套放在大庆附近，为的是要靠原料近嘛。有一次在大会堂有活动，江青跑到我跟前就追问，谁的主意，把一套洋设备摆到我们自力更生的旗帜大庆的旁边。我不好对他讲，我说：“江青同志，这个事不是我决定的。”她说：“不是你决定谁决定的？”我说：“我不能跟你讲，要讲得政治局开会让我讲我才讲。”华国锋过来了，问：“你们吵的什么？”我就说是怎么回事。华国锋就讲：

“这是毛主席决定的，与谷牧没关系。”华国锋已经讲了，江青就撤了，退了。江青有个特点，你要提到毛主席怎么地，她还知道一点，她不能瞎闹了。张春桥说：“当你们没办法的时候，就把毛主席搬出来吓唬我们。”

这么大的事情，进口三套30万吨的大化肥设备都是周总理下的决心。那个时候我们需要这个东西，而我们自己只有十几万吨的小玩意儿，不能解决问题。那时候大庆油田，出500万吨石油，有那么多石油你怎么处理？国家需要化肥嘛！根据需要周总理下的决心，那当然他通过外贸部了解了进口的情况，进口三套。对石油的整个冶炼过程，出许多的副产品，起了很大的作用。

我在周总理面前可以说没有顾虑，什么都敢说。有一次开会开得很晚了，他说：“谷牧，今天就这样吧，你是不是肚子饿了？”我说：“我饿，我是饿了，开会开得都天亮了。”他说：“那你到我家里去吃饭吧，我也回去得吃点饭。”我说：“好哇，我去你家吃饭，可是光吃饭不行啊。”他说：“我知道，你还得喝酒。”我说：“是得喝美酒。”我到周总理家里天都亮了，他家里给他准备的饭。他说：“不用公家的酒，我这是私人收藏的，还有老酒。”他拿了一瓶茅台出来，我们两人差不多就解决了。

“我不入地狱谁入地狱，我不下火海谁下火海，我不入虎穴谁入虎穴。”周总理的功绩与日月同辉，怎么估计也不为过，我们这些过来人永远不会忘记这些，后来人也应当了解这些。

周总理与我国“两弹”的诞生

张爱萍

国务院原副总理、国防部原部长

我跟恩来同志直接相处了46年。大革命失败后，1929年，我到上海做地下工作，就知道他是中央军事部长。我从红十四军负伤后，地下党送我到上海治伤，治好以后，就转到军委去了，这个时候就碰到他。他派一个联络员找我谈。我提出要回红军。联络员说他要回去给恩来同志汇报。过了两天他来告诉我，恩来同志说你还是留在上海做地下工作，因为你手已经被打断了。我说，你报告恩来同志，我断了的是左手，现在治好了。打枪呢，主要是右手，我说我右手可以打枪，我还是回到红军好。联络员向恩来同志报告后又来告诉我，说恩来同志批准你到江西中央苏区。当时我非常感动。他当时是中央政治局常委，主持中央工作。我那时是个小兵，在游击队里面做大队长，这样一个具体要求他居然接受、同意了。从这个时候起，老实讲，就对他印象很深了。

到了陕北以后，我在瓦窑堡同周恩来有了直接接触。长征后我从三军团调到陕北红军刘志丹那个军的骑兵团担任代理团长兼政委。主力红军东渡黄河，我们在榆林、米脂、绥德、三边、盐池一带牵制敌人，任务完成以后，在撤回的路上碰到敌人袭击我们的县政府，我们把敌人打败了。随后又碰到另外一支敌人埋伏，我骑兵团受了损失。回到瓦窑堡，受到恩来同志的严厉批评。他说：你鲁莽！鲁莽从事，就打败仗。他决定说：因为你是中央红军派到陕北红军去的，打了败仗，一定要严厉处置。因此对我通令撤职查办。他那时候要照顾到陕北红军。我认为他批评得很对。毛主席找我谈话，也是批评这个事情。我认为这一次的败仗，毛和周的批评，对我一生起了很关键的作用。从那次以后一直到现在，我可以这样说，好像从此就没有打过败仗。这是对我影响最深的。

卢沟桥事变以后，派我到上海，到江浙省委去当省委书记。上海失守以后，我们留在武汉办事处工作，主要是对国民党搞统一战线。1937 年，日本鬼子南下，南京失守。这个时候，恩来同志跟叶剑英同志就找徐州五战区的白崇禧，希望广西军队在徐州这一带打一仗。当时白崇禧答应了，但差不多有十多天没有消息，究竟是打还是不打？恩来同志派我到徐州见李宗仁问他们是怎么打算的？要我想法子说服他们在这里打一仗，所以我就去了。那个时候我做统战工作，用的名义是八路军高级参谋。李宗仁听说八路军的高级参谋来了，马上就接见。我根据恩来同志的交代，把情况给他作了分析，主要说明从济南到徐州，只有台儿庄这一段的地形对我们来说是最好的，而且日本鬼子那个时候嚣张得很。我把利弊和各方面的敌情分析给他听，他就下了决心打这一仗。他当时就告诉我，回去报告周部长(那个时候周恩来是国民党政府军事委员会政治部副部长)，请他放心。就是这样，打了台儿庄战役，取得了胜利，可以说，台儿庄战役的胜利也缘于恩来同志的建议。

李宗仁回国后，陈老总在四川饭店宴请李宗仁夫妇。李宗仁一个个握手，握着我的手时就盯着看，说是好像面善。广西话嘛，就是讲

1963年4月，周恩来和专委会成员贺龙、聂荣臻、张爱萍在中南海

好像在哪里见过的。我当时跟他开玩笑说，总统大人，你是贵人多忘事啊！我说：徐州，台儿庄打仗前。啊！他说：想起来了，想起来了！你就是八路军的高参哪。

周总理组织“两弹”（原子弹、氢弹）的研讨，这是很重要的一件事。在那个困难时期，我们中央内部对这件事产生了两种不同的意见：一种认为，原子弹是一个非常尖端的东西，在工业、经济、技术方面要求都很高，现在苏联给我们的东西都没有了，我们应该下马等几年，等经济发展了，科学技术水平也提高了，然后再来做。另一派，就是以几位元帅为首的，在政治局讨论时，首先是陈毅发言，陈老总把桌子一拍说，我们中国人哪怕把裤子当了，也要搞原子弹！就这样，聂帅、叶帅和我都赞成，就争论了起来。在这种情况下，少奇同志就给毛主席提议，在这里说上还是下没法子决定，先把问题查清楚，然后再来定。毛主席同意派人去调查。谁去？几个元帅提名让我去。我当时就说，我懂得什么原子弹哪，我只懂山药蛋。陈老总就将我的军，他说，你不懂？你不懂你不知道去学习呀！那时候我没办法了，我是一个初中学生，什么叫原子弹，我确实不懂。我就想，要找一个有知识、有水平的人。想来想去，想到国家科委有一个副主任叫刘西尧，大学生，我想他可能有办法。所以我提出：是不是还可以派一个人同我一起呢？他们就答应了，你随便要哪一个都行，我就点了刘西尧。然后我们一起，跟着刘杰出去转了一圈，最后调查分析下来的结果是：如果党中央统统都满足了我们提出的要求的话，1964 年可以炸响第一颗原子弹，我们回来就写了这样一个报告。

写这个报告还有个笑话。刘杰最后看了看报告对我跟刘西尧讲：你写 1965 年炸响行不行？这件事我们事前都商量好了的，1964 年炸响，为什么要改成 1965 年呢？那时候刘杰是二机部部长嘛，他是想留有余地。他说：哎，你给我留点余地嘛！我说那不行，我就是要压你，压在 1964 年。结果，1964 年如期爆炸了！这个报告现在还在。那个时候总书记邓小平就批了，批给毛主席他们看。看了以后，最后就决定，按需要全部保障，准备 1964 年炸响。

我们那个报告中有一条：由党中央的主要领导同志直接挂帅、主持领导。所以中央政治局决定，组织一个专门委员会，要周总理挂帅。周总理就直接主持原子弹的研制工作了。那时真是党政军民一条心，要什么就给什么。我们走到各个中央局，国务院各部门、省市，东北、华北、西南，不管到什么地方，马上就开会讨论，问我们要什么，他们可以把自己的工业部门都给我们，把原来的计划一律都向后推，全党全军一致抓这个工作。周总理亲自抓，聂老总支持，我们就专门跑腿。所以到1964年，就炸响了原子弹。在周总理主持下，把各种物资调来，送到戈壁滩里去啊！你知道吗？三年灾荒时期，我们在戈壁滩还能吃到金华火腿，就是从浙江调来的。

要爆炸原子弹了，我们这里报数：5、4、3、2、1，周总理那里同时也听得见："起爆！"

这时我就在电话里跟他说："爆炸了！"周总理当时问我："是不是原子弹爆炸了？"我想，炸是炸响了嘛，但是不是原子弹炸响了，我也不懂。我就问旁边的科学家王淦昌。我说："喂，你看，是不是原子弹炸了？"正好这个时候，蘑菇云开始出现了。王淦昌一看，他说："哎，蘑菇云起来了，就是原子弹爆炸成功了！"

我们指挥所可以看到蘑菇云，北京看不到。我就在电话里报告周总理，他非常高兴，马上就讲："我代表毛主席、党中央和我，向你们所有试验场的科学家和工作人员表示祝贺！"说完了又说："我现在马上到人民大会堂去，毛主席正在人民大会堂。"当时毛主席正在接见《东方红》的演职人员，周总理当场向全世界宣布我国的第一颗原子弹炸响了！那是个振奋全国人心的大事情。以后氢弹也打响了，都是周总理直接抓的。我们只是做具体的工作，什么事情先报告他，他指挥得有条不紊，清清楚楚。现在国防科技工业流行的四句话，就是根据第一次原子弹总装时，我回来向周恩来汇报时，他在西花厅讲的。我和刘西尧根据他的指示，给他编成四句话，叫做："严肃认真、周到细致、稳妥可靠、万无一失。"最后的结果，达到了他强调的那个目的：万无一失。所以至今仍在奉行的，还是他这个指示。周总理这个人的工作作风，就是事无巨细，一抓到底。

1950 年 2 月 14 日，周恩来总理在《中苏友好同盟互助条约》等条约和协定签字仪式上

1960 年 1 月，周恩来总理审查北京市东西长安街建设规划设计模型

1959 年 6 月，在河北磁县临漳镇农村了解小麦生长情况

三年困难时期，忧心忡忡地查看农作物长势（1960 年）

1959 年 10 月，在黄河三门峡大坝工地视察

1962 年，到大庆视察。这是在 1202 钻井队现场

1958 年 2 月底，冒雪视察荆江大堤

1973 年 9 月，在上海机场冒着大雨送别客人

1964 年 10 月 16 日，我国成功地爆炸了第一颗原子弹。图为周恩来当天以极其兴奋的心情，在人民大会堂宣布这一振奋人心的消息

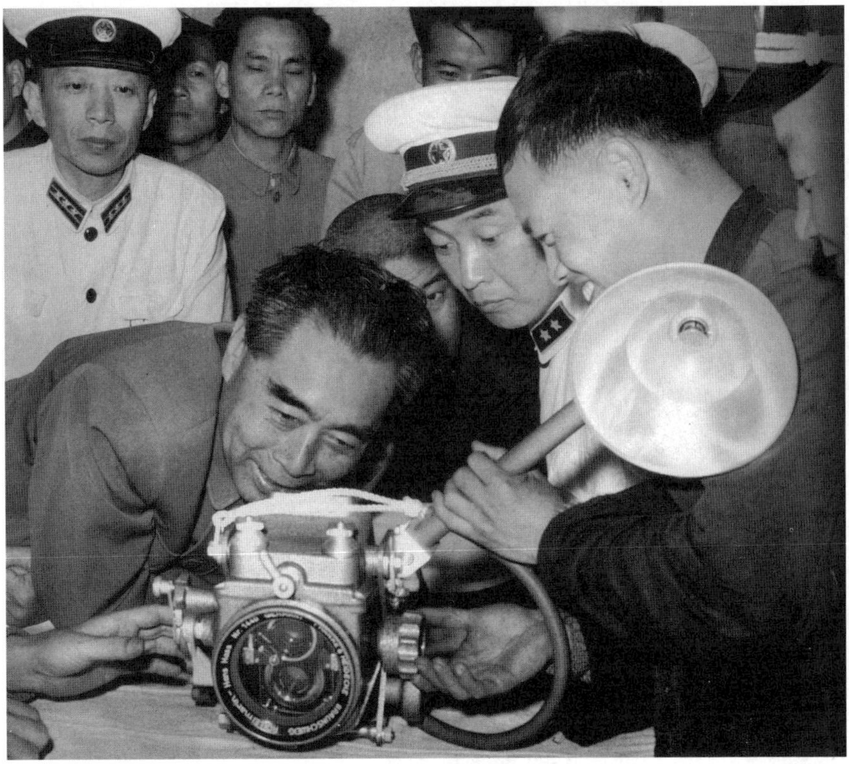

1963 年 5 月 12 日，在海上观看水下摄影机

1962 年初，中共中央召开扩大的中央工作会议(即七千人大会)，周恩来在会议上针对浮夸风等不良倾向，强调要“说真话，鼓真劲，做实事，收实效”。图为大会主席台

1963 年时的周恩来

在世人关注的目光中步入日内瓦会议会场(1954 年)

和各国朋友在一起

“文化大革命”中，处境艰难的周恩来(1974 年)

1966 年 12 月，周恩来和受他保护的陶铸(右一)、陈毅、贺龙在批斗会上

另外有一点，就是周总理对同志们的关心和爱护。“文化大革命”中，我被整得很厉害的。他知道我这个人不是像林彪那一派人讲的那个情况，当开大会批斗整我时，他为了保护我，就任命我做他的联络员。他是要用这个名义来保护我。1966年底，我感冒了住进医院，在305医院里有三个人：许光达、肖克和我，经常都被叫出去批斗。许光达一次拉出去就没回来。开始肖克每天拉出去还回来，以后拉出去也不回来了，就剩下我一个。最后把我也拉出去了，挨整了，大会小会一直批斗，批斗到后来就关到监狱里去了。当时周总理为什么弄一个总理联络员呢？他就想用这个职务来保护我，但是没成功。一直到1975年我解放出来工作的时候，周总理已经病得很厉害，我曾经打电话给邓大姐，说想去看他，邓大姐说：不行，中央决定了的，任何人不准看。她说：我给你讲，你就不要来看了。所以我就没有去看。1976年1月8号整个国防科技工业部门要召开八千人大会批斗我。我已经做好了准备。结果批斗会没有开了，我怎么也没想到原来是周总理去世了！我当场写了一首《满江红》怀念他。这些过去的事情真正是不堪回想。

《满江红·痛悼周恩来》

愁雾弥天，江海水、怒号翻滚。举世恸、追思勋业，马列开遂。为国为民孺子牛，任劳任怨绝代尹。艰难继、大任系安危，何驾云！惊雷震，天地忿，朔风烈，泪雨淋。

四十六年前，重军路引。难忘少年谆教诲，常忆征途亲指领。提劲旅、打破核垄断，攀万仞。

周总理与国防科研十六字方针

朱光亚

全国政协原副主席、著名科学家

我作为国防科技战线上的一个老兵，对我国第一颗原子弹试验成功的这些往事的记忆是犹新的。周总理对于尖端科学技术事业的关怀，以及他严谨的科学态度和工作作风，永远是我们学习的楷模。

由于工作关系，我很幸运有较多的机会聆听周总理的教诲。第一次是在 1962 年 12 月 4 日召开的中央专委会上。专委会是这年 11 月成立的，12 月 4 日这次会议已经是第三次专委会会议了。会议在西花厅举行，周总理和专委会的领导同志围坐在一起，商讨关系到国家安危的大事。那个时候我们二机部的领导刘杰、钱三强等同志向专委会汇报了原子能工业生产建设的情况，以及研制原子弹两年规划的问题。我列席会议，并作了补充汇报。当时我们国家一方面受到核大国的威胁，一方面经受着国内经济上的困难，形势是非常严峻的。能不能够加快发展我们自己的原子能工业，已经成为一个至关重要的问题。

听完汇报以后，周总理指示我们：在我们的科研工作中，必须实事求是，循序而进，坚持不懈，戒骄戒躁。他讲了一段很深刻的对我们大家很大的鼓励和鞭策的话。

那天的会议从上午一直开到下午，周总理就留我们吃午饭，他跟领导同志和我们都同桌就餐，吃的是用大盆装的炖肉丸子熬白菜豆腐，还有几碟咸菜，我的印象很深刻。

好几年以后，余秋里同志告诉我们说，这种大盆菜是周总理创造的国务院的传统的饭菜，既有营养，又很简便。这种传统的饭菜在国家经济好转的年月里，一直是没有变化的。有一位在周总理身边工作的同志还给我们讲过一个小故事，那就是 1963 年的一次晚餐，也是这样的饭菜，大家都入席了，后到的贺龙元帅进了餐厅以后，看了一眼每一张桌子上的这个菜，很风趣地对周总理说：“总理啊，国家经济都好转了，你这儿的饭桌上怎么还没有体现出大好形势啊？”周总理说道：“大好形势是靠大家奋斗得来的，将来国家富强了，也不能丢掉艰苦朴素的传统啊。”周总理历来生活简朴，就是在饭桌子上，也有警示我们的风范。

在周总理的直接领导下，这次专委会的内容后来就成为全国人民的行动，不到两年时间，我国第一颗原子弹就试验成功了！

干我们这一行，一得之见是多得很的，说起来也有道理，但不见得全面。由总设计师听了各种意见以后，经过分析平衡，最后由总设计师拍板。总设计师也不是一个人，还有一个总体的设计部，一个大班子，就是系统工程的班子。所以他们运用系统工程，衡量各种因素，选择最优的方案。总设计师听了各方面的专家意见，又看了总体设计部的报告，最后下决心拍板。拍了板，谁再有意见也不算数了。这就是周总理和聂帅给我们的规定。我们现在的总设计师都是这么锻炼出来的。总设计师要有风度，正如钱学森所说的要有“大将的风度”。

从 1962 年 11 月中央专委会成立，到 1964 年 10 月 16 日，我国第一颗原子弹爆炸试验成功，周总理亲自主持召开了 9 次会议，及时地解决了生产科研和建设中许多重大问题。

周总理主持第 5 次专委会的时候，听取了汇报，肯定了二机部前两年的工作成绩之后指出：两年规划的完成，专委会有很大的责任，但是，主要的责任还是在你们二机部的领导上，二机部的领导自上而下都要具有高度的政治思想性，高度的计划科学性，高度的组织纪律性。我们当时，以至于后来一直叫这是周总理要求我们的“三高”的指示，是指引我们前进的一个很重要的思想。

周总理要求我们科技战线上的同志“严肃认真，周到细致，稳妥可靠，万无一失”，特别是在执行大型任务这样一个过程里面，他指示我们要这样做。他自己更是身体力行的典范。每次搞试验之前，他要听汇报，他总是要仔细地询问可能影响成败的各个关键环节，而且还要求我们把各种不利的，或者意外的因素要考虑到。比如说，原子弹要做试验了，原子弹已经挂上了飞机了，气象起了变化，怎么办？我们对气象是有很严格的要求的。万一原子弹投不下来又怎么办？飞机带弹返回机场的时候，原子弹会不会又意外地掉下来了？脱钩了？诸如此类的问题。在这种情况下，又应该采取什么可靠的安全措施等等。有时周总理得不到满意的回答，他就说，我们暂时休会，给你们一定时间，你们回去找更多同志们一起研究，直到我们有了比较令人放心的答案以后，他才决定再复会，作出决定。这样的事不止一次。他多次很严肃地重申他以前提出的，就是那个十六字方针，语重心长地告诫我们，搞试验关系重大，绝对不可能有一丝一毫的马虎。我们国家还很贫穷，做什么事情，都要考虑周到，略有失误，都会加重人民的负担。正是由于周总理严肃而又亲切的教导和榜样的力量，培养和锻炼了国防科技队伍的严细的作风。此后，每一次重大的科研试验里面，我们都要重申十六字方针，都要按照周总理的指示开展群众性的预想预防活动，提方案定措施，要做到弹不带隐患进试验场，卫星不带隐患上天，使我们在相当一个时期在同一个类型的尖端科学技术试验中，成为世界上成功率比较高的国家。

周总理一心想的是祖国的繁荣富强，人民的幸福安康，世界的持久和平。他谆谆告诫科技战线的同志们，我们发展核动力，首要的是安全。他明确提出来，核电站的建设，应当遵循“安全、实用、经济、自力更生”这么十个字的方针。这里面首先强调的就是安全。我记得1970年7月，当时我已经转到国防科委工作了，核动力陆上模式堆运行试验准备就绪，这就是核潜艇上用的动力的一种反应堆。周总理就派专机把有关人员接到北京来汇报。那次会开了两天，7月15号到16号，讨论这个模式堆起动提升功率的。周总理在这次会上着重审查了起动运行的安全，要求每一个环节都要认真地研究，指示二机部要吸收本部门以外的一些专家来挑毛病。正是这次审议核潜艇陆上模式堆的专委会上，周总理还指出，这是核动力的起点，也是奠定核电站的基础。

1970年11月的一次专委会上，周总理听取了上海市研制核电站问题的汇报。1974年3月底到4月中旬，周总理主持的是最后一次专委会。那次专委会分两次开，时间拉得比较开，也是让大家回去反复再研究。这个专委会第一项议题就是审查上海市代号为728工程的核电站建设方案，也就是现在已经建成的秦山核电站建设方案。那个时候我们都知道周总理已经病了，但是他仍然跟聂帅一起，审查肯定了上海的方案。

周总理还非常重视基础科学研究，对我们经常强调，要大力注意培养年轻人，以发挥科学人才的作用。1972年，美国总统尼克松、日本首相田中角荣相继访华，我国外交局面打开以后，有不少美籍中国学者来访，巴基斯坦总统的科学顾问也来过。这些来访的客人对我们科研工作提出了不少建议，强调应该重视科学理论研究，适当地安排长远性的课题和基础性理论的研究工作，要开展学术交流，要大力培养年轻人，注意发挥原有科学人才的作用，等等。周总理认为这些建议意见都很好，一再指示我们，指示有关单位，要很好地讨论这方面的建议。当年10月，中央就决定派一个科技代表团到美国访问。代表团由著名科学家贝时璋、钱伟长、张文裕等组成。出发以前周总理在人民大会堂接见了代表团成员，我也有幸参加了那次接见。周总理同大家很仔细地讨论了好几个问题，特别交代大家要注意的事项。在这之前，张文裕、祝鸿元、谢嘉铭大概一共有18位科技工作者，曾联名写了一封信给周总理，提出他们对发展我国高能物理的明确主张，反映他们工作中的一些困难。周总理9月11号就亲笔回信，指示高能物理研究和高能加速器的预制研究，应该成为科学院要抓的主要项目之一。这样，在周总理的直接关怀下，中国科学院建立高能物理研究所的事就很快定下来了。

周总理时刻想到的是广大的人民，也想到我们科学工作者。给我印象很深的一件事是发生在"文革"之初，当时周总理提出，要把1964、1965、1966年三次核试验的情况拍成电影放映出来。后来八一电影制片厂承担了这个任务。在钓鱼台的礼堂时审查这个片子，我们去了，周总理也到了。周总理问我们：你们现在生活情况怎么样？是不是有人抄你们家了？很关心我们的处境。他还问这个片子这样行不行，能不能再选一点镜头，让我们人民群众更高兴一些。他认为有些镜头太短了，太少了，能不能在不妨碍保密的情况下尽可能多选一点。这件事给我很大教育。我当时就对周总理说，头两次试验可以尽量多选一些爆炸烟云的镜头，第三次少选一点，因为第三次进行了一些新的探索试验，我们没有把握。后来，这部片子根据周总理的指示精神，尽可能多选了一些镜头，就公开放映了。

国家每出一件事都揪着他的心

袁宝华

国家计委原副主任

1952年，我参加编制第一个五年计划时，开始和周总理接触。那年8月，我随周总理率领的中国政府代表团去苏联。9月22日周总理回国，我们到第二年5月才回来。

1953年3月8日，周总理率代表团抵达莫斯科，9日参加斯大林葬礼。他走了之后，我们到苏联各地参观，了解经济恢复情况。周总理每次来都要详细了解情况，他走了之后，我们也派人回国向他汇报，他听得很仔细，非常关心我们和苏联谈判的情况。在莫斯科，周总理很仔细，发现一些计划数字对不到一块儿，打电话批评搞计划数字的同志，第二天吃饭的时候，他主动与那个同志碰杯。经过谈判，最后达成苏联援建156个项目。这些项目构成了我国工业建设的骨干，现在还在起作用。总理花了大量心血。

周总理工作困难的时期是“大跃进”。他关心指标能否落实。他叫我们去，说：“你们有什么就说什么，要说真实情况。”我们讲了实际情况，他心情很沉重。但他说很高兴，因为心里有数了。他留我们吃饭，邓大姐也参加了。

1959年庐山会议时，通知我们去汇报1959年钢材产需情况。我们一上庐山，周总理当晚就找我们谈话，打招呼，告诉我们彭德怀的情况，怕我们乱发言，犯错误，因为大家对大跃进是有些意见，真是爱护干部。

1960年10月10日中央开会，专门讨论要不要完成1800万吨钢这个问题。谷牧每周两次召集我们到养蜂夹道汇报，都是周总理布置的。可是当时冷不下来，指标降不下来。

1961年对国民经济实行调整的“八字方针”正式形成，周总理为此付出的心血比三年“大跃进”更多。调整之初，生产指标压不下来，周总理布置我们下去调查，了解情况，既要把指标压下来，又能保存生产能力。酒泉钢铁厂没有粮食吃，要停下来，周总理说粮食可以解决。我们去酒泉研究恢复酒钢问题，因为在西北搞这么个基地不容易。1964年酒钢开始恢复，1965年达到最高的生产水平。

1962年中共中央召开扩大的中央工作会议，即七千人大会结束后，又召开了政治局常委扩大会(西楼会议)，陈云同志详细分析经济情况，周总理发言表示同意。中央决定恢复“大跃进”开始不久就停止工作的中央财经小组，陈云任组长。中央财经小组在怀仁堂召集会议，听陈云报告，陈云提出“要准备对重工业、基本建设的指标‘伤筋动骨’”。周总理十分赞成陈云的意见。

1964年国民经济基本恢复，毛主席提出建立小计委，周总理支持。他在西花厅开会，批评一些对小计委工作百般挑剔的同志。我是很少见到周总理发脾气，那次他把本子和铅笔都摔了。周总理力排重议，支持小计委，虽然有困难，但工作有成效。

1966年发生邢台地震，周总理亲自去灾区组织救灾，回来后多次找李四光谈地震预报问题，总要问个究竟，他是想摸索出规律来。周总理对建立地震预报起了重要的作用。

“文化大革命”开始后，大家关心“文革”搞多久，但谁也说不清。1967 年我就靠边站了，周总理想保护我，五一节时要安排我上天安门，造反派不让。周总理让李富春找我谈话，试图再保护一下，5 月要开订货会，让我出来，造反派还是不同意。

在各部部长中，我靠边时间最短，一年半。后来周总理在国务院会议上给我们那个军管会主任打招呼，说，这个袁某人哪，我在延安认识他，这人历史比较简单，学生出身，参加革命，你很快把他审查审查，解放出来，我要用人。这个军管会主任不错，三个月时间把我解放出来。1968 年我被“解放”，参与 1969 年计划的制订。“九大”以后调到国务院生产小组，做副组长。

“九大”之后，让我参加计划会议。总理就提出来，说你这个物资部啊，给各个地方拨了五千吨铝，做毛主席像章。毛主席不赞成，你把它收回来。我刚刚出来，怎么敢收回来呢！总理这个人他就是体谅你困难，讲话时点名说袁某人到了没有？我说：到了。他说：我让你收回五千吨铝，你为什么一直到现在迟迟不动呀？！不收回，唯你是问。我心里明白，这就是支持我啊！所以会议散了以后，第二天早上我就起草了通知，通知各个省市一律收回。这五千吨铝很起作用，要不飞机厂都停工。

1970 年，物资部在南昌召开基建会议，去了两万人，周总理批示，让我去解散这个会议。

1971 年，陕西公安厅反映，宝鸡附近的渭河山谷山体裂缝，铁路和河谷都会出问题。周总理派我实地勘察，是铁道工程局在下面采石，已裂了一尺的缝子，赶快停了下来。到现在那里没有出过事。国家每出一件事都揪着他的心。

建不建葛洲坝的问题，一直存在分歧。长江流域办公室的同志不主张建，湖北、武汉的同志主张建。为解决这个问题，周总理不知召开了多少次会，倾听两方面意见。这件事周总理最后向毛主席报告，毛主席批示“赞成兴建此坝”。周总理建议成立葛洲坝技术委员会，由持反对意见的林一山同志做主任委员，最后葛洲坝项目搞得不错。

1973 年小平同志复出是毛主席下了决心，实际上是周总理做了工作。小平同志出来后，国务院新的领导班子组成，周总理在西大厅召开各部门负责人开会，宣布小平同志做第一副总理，张春桥做第二副总理，李先念同志做第三副总理。小平同志后来受批判他没想到，也无能为力了。

周总理办事非常认真，非常仔细，非常负责，非常周到，在细微处见精神。有一次我们去汇报，他拿出本子，一个数字一个数字地记。我们说，补一份书面材料，您就不用记了。周总理说：张治中曾经给他写过一封信，说他应该持盈保态。我说我和毛主席不一样，我是辅佐毛主席办事，我需要把这些情况都记下来，毛主席需要问时我能答得上来。

他关心干部、爱护干部的事说不完。李四光在地质部有争议，总理提议开全国地质工作会议，要李四光到场。总理讲话前让李四光先讲话，给李四光机会亮相，使对立的双方都能接受。康世恩出来也有争议，说军代表有意见。总理借渤海冰冻刮风危及钻井平台，派康世恩去处理。总理就是这样千方百计保护干部。

“大跃进”期间，造纸厂的碱不够用，周总理发现小学课本不白，黑乎乎的，找我去批评，要给纸厂调拨碱。他说：“这个纸会把孩子们的眼睛搞坏的。这些纸只能给咱们这些年纪大的人来看，咱们早晚眼睛要坏，小孩子不能让他们的眼睛坏。”轻工部的同志说：周总理的话都说到这份上了，咱们怎能不想办法解决。

他不受浮夸风左右

顾　明

国家计委原副主任

1950 年周总理跟毛主席到莫斯科同斯大林会谈，签定了中苏友好同盟互助条约。1952 年周总理第二次去莫斯科介绍经济建设情况，提出请苏联政府援助我们经济建设 3 批，共 156 个项目。工业化基础骨干项目，机械方面：汽车、拖拉机、纺织机械；轻工业方面：亚麻厂；重工业：钢铁厂；军工：飞机、大炮、坦克、机关枪、子弹等。这些项目奠定了我国工业的初步基础。各部门意见集中到计委，报给他，他连夜审定，然后给布尔加宁。

第一个五年计划，由于苏联帮助，进展很顺利，打下了工业化的初步基础，“一五”计划顺利完成，而且超额完成。计划原来定得较高，后从 18%降到 15%，最后完成 18%。周总理抓计划工作非常认真。“一五”计划完成全国人民很高兴。“二五”计划是 1955 年开始编制的，这是为将于 1956 年召开的中共八大准备的一份重要文件。他主持起草，每晚找计委同志谈，找资料，写初稿，他最后定。这个数字是毛主席 1958 年 6 月提出的，8 月北戴河会议通过。在八大会议上一致通过。周总理做的《关于发展国民经济的第二个五年计划的建议的报告》。

周总理提出搞计划要注意综合平衡。在好的形势下发挥经济作用，差的时候留有余地，既反保守又要“反冒进”，要留有余地，要实事求是。1956年合作化高潮，开知识分子会议，正确处理人民内部矛盾。庆祝“三大改造”完成，农业、工商业、手工业。毛主席原来讲过渡时期15年左右，结果不到三年就完成了。周总理一直反对这个事情，说要实事求是，不光看到热火朝天的一面，还要看到存在很多问题。国务院开会对各部都讲了这个问题。

1957年11月，毛主席赴莫斯科参加各国共产党和工人党代表会议。在同苏共领导人会谈中，赫鲁晓夫告诉毛主席：“十五年后苏联可以超过美国。”毛主席回答说：“十五年后我们可能赶上或超过英国。”毛主席的讲话精神传达后，全国性的急躁冒进就出来了。

从1957年9月八届三中全会到1958年年初召开的南宁会议，再到5月在北京召开的八大二次会议，毛主席对周总理在国民经济建设问题上提出的“反冒进”进行了严厉批评。毛主席的话是很严厉的，很尖锐的，说这样就把人民群众的积极性打掉了，“反冒进”是非马克思主义的，与右派只剩了50米。

批了“反冒进”，提出“大跃进”。“实事求是”这样的话大家都不敢提了，就是想怎么样搞得快一点。对毛主席的批评，周总理承担了责任，并亲自写了检讨。时任总理办公室的学习秘书范若愚帮助整理中，写了“我和毛主席风雨同舟……”时，周总理把这些话删掉了，说：“我是毛主席的学生。”

这以后全国纷纷报喜，高指标就出来了，1958年钢的生产指标原来提出900万吨，到北戴河会议时根据毛主席的意思改为1070万吨。全国很快掀起全民炼钢高潮。

土法炼钢，是秦始皇时代的方法，河南吴芝圃是积极分子，周总理让我去看看。在河南禹县，高扬看过后说不行，副省长汇报说不行，被撤了职，没人敢说话了。我与一个冶金部长去了的，看后也是觉得不行。农民根本不懂炼铁。我们把他们炼出的海绵铁拿回给周总理看。这块铁一直到他去世的时候还摆在办公室。

各地一放“卫星”，对我们压力很大。周总理虽然不同意，但中央指示他得执行。他每周召开一次钢铁汇报会，自己也参加大炼钢铁。他调了1万多高中学生和大学生，到各地帮助分析铁矿，但下面根本不听这一套，各地到11月都没有完成指标。四川省委书记陈刚到西花厅，说：“我们还没有完成任务，几百万人还在山上，怎么办？”周总理说：“马上下山。”他回去把队伍叫下来。“大跃进”大炼钢铁，用大批劳动力，影响了农业。那年本是大丰收，但许多地方粮食在地里没收上来。

“大跃进”开“神仙会”，不准带专家和业务干部。周总理从来都要专家和业务干部，随时了解情况，对照研究。他的脑子非常快，我们计算机的结果还没摇出来，他早算出来了。

“大跃进”后困难就来了。庐山会议本来是要总结“大跃进”的“左”的方面的问题，主要批“左”，结果毛主席错误地批了彭德怀，最后还是高指标。毛主席最后自己总结：上山反“左”，下山反右，聪明一世，糊涂一时。

周总理在庐山上还在操劳。许多地方大炼钢铁把煤丢掉了，河北没煤取暖，把桌椅板凳都烧掉了。周总理召集煤炭生产战线的人开会，开了两天一夜，一个一个地方落实。全国确实紧张，煤炭运输，黑的挤掉了白的，咸盐、大米都没法运，我国长期南粮北调，北煤南运。在庐山会议批了彭德怀，这些问题都没能解决。

真正困难是1960年，职工增加2000万，城市人口增加，四大城市吃进口粮，辽宁最困难只有3天粮食，粮食的调配都是周总理亲自过问，一个一个地方分配。

1961 年谷牧负责，组织十人小组研究生产中的问题，每天晚上开会，然后向周总理汇报。当时，主要是粮食不够吃。周总理确定，下矿工人每顿发一个面饼，一人一日发二两酒，用一切力量保证生产一线的工作。

为克服经济困难局面，1961 年中央确定采取调整、巩固、充实、提高的方针。为落实“八字方针”，周总理去邯郸蹲点调查，了解实际情况。我们也去了。顾卓新向周总理汇报，周总理提出计划要综合平衡，实际上纠正“大跃进”“左”的错误。

这一段最重要的，是发现问题解决问题，工作都是周总理在那里做的，用最大的精力纠正“大跃进”的错误。周总理一个部一个部去做工作。

周总理不赞成只抓数量，不抓质量。纺织品出口，印染不过关，国外有人写信，他抓住这件事，特别注意质量。

抓引进新技术和技术革命是 1960 年以后，那时，中苏关系开始恶化，苏联撤退专家，核试验材料都带走了。中央成立了专委会，由周总理挂帅，研制“两弹一星”，1974 年 4 月，召开最后一次专委会，周总理去了，我也去了，研究核电站能否解决原子能的工业生产，铀 235 够不够。

最后讲两件事，一个是引进彩电时出现的“蜗牛事件”。周总理让我去调查一下。当时我国派人出去引进彩色电视机生产线，美国人送给他们蜗牛工艺品做纪念。江青抓住这件事，大做文章，说美国人污辱我们。周总理说，人家的告状材料像雪片一样送来，你去调查一下。另一个是核电站问题。总理夜里 2∶30 又打电话给我，问派人出去考察核电站，回来没有，问一炉投料多少？他考虑长远，考虑各个方面的平衡。

1971 年周总理提出小城镇方针，林彪提出靠山就洞，大小三线建设花了 2000 亿元，大炮工厂放到洞里，根本没法生产。江青凑热闹，搞胶片厂进洞，全国找点两年，找不到。我报告周总理，他与江青谈，在北京南苑搞了个厂。

“文革”中发生许多严重的问题，工业严重破坏，林彪大搞军工，大搞国防建设，军费严重突破。最严重的问题是物资不足。周总理当时在重病中，让有关部门控制住。

1972 年巴卢库访华，周总理让我向他介绍经济情况。我按当时规定的总调子，讲我们经济建设的成绩。周总理插话说，你不要光讲成绩嘛，还要讲一点问题嘛。我明白了，讲了基本建设战线太长。总理说：这样讲很好嘛！巴卢库走后，总理留下我陪他吃饭，我提出援外、国防建设超过了规定，成了战时经济。

周总理一辈子为国家、为党，日以继夜、忘我劳动。脚踏实地、实事求是，一切从人民利益出发。这种伟大的人格是永远值得我们学习的。

古今相业谁堪比

赵朴初

全国政协原副主席、中国佛教协会原主席

我原来在上海工作，主要是做救济工作和佛教方面的工作。为了要成立一个佛教组织，1952 年，周总理要我到北京来。1953 年我到北京，1954 年把家搬来。这以后和周总理见面多起来，谈的多是宗教方面的工作。有些外宾来了，与佛教有关的，周总理叫我参加。比如缅甸的吴努总理是佛教总理，他们来，周总理要我见。有时候见外宾，我讲话，周总理也在场，他对我还是鼓励居多吧。

我记得有一次我在政协讲话，用的都是佛教的语言。我讲的时候周总理在台下听，这也是对我的鼓励。1955 年，我到日本去，那时候中日邦交没有正常化，我就算是作为民间的外交官。这是我第一次到日本。我们连翻译一共是 7 个人，先到香港，坐英国飞机到日本。日本政府那时候不给签证，后来日本有一个很有地位的和尚，他同鸠山首相关系比较好，他说这 7 个人当中有一个人是佛教徒，可不可以让他来？鸠山同意了，就给我一个人发了签证。我们就请示周总理了。他说："那么好，去吧！"后来日本方面的朋友又同政府交涉，总算 7 个人一起去了。

我到日本去，是参加禁止原子弹氢弹世界大会。因为原子弹第一次爆炸就在日本嘛！所以要举行这么一个禁止原子弹氢弹大会，这个大会也叫它广岛大会，是 1955 年 8 月 6 日开的。

1957 年我又去了日本，接连去了几次。我记得有一次从日本回来见了周总理，单独见的，在西花厅他住的地方。他跟我说，你们跟国际上的人交往不要吵架，不要搞得面红耳赤，应当是进行感化教育。你看到最近放映的一个电影没有？是一个朝鲜电影，讲一个妇女碰到一个老头，他很不讲道理，这个人并没有当时就跟他吵起来，她以自己的行动感化了这个人。这部电影我一直没有看过，后来听说叫《红色宣传员》。那个时候我们确实有人出去跟人家吵得面红耳赤。这是周总理给我的教育，一个教导。

有一次周总理叫我做一项工作，说："你把中国的佛教名山去编一个电影吧。"当时贺龙也在，就跟我讲峨嵋山是怎么的好。但周总理交办的这件事情我没有完成，我觉得很对不起总理呀。

我记得有一次由我发起的亚洲 11 个国家和地区的佛教代表会在北京召开。我跟周总理提出，请周总理见见代表，周总理都见了，还答复了各个代表提出的问题。有些外国的佛教徒来，我写信给周总理，请他见见，他都见，没有一次拒绝过。柬埔寨有一个和尚来访问，我写信给毛主席，毛主席也见了，而且在会客之前还跟我聊过天。

我在西花厅曾听到有些人不止一次跟周总理说，你这个房子要修一修。那个时候西花厅那个房子还有漏污痕，柱子上的漆都剥掉了。他笑了笑，这个房子始终没有修。我有一个朋友告诉我，说曾经见过周总理在办公时，穿着套袖。他说，我从来都没有看到一个国家的总理在办公的时候还穿着套袖，这样节约。周总理对自己那是非常严格的。周总理是德范，道德的模范。我概括了三句话：他严肃地对待自己，认真地对待事，真诚地对待人。

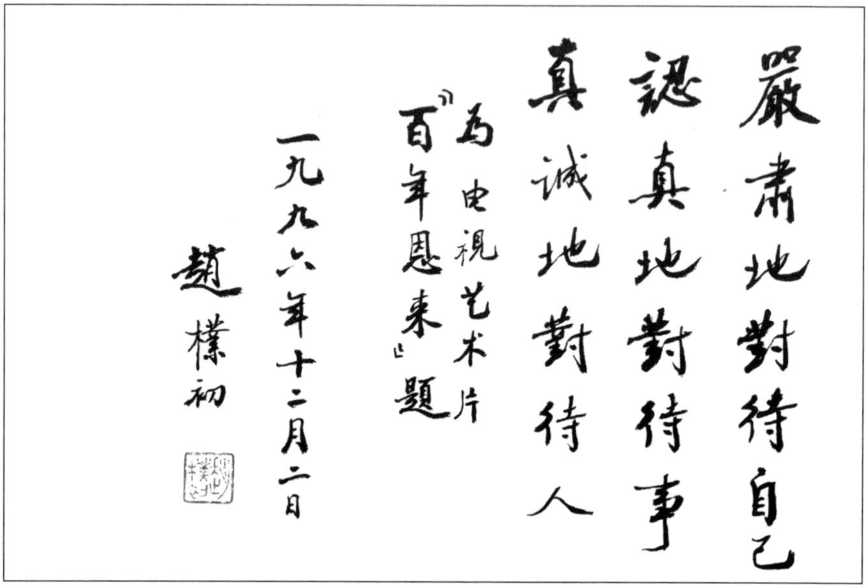

赵朴初为电视艺术片《百年恩来》题词

记得邓颖超大姐 90 岁寿辰时，我就讲了，邓大姐很像周总理，他们两个人很像，都是这样。周总理对待自己那样节约，那样严格。说到认真，大家都知道的。记得那是 1975 年，毛主席谈到古代有一个大翻译家，叫作鸠摩罗什，是新疆库车县人。鸠摩罗什翻译是很了不起的，是个伟大的翻译家，他说过："学我者病"。毛主席引用了这句话。这句话传到周总理那里，他不懂，就叫秘书来问我。我就书面地写了，佛教里是有这个话的，你能够学我的东西，就等于学了最好的药品了……要是不会学的就是毒药。总理这时已经病得那么重了！

上海解放初期，我把美国在华的经济合作总署所有的产业接收了过来。我曾经提出来，在上海的经济合作总署是美国援助蒋介石打内战的，那是一个国家的政府来帮助的，所以它有很多的东西，如纱布棉花等。那时候我们的工业基本上是纺织工业，是工厂需要的东西。

我提出来把这个经济总署的东西拿过来做救济工作。华东大区的领导同志说要请示中央。那时我已到了北京，有一天晚上我都睡了，周总理叫人把我找来，到了他那里，那是我第一次到西花厅，周总理就问我这个事。我说这个事可以，我们现在灾情很重，皖北大水，苏北大水，很需要这些救济款，应该把它拿过来。周总理就答应了。我回到上海就报告了华东局的领导同志，这样就让我去跟他们办交涉。救济总署的署长叫乔伊斯·路易斯，是个美国人，他见到我相当害怕。我就跟他交涉。我说你把这个东西交给我，我是负责华东生产救灾委员会的，谈了3天，最后还是破裂了。那时候军政委员会正在开会，我就向他们报告。第二天，军管会主任陈毅同志就以军管会的名义，把他所有的仓库都封了，接收过来了，都交给我。要说救济工作，那个时候我的钱最多。周总理那个指示非常重要……

我对周总理是有知遇之感，确实他对我的批评也好，鼓励也好，我一生也不能忘记。周总理大我9岁，邓大姐大我3岁，我都是把他们当作长辈的，把他当良师，我的良师。

在“文革”时期，陈伯达、王力这一班人，对周总理乱说，贴大字报。我那时候患心脏病，是阵发性的。那天我到街头上去，看到王力的大字报，攻击周总理，我回来就发病了。当时我就写了一首诗，叫《东山》，人家也不懂。东山就是古代《诗经》里一篇诗文是纪念周公的。所以叫《东山》，是纪念现在的周公。诗中写道：

悄悄非关多病，三年不见东山，花事绸缪风又雨，更兼蜂妒莺谗，终信晓珠天上，照他红艳千般。

3年没有见到周总理了。这是1967年在街头上看到王力的大字报，岂有此理！“花事绸缪风又雨”，周总理是绸缪花事，是指国家的事情，又是下雨。这个情况之下，他在为花事绸缪，绸缪国家的……“更兼蜂妒莺谗”，蜂子也在妒他，黄莺儿也在进谗言，就是说这些人。“终信晓珠天上，照他红艳千般”。我相信，这个晓珠指的是太阳，我相信天上的太阳能够照着他，使他还发挥着作用，千般的红艳。那个“晓珠”哪？我原来写的不是“晓珠”，因为过去有首诗，就是李商隐的诗中有“若是晓珠明又定”。如果早上的太阳又能够亮起来，而且定下来的亮，不是被阴云遮住的亮。“若是晓珠明又定，一生长对水晶盘”，那是唐朝人作的诗，我就把它引了。“晓珠”要它明呀！定呀！永远的明亮啊！用的是“晓珠”两个字，要它“明又定”，“照它红艳千般”。这是我为总理作的第一首诗，是 1967 年作的。

还有一次，陈伯达发谬论，也是攻击周总理。所以我就称赞周总理。这个《感遇》就是随便起一个名字，碰到了一件事有感而发吧。

忍辱负重，艰难劳止，回首丘山，折齿孺子。食草一江，鞠躬尽瘁，无怨无尤，欤至哉！

“忍辱负重，艰难劳止。”那么辛苦，那么艰难，忍辱负重。“回首丘山，折齿孺子”，杜甫有一句诗：“万牛回首丘山中”，一万头牛在拉着，回头一看，它背的是丘，一座山，那么大的一座山在背着。“回首丘山”用的是杜甫诗上的。“折齿孺子”，古时候有一个国君，为了他的小孩把自己牙齿折掉了，孺子就是小孩，为了老百姓，我们这个人民哪！他宁可折掉自己的牙齿，而这个牙齿掉下来自己吞下去，不是吐出来的。这样一个人，就是说周总理。“食草一江”，他吃的是一把草，他流下来的奶像江一样的，吃的是草，流下是奶，江一样地流。“鞠躬尽瘁，无怨无尤”，不怨天，不尤人，“欤至哉”，好啊！特别地好！

周总理去世了，我作了一首挽诗：

大星落中天，四海波鸿洞。
终断一线望，永成千载痛。
艰难尽瘁身，忧勤剩龄梦。
相业史谁畴，丹心日许共。
无私功自高，不矜威益重。
云鹏负风展，蓬雀从目送。
我惭驽驾姿，期效铅刀用。
长思教诲恩，直为天下恸。

尽管我老早就晓得周总理病得那么厉害，但是总希望他多留一天多好啊！但是一线希望断了，永留千载痛，没有办法，无可挽回了。“艰难尽瘁身，忧勤剩龄梦”。龄梦过去也是说周公的，古代《诗经》上说的话，他本来可以活到 90 多岁的，但是他忧劳，他的梦龄可以活到 90 多岁，但是他不行了。“忧勤剩龄梦”，他的年龄剩下来了。“相业史谁畴”，他等于是首相了，他的相业没有人能比。“丹心日许共”，他的丹心，太阳许可他共，这个里头也有意思就是了。“无私功自高，不矜威益重”，周总理就是这样，他是无私，没有私心，但是功自然地高起来。“不矜威益重”，他从来不自负的，没有看到过周总理他觉得我自己怎么有才能，他非常谦虚，非常和蔼，平易近人，不矜。但是，他的威望一天天的重，他的威望更加高起来。“云鹏负风展，蓬雀从目送”，那个时候就是说陈伯达、王力这一批人的。周总理好像是天上的鹏鸟，大鹏在云当中，乘着大风飞到云里去，蓬雀从目送。陈伯达、王力、江青这批人好像只能够眼睛望着，蓬草的雀子，小麻雀，只好是眼睛望着，“蓬雀从目送”。“我惭驽驾姿”，我惭愧我自己是一个很驽的，很差的马，天分很低的。“期效铅刀用”，我虽然不是钢的刀，也不是铁的刀，是铅做的刀，我还希望铅刀还能派一点用处，我希望这样子。“长思教诲恩”，我常常想起你对我教诲的恩，我坐在家里，常常自己埋怨自己，辜负了他的教诲。“非敢哭己私”，不仅不敢为了自己对他的感情来哭，我是为天下来悲痛的，“直为天下恸”。这是我在周总理去世后作的挽诗。

周总理逝世一周年的时候，我又作了一首诗，这首诗后来上海曲艺社把它演唱了，在上海作家协会，是文联吧？在七层楼弄块布，写上大字，一直悬到街头。这一首纪念周总理逝世一周年的诗叫《周总理逝世周年感赋》（金缕曲）：

> 转瞬周年矣，年前伤心情景，谁能忘记？缓缓灵车经过路，万众号呼总理，泪尽已赎公无计。人似川流花似海，天安门尽瞻民意。愁鬼蜮，喜魑魅，古今相业谁堪比？为人民鞠躬尽瘁，死而后已。雪侮霜欺香益烈，功德长留天地间，却身与云飞无际。乱眼妖氛今扫尽，笑蚍蜉撼树谈何易。迎日出，看霞起。

“转瞬周年矣”，一年过去，“年前伤心情景，谁能忘记”，年前的伤心事情，谁能忘记？“缓缓灵车经过路，万众号呼总理”，我也是跟着在那里的。那个时候，总理的灵车过去时候，大家都哭啊！万众号哭总理呀！“泪尽已赎公无计”，我眼泪都流光了，我也没有办法把自己身体来代替他，没有办法。“人似川流花似海”，那个时候人那么多呀！像川里的水在流，做的小白花，像海那样送的花。“天安门尽瞻民意”，在天安门就可以看到人民的意思是什么样的。“愁鬼蜮，喜魑魅”，鬼蜮在那里发愁了，魑魅是那些妖怪，这些人高兴。“古今相业谁堪比”，从古到今，周总理这样的事业，谁能够比呢？“为人民鞠躬尽瘁，死而后已”，“雪侮霜欺香益烈”，雪也来欺侮他，霜也来欺侮他，但是他的香更浓烈了。“功德长留天地间”，他的功劳，他的道德，永远留在天地。“身与云飞无际”，周总理逝世了以后，他的骨灰撒了，就跟云一样地飞了，没有边际。“蚍蜉撼树谈何易”，那个时候已经是1977年，“四人帮”被打倒了，所以这些乱人眼睛的妖氛扫了。蚍蜉就是那些蚂蚁，撼这棵大树谈何容易。“迎日出，看霞起”，太阳出来了，光明了，那是周总理逝世一周年的1977年。

总理待人的真诚是大家都知道的，真诚地待人，哪怕一个小的事情，他不放弃的。一个小孩子，一个日本人，他都爱护。你看他爱护一个人，会感动多少人的心哪！有人会问：周总理怎么会管到这类小事情呢？你不晓得这个作用有多大，影响有多大呀！周总理逝世以后，日本友人来看邓大姐，都痛哭哇！不只是我们中国人哭，日本人也在哭哇！那一天我记得，那个人走了，哭着走了，我就想劝一劝邓大姐，不想我劝邓大姐的时候，我自己哭了。邓大姐她了不起，她没有动声色，她心里头当然悲痛，但不动声色。

当然，周总理丰功伟绩大家都知道的，我就谈谈他的为人，他的品德方面。说起来真是感动人，一个人去世以后，即使是他的父母嘛，三年过去也就淡了哀痛。他不是，人民一直还是想念着他，哀痛着，这个没有，少哇！几乎很少很少有这种人哪！

我最近才知道，周总理对把他自己祖先的坟改成深埋，这也是很好的。他曾问过我，你们佛教里面是不是提倡火葬。我说“是的”。佛教是提倡火葬的，而且把骨灰撒到江河里去。周总理说“好”。他自己有个遗嘱，也是把他的骨灰撒了。

周总理与对香港政策的八字方针

李 后

国务院港澳办原主任

周恩来总理在世的时候，对于香港、澳门问题是十分关注的。中华人民共和国一成立，周总理和毛主席共同制定了对香港、澳门基本的方针政策。从20世纪50年代中期开始，周总理曾经多次对外阐明中国政府对香港、澳门的方针政策。另外一方面，就是在内部也多次给我们的干部做有关香港、澳门问题的重要指示。中华人民共和国是10月1日成立的，就在这一个月，我们的解放军就进入了广东，先后解放广州、深圳。这个时候我们好多同志，特别是在香港工作的同志，都估计解放军很快就会越过深圳河，收回香港。英方、港英当局也十分紧张，做了许多应急准备，调遣军队，进行军事演习，加强内部控制。当时我们解放军解放了深圳等地以后，就奉命停下来。当时大家不晓得中央的决策。

从1955年开始，周总理就多次给英国和香港的一些客人，阐明中国政府对香港、澳门的政策，同时也多次给我们干部作指示。10月，那个时候的港英总督叫葛量洪，他应英国驻北京代办欧念儒的邀请到北京来访问。这是新中国成立后来访的第一个港督。当时周总理见了他。周总理没有直接说到我们对香港问题的立场，但是向他讲了我们对澳门问题的立场。他说：葡萄牙准备庆祝在澳门开埠400周年，这是对中国人民的一个挑衅。这件事不仅是刺激澳门的中国人的感情，而且会刺激在香港的中国人的感情。他说，我们既然主张和平共处，那我们就准备和平地解决这个问题，因此我们直到现在并没有提出澳门问题来。但是这不等于我们忘记了这个问题。我估计，周恩来是有意地将澳门问题讲给英国人听的。英国人不会不知道，中国政府对澳门问题的立场，不仅是对澳门问题的立场，这同样也是对香港问题的立场。

同年12月，就有香港大学的中外教授观光团来北京，周总理见了他们。说到香港问题，他说：香港是中国的地方，尽管现在在英国人手里。客人就问：中国政府准备什么时候收回香港？他说：什么时候收回现在还不好说，但是真理总是要胜利的。他指着在场的一个年轻人说：你将来会看到，来日方长。

到1956年、1958年这个时候，毛主席、周总理内部讲话的时候，对我们的干部作了一些指示。毛主席就说：香港还是暂时不收回好，对我们还有用处。周总理在说到香港对我们的作用的时候，就说香港是一个观测站，是一个气象台，是一个交际处。所谓“观测站”、“气象台”，我的理解就是可以利用这个地方来观察国际上的政治气候。所谓“交际处”，就是我们可以在香港交结一些我们在国内接触不到的人物，包括中国人，包括外国人，这样可以有利于促进国内的爱国统一战线和国际的反帝统一战线。周总理还说：与其让英国拉着美国来一块儿防卫香港，倒不如把香港留在英国人手里，这个是很重要的。另外，就是说，我们在香港工作的干部，不要有等待解放的思想，要准备英国人继续统治香港，要按照这种情况来布置我们的工作。

1963年的3月8日，《人民日报》发表一篇社论。这个社论的发表，就是因为60年代印度从葡萄牙手里用武力收回了果阿，国际上有一些人就借这件事情来挖苦中国，就说你们中国还不如印度，你们整天喊反帝，你们还赶不上印度。印度人家还敢用武力收回果阿，你中国连这个勇气也没有。这篇社论就是针对着这么一个情况发表的。这个社论就讲了中国政府对香港、澳门的基本立场和政策。主要的一个内容就是说香港和澳门这是帝国主义强加给中国不平等条约造成的一个结果。对于这一类问题中国政府一向主张在时机成熟的时候，通过谈判和平解决这个问题，在没有解决以前维持现状。

此后，60年代70年代，毛主席、周总理也连续接见了好多英国客人。我记得周总理接见的一个就是当时英国的外相，叫霍姆，还有一个是英国的保守党上议院的议员，叫汤姆森。见这两个人的时候，也讲了中国政府对香港问题的立场：香港是中国的领土，被割据的领土总是要归还的。但是中国有一个政策，就是不忙着来解决这个问题。不忙于解决这个问题，将来条件成熟的时候，我们通过谈判解决。但是这个问题什么时候解决，我们会跟你们谈，我们不会采取突然的行动。

1972年的3月8日，我国驻联合国代表黄华同志，就有一份致联合国非殖民化特别委员会主席的一封信，就说明我们对香港、澳门的立场。为什么呢？因为那个时候如果把香港、澳门作为一个殖民地看待，那就要独立的问题。我们这个声明就是说香港、澳门是被帝国主义强加给中国的不平等条约占去的中国的领土，而不是一般意义上的殖民地。所以解决香港、澳门问题，这是我们主权范围内的事情，这不是解决殖民地那种问题。然后就说对于这种问题，我们一向是主张在时机成熟的时候，通过谈判来解决。在没解决之前，继续维持现状。

从1949年建国，一直到70年代末80年代初，这30多年由于解决香港问题的时机不成熟，所以我们基本上是采取了一个在表明了中国政府对香港问题的基本立场之后，暂时不收回这样的一个政策。为什么暂时不收回呢？我体会理解一个就是当时国际形势，不允许我们，没有可能通过和平方式解决。因为当时的形势是这样子，所谓两大阵营尖锐对立，社会主义阵营和资本主义阵营尖锐对立，中美之间也是尖锐对立，我们跟美国还在朝鲜那儿处在战争状态。这种条件下没有可能通过和平方式解决，要解决就要诉诸武力。诉诸武力，当然英国人不是我们的对手，但是他们就很可能要拉着美国来共同防御香港，这当然是我们不希望看到的一个情况。所以那时候总理说的，与其让英国人拉着美国人来一块儿防卫香港，倒不如把香港留在英国人手里。

第二个原因就是说新中国成立初期，因为跟我们建交的国家很少，把香港留在英国人手里，可以作为我们的一个对外的通道，特殊的通道，我们可以得到一些我们通过其他渠道得不到的东西。我们可以利用香港做很多事情，无论政治上也好，经济上也好，做很多事情。

英国对中国实际上采取了一个两面政策：一方面很早它就宣布承认中国，但是他又不放弃跟台湾国民党的关系，所以长期就是处在一个半建交的状态。这个时候无论英国，无论港英当局，他们是很不愿意看到我们中国的影响，在香港增加中国的影响，也不愿意看到香港的爱国力量的增加。所以采取了一些不友好的，甚至于是敌视中国的一些行动。这里总理不仅是领导进行斗争，而且是出面来阐明中国的严正立场，表明中国的严正立场。

这里边主要的有这么几件事：一件就是我们的中华人民共和国成立不久，在香港的一些国民党的机构先后宣布起义，这其中主要的一个是中国银行宣布起义，脱离国民党，愿意接受新中国中央人民政府的领导。一个是招商局，再一个就是“两航”。所谓“两航”就是中国航空公司、中央航空公司这两家航空公司。就在1949年11月宣布起义，脱离国民党政府，宣布接受中华人民共和国中央政府的领导。12月就由总理作为中华人民共和国政务院总理兼外长就发表声明，“两航”为中华人民共和国中央政府所有，受国务院民航局的直接管辖。“两航”在香港的资产，只有中华人民共和国中央政府和中央政府委托的人，才能够动用，如果这些资产飞机受到损害，港英政府要负完全的责任。大约最后这个事情搞了好几年，因为在美国和英国政府的策划下，最后把“两航”在香港的70多架飞机都弄到美国去了，没有弄回到中国。这个事情就这样结束了。中国政府作为一个相应的措施，就由上海的军管会就征用了英资在上海的两家造船厂，把两家造船厂征用了。这是一件事，这是总理亲自出面发表声明的。

第二件事就是1955年10月，国民党的特务分子在九龙制造了一个空前规模的暴乱。这个暴乱怎么引起的呢？就是因为九龙有一个地方的居民，国民党的一些亲台分子胁迫当地居民，不是“双十节”嘛，挂国民党的旗子。这个居民区的办事机构，因为事先有关当局有个规定，不准在墙上乱贴东西，就把他这个旗子给撕掉了。国民党的特务组织就借这个机会，纠结黑社会掀起一个大规模的一个暴乱，在九龙，在荃湾，掀起一个大规模的暴乱，把很多商店、工厂、工会捣毁，甚至于还杀人。这件事情最后统计，大概有不少于300多家的工厂、学校、企业被焚毁，被破坏。大概死伤了300多人。这件事情是周总理出面，召见了英国驻北京的代办欧念儒，向他表明，中国政府对于这件事情十分关切。对于特务分子这样子破坏当地中国居民的财产，使中国居民的生命财产受到巨大损失，表示十分关切。对于特务的暴行表示愤慨，要求港英当局采取切实措施制止这场暴乱。后来港英当局宣布紧急状态，也调部队到石仓来，最后当然还是把它制止了。但是最后港英当局就把这些特务分子、黑社会的头子递解出境了事，没有去惩办。就有这么几件事，周总理亲自出面声明我们的立场的。

但是我们和英国这个斗争，都是中央、周总理多次给我们下面的干部交代过，就是我们和英国的斗争，还是要掌握有理、有利、有节。因为，我们整个的方针还是暂时不收回香港的，所以我们进行适当的斗争是必要的，但是这个斗争一定要有理、有利、有节。他也多次批评我们有些同志，特别是做香港、澳门工作的同志，有一些过“左”的思想。

这个在香港工作上也出现过几次过“左”的情况：一个是解放初期，很多同志都认为我们很快就会解放香港，因此就做一些表面上轰轰烈烈，但是实际上刺激英方，暴露我们自己力量的事情。这个当时周总理也提出过批评。后来就是1958年“大跃进”时候，在香港工作的同志也受国内政治的气氛的影响，也搞了一些不适当的事情。当时周总理和陈毅副总理都提出批评，并且把在香港工作的同志召到北京来学习，学习党对香港的政策。因为在1958年的时候，周总理就代表中央提出了八字方针，所谓八字方针就是“长期打算、充分利用”。“长期打算”的意思，就是暂时不要急忙着要收回香港，就是周总理说过的那个话，就是要按英国继续统治香港的情况来安排我们的工作，暂时不收回，在一个相当长的时候，把它继续留在英国人手里。“充分利用”，就是从政治上，从经济上，利用香港的有利条件，利用香港的特殊环境，来为我们四化建设服务，为我们祖国的统一大业服务。

就在这个八字方针的指导下，我们长期以廉价的主副食品和日用必需品供应香港。包括我们三年困难时期，那个时候我们国内物资都相当匮乏了，但是经过周总理批准，这个事情因为我是知道的，外贸部、华润公司写了报告给周总理，希望能够克服困难，供应香港，这个是周总理亲自批的。就是即便是最困难的时候，我们也挤出必要的商品来供应香港。这当然一方面也出于我们对市场所需，不能失掉这个市场，这个市场一失掉再恢复是很困难的；另外一方面也是出于对香港同胞的关怀。我觉得更重要的是对于香港同胞的关怀。因为，我们中国的主副食品和日用必需品，价钱是比较低的，所以长期以低廉的价格供应香港。这个事情对于香港的后来的发展，起了很大的作用。就是说使得香港的劳动成本保持一个比较低的水平，就是比其他附近的地区，所谓那几"小龙"，劳动成本低，这样就有利于增强香港产品对外出口的竞争力。这一点应该说是起了很大的作用。

第二件事情就是，因为香港这个地方是没有什么淡水的，从 60 年代港英政府就向我们提出来，希望广东能够给香港供水。第一次是在 1960 年提出来，这个事情也是最后经过周总理批的，陶铸同志那个时候在广东，后来经过周总理批的，决定就由深圳水库供水给香港。到了 1963 年，香港又发生水荒，要求综监供水，这件事情又报到周总理这儿，周总理也是欣然同意。出于对香港同胞的关怀，出于对香港将来发展，经济上的发展的关怀，欣然同意。1963 年开始谈，到了 1965 年，就从东江引水到深圳水库，然后由深圳水库增加对香港的供水。这样就基本上解决了香港的生活和工业用水问题。这件事情在香港引起了很大的反响。就是这两件事，应该说对香港后来的发展有很大的促进。

过去这几十年，虽然国内政治运动也比较多，但是我们对香港的政策上一直是比较稳定的，就是说贯彻了中央"长期打算，充分利用"这个方针，一直是比较稳定的，所以对香港后来这个发展是一个很重要的条件。周围的地区都不稳定，但它政治上稳定，再加上我们大量的主副食品、廉价的日用必需品，加上解决水的问题，给香港经济上的发展起了很大的作用。

到了 70 年代末 80 年代初，这个时候因为国际形势有了很大变化，首先是英国人不断试探中国对香港的态度，但是中国考虑这个时候国际形势有很大变化，和平解决香港问题的条件已经成熟，这个时候就决定收回香港。我们还是采取“一国两制”的方针解决香港问题。这个方针，和我们当时“长期打算，充分利用”的方针，也还是有一定的关系。说“长期打算”当然不是不收回，还是要收回，但是从它的制度长期不变，50 年不变，保持这个制度长期不变，这些还是应该做长期打算。“充分利用”当然还是继续采取这种方针。

我们决定收回香港，而且现在已经很顺利地收回了，这件事情也是包括周总理在内的我们党第一代领导人的愿望。他们本来就说，年轻人可以看到，现在我们已经看到了。这就是说，当时我们对香港的基本方针政策，我们在新中国成立初期，毛主席、周总理他们第一代领导人，就基本上确立下来了。当然，最后解决这个问题，采取“一国两制”的方针，小平同志在这一点上是有很大贡献的。

周总理与对日外交

孙平化

对外友协原副会长、中日友协原会长

新中国成立后，我国的外交工作逐步开展起来。对日本的外交工作就是一项重要工作。

我和周总理接触，是从1952年开始的。那个时候日本外宾来，经常是由我接待，直接领导是廖公(廖承志)。我就是领着外宾见周总理，向他汇报这些外宾的情况。个别情况是廖公向周总理汇报，我带外宾去。那个时代，是在周恩来直接领导下，主管日本工作是廖承志，我们是做具体工作的人。周总理见日本客人很多。

梅兰芳率代表团访问日本，是跟日本一个著名剧团互访，日本来的这个剧团是日本的歌舞伎，相当于中国的古典戏京戏似的。这个剧团的领导人叫市川猿之助，这人已经早就故去了。现在这个剧团还有，由他的儿子领导。他儿子也袭了这个名，也叫市川猿之助。这个团到中国来访问，当时推动这个事的是《朝日新闻》领导层里跟中国很好的一个文化人，叫白石凡。那个时候中国还没看到过歌舞伎。周总理跟有关方面做了工作，说要重视这个事。这个团那个时候归对外文委管，我并没参加接待。市川猿之助回去以后，为了加强双边的文化的交流，我国就派一个相应的团到日本去，这样就派了梅剧团，再加上中国京剧院一团，主要增加的是李少春，还有李和曾、袁世海，还有一些相关人员，以及梅剧团的一共八十几个人。把我也派去了。这个团的阵容特别大，周总理很关心，一个是梅兰芳先生，一个是欧阳予倩，叫南欧北梅嘛！还有马少波呀，李少春呀。

这个团去日本是相当轰动的，到日本后，梅兰芳一出台呀，剧场附近就有人卖飞票，高价票。在日本演了一个月，回来的时候，通过香港，那个时候我们到万隆会议的一架飞机“克什米尔公主”号出事，我们有一些人遇难了。我们到香港一下飞机，香港新华社的同志，再加上港英方面的警察，派汽车一直到下飞机的梯子口，警车一直就把我们拉到深圳。这边的人马上就把代表团接过去了，说是总理派的专列，是火车上最高级的包车。上车以后，深圳、广州外办的人就跟我讲，说你赶紧去打电话，周总理在等电话。我就马上去往北京打电话，报告周总理，说是梅先生已经安全到达深圳了。这时周总理才放心。

记得周总理在陈老总当外交部长时候曾经讲过，我们对日工作的方针是民间先行，以民促官。当时就讲社会主义国家的外交应该包括两个方面：一个是政府间的外交，是官方的，一个是民间。周总理讲这两者的关系是相辅相成的。意思就是说不要以哪个为主，是相辅相成的。周总理讲，官方外交发展了，民间外交就容易开展，因为有官方的支持；如果民间外交发展了，对官方外交就打下了坚固的基础。所以这两者是相辅相成的关系，都应该发展。

当时中日处于敌对状态，日本政府搞“两个中国”，当时周总理在处理对日关系的办法，就是官方和民间分开。对此，毛主席也有过批示，就是要把日本政府和日本人民分开。日本政府敌视我们，而人民对我们是友好的，我们要跟人民开展友好工作，这是一个思想；另外一个，就是我们要改变我们一些看法：过去，日本军国主义侵略我们，使得中国人民受了那么大的损害，但是这个责任不是日本人民，而是日本的军国主义者，这要和日本人民分开。

后来周总理讲中日之间这些事情，有的事情本来应该归政府来做，现在由于政府处于这么一种敌对关系，政府之间做不了，民间应当尽量做。

后来周总理又说，这是两国现在来往不方便，都要经过香港，要直接通航。周总理为中日关系打开这个局面，为两国建交都打下了良好的基础。

后来在廖公领导下，有个日本组，日本有什么重大事情，要日本组研究。根据周总理的意图，征求大家的一些意见，研究怎么办。那时候，廖公跟周总理联系特别方便，拿起来电话直接就请示了。

日本各界，包括政界，都认为周总理是世界上最伟大的政治家。前几年出了一本书，叫《日本人心中的周恩来》，是新华社一个记者主编的，这本书里大概有50个日本人讲对周总理的印象。

给我的印象，对周总理、邓大姐感情最浓的、最深的，有这么几个日本人：一个是冈崎嘉平太，他是把中日民间工作推向半官半民阶段的一个有功之臣。他跟中国、跟总理的感情很深，就是总理的一张照片，他放在自己的小本本里，随身带着，到中国来带着，回日本也带着。他1990年去世，去世的时候在他身上看他的遗物，周总理的照片还在。也就是说他自从和周总理接触就很佩服周总理，揣着这张照片，永远不离身，他去世了以后，他的夫人这样讲，她也感到安慰了。说她的丈夫冈崎嘉平太，去到周总理那里去了，跟周总理在一起。

还有一位是西园寺公一。他是作为亚洲及太平洋和平会议这个国际组织常驻中国的代表。当时因为中日之间没有外交关系，没有日本的外交机构和大使，周总理每次见日本外宾，都一定要把他请来参加。周总理说，你就是民间大使，所以给他一个“民间大使”的称号。如果我们的接待单位忽略了这件事，没把西园寺公一请来(那时候我们就把他叫西公，中国这方面有个廖公，日本方面有了西公)，总要挨周总理批评的。

后来中国搞“文化大革命”，西公也受到点冲击，待不下去了，要走。周总理听说后，和邓大姐把他请到西花厅，请到家里，做善后工作。说：“你一定要走就走吧。”向他做些解释，说：“以后你可以隔几年到中国来看一看。”后来等到廖公回来主持对日本的工作，1972 年我们也回来了，根据周总理的这句话，我们每年都把他请来。一般外宾到中国来都是自己负担路费，唯有对西公这一家，根据周总理的指示，我们负责他来往旅费，每年都请，一直到他最后行动不方便，不能来了。西公八十大寿也是我们在北京给办的。周总理去世以后，他到西花厅去见邓大姐，由头到尾，整个会见半个多小时，他一直在哭，流泪。

还有一个人是原来公明党的委员长，叫竹入义胜。中日建交的时候，就在田中首相到中国来访问之前，竹入义胜率几个人到北京来，跟中方谈建交的问题怎么解决。当时我在日本，后来竹入回到日本，找我跟我讲，我记得好像谈了几条，就是中日建交发表的联合声明的框架，基本上和周总理谈定。他到了香港以后，几个人根据记录把谈的内容整理出来，回到东京，就交给首相田中角荣、外相大平正芳两个人。这个就叫作“竹入的记录”，日本管英文这个词叫 MEMO，就是“竹入的笔记”，跟周总理谈的笔记，这个东西就成为中日两国建交的一个基础。所以竹入义胜是为中日建交做出特殊贡献的一个人。后来邓大姐给我们讲，说周总理工作上的事回家不和她谈，特别是见了谁，对这个人怎么个评价，都不谈。但是有例外。他对竹入义胜这个人评价很高，对这个日本朋友人品行各方面的评价都很高，所以邓大姐有这么个印象。有些一般日本朋友想让他守口如瓶太难了，但是周总理跟竹入这位朋友两人约定，有些话因为当时正在谈建交，还没有最后定，在这个时期不要讲，他就不讲。所以，等到周总理逝世以后他来了，见到邓大姐也是由头到尾哭。他是表示从年龄讲，周总理跟邓大姐好像就是他的爸爸和他母亲似的，感情也就特别深。

周总理对干部很爱护又要求很严。有时候周总理要商量一件日本什么事，说把廖公请来，把日本组的人都叫来。总理掌握的情况很多。当时他考试，我们有时候答不上来，就挨剋。回去以后就去查。以后我们就事先做准备，查资料，看周总理讨论什么事，可能问什么。我们这些挨剋的人，越挨剋越敬爱周总理，就感觉到自己是在周总理这么严的教育下成长起来的。我有今天，一直没有离开对日工作这个岗位，最后到会长这个岗位上来，与那个时候的基础很有关系。

我本人在“文化大革命”中间很长时间出不来。周总理后来找我，问过两次，领导和军代表的态度也就逐渐变化了，我也就被解放了。

有一件事我终身难忘。中日建交之前，我刚从干校回来，让我率上海芭蕾舞团，“文化大革命”中样板团到日本去。

我们乘火车，到了广州，得知日本田中内阁出现了，佐藤内阁下台了，形势变了。田中内阁诞生的第三天，我就到了东京。东京的气氛就是要搞中日友好、中日建交，这时候中国农业代表团正好去东京，团长是郝中士。接下来外交部日本处的处长陈抗到东京。到了东京，陈抗就找上我，向我传达周总理的指示：你要尽一切的力量，推动田中首相到北京来访问。只要他来了，什么事情都好谈，好解决。就是给我这个任务。我借此要求见日本外相，要求见首相，我要传达周总理的话。我因为日本朋友很多，“文化大革命”五年来又没出来，这一下当了团长到了日本，到日本露面，谁都想看看我。我也借这个机会，根据传达的周总理指示，就在那儿活动。我见了田中，田中表示愿意来中国。我们将每天的活动情况都详细报告北京，北京马上报告给周总理，他有时电话指示我们，每一步怎么做都是周总理直接领导的。

我们做得不恰当的，周总理批评了，就根据总理批评的精神，我们改正后再做。这个事情，就是咱们那个“小参考”，就把我推到风口浪尖上，说我弄了一个“孙旋风”。

我们回国时到北京一下飞机，车子就把我们送到人民大会堂。我们看见周总理一个人坐在大厅里，等着我。我这一路上心里就嘀咕，在东京时，日本老朋友藤山爱一郎劝我们一行乘包机直接回国，我说没有必要，报告总理后，挨了批评：什么没有必要，很有必要！我心想，见了总理，一定又要挨批了。到了以后，周总理的态度完全同过去一样，一点也没生气，就听我谈，他关心的就是田中到底能不能来？事情会不会变？就关心这么一个事。我当时特受感动。

我见证了周总理与田中首相的会谈

林丽韫

全国人大原常委，中国国际文化交流中心副理事长

1972 年 9 月 25 日中午时分，这是北京一年中最好的季节，天高云淡风轻。首都机场上，少年儿童高举鲜花，载歌载舞，迎接日本首相田中角荣一行的到来。我紧随在周总理身后。对于年仅 39 岁的我来说，这是一个值得自己牢记的日子。当田中角荣走下舷梯时，周总理说："欢迎你来！"他和田中的手紧紧握在了一起。那一刻，中日双方的朋友们都很高兴，终于等到这一天了！

中日邦交正常化的过程，在毛主席、周总理的亲自领导下，经过 20 多年的民间推动，点点滴滴，细水长流，这一天终于有了结果。田中自己后来也说，轨道是百姓给铺起来的，他是顺着轨道走向中日邦交的谈判桌上的。

当时，日本历届政治家都紧跟着美国，也跟着美国敌视中国，美国的外交政策怎么样，就紧跟着后面走，不敢超越一步。所以，中日两国长期不能恢复邦交。尼克松同中国进行秘密外交，它的这些盟国也都看着呢。当时的说法是：不要赶不上最后一趟班车。日本的舆论有个形象的比喻：有的首相是"鸭子戏水"。但田中不是，从田中上台

前的讲话中就看出他极有可能迈出这一步。于是，周总理就派出孙平化、萧向前当先锋，到日本去做准备工作。1972 年 7 月，田中角荣在选举中获胜，出任新首相，大平正芳任外相，二阶堂进任内阁官房长官。在第一次内阁会议上，田中就公开宣布“要加快与中华人民共和国邦交正常化的步伐”。他还表示：充分理解中国政府一贯主张的中国邦交正常化三原则。周总理敏锐地抓住时机，作出了积极反应。7 月 10 日，他派中日友协副秘书长孙平化率上海芭蕾舞剧团抵达东京，进行友好访问演出，并指示孙平化争取向田中首相当面转达他的邀请：“只要田中首相能到北京当面谈，一切问题都好商量。”7 月 16 日，周总理在会见日本社会党前委员长佐佐木更三时又表示：“如果日本现任首相、外相或其他大臣来谈恢复邦交问题，北京机场准备向他们开放，欢迎田中本人来。”

日本方面的反应也是神速的。7 月 22 日，大平外相破例会见了孙平化和萧向前。孙平化转达了周总理的邀请，大平当即表示衷心感谢。他说：“日本政府也在考虑，到了一定阶段要实现政府首脑访华。这要选择一个适当的时机，日方正在为此做准备，如去北京，一定要有丰硕的成果。”还说：“因为田中首相和我都是政治家，这是有关我们政治生命的重大问题，也是关系日本命运的重大问题，对日中两国也均事关重大”。8 月 15 日，田中首相在东京的帝国饭店接见了孙平化和萧向前，表示感谢周总理的邀请，他已决定访华，9 月 21 日，日本政府以官房长官谈话的方式正式宣布田中首相将于 9 月 25 日至 29 日访问中国。田中访华一事完全确定了下来。

9 月 25 日那天，北京的天空特别晴朗，天气特别的好。机场礼节性的寒暄之后，周总理陪同田中一行到钓鱼台宾馆，一坐下来田中就问周总理：“这个钓鱼台宾馆什么时候盖的，这么好的宾馆。”周总理说，“这是建国 10 周年的十大建筑之一。”这么一来宾主就打开话题，谈笑风生了。周总理和田中角荣就中日两国邦交正常化问题先后举行了四次会谈，并正式签署联合声明，我有幸全程担任这次具有重要历史意义的会谈翻译，并参加了两国政府联合声明的签字仪式。

在抵达北京的当晚，田中出席周总理为他举行的欢迎晚宴时，发生了一个曲折。那天，我和唐闻生分别担任周总理的日文和英文翻译。按惯例，领导人的讲话由本国的译员来翻译。田中的随身翻译是在台北学的中文，他将田中在答谢辞的一句话：日本侵华战争给中国人民造成的伤害，轻描淡写地译成了“添了麻烦”。这时，宴会厅里立刻响起一片嗡嗡的议论声，站在周总理一侧的唐闻生立时表示不满：“怎么这么轻飘飘的？”周总理听到了小唐的话。我知道这句话日文的原词，也觉得翻译得不好。日文的那句话，如果翻译的时候在词汇的选择上更贴切些，更符合原意些，在词汇上带有道歉的成分，就是将道歉的意思表达得更好一些，也不是不可以。但翻译却选择了轻飘飘的“添了麻烦”的表达方式。周总理当时很平静，是在第二天正式会谈的时候才提了出来。当天，款待客人的礼节还是顾及到了。

第二天会谈时，周总理严肃地说：“你给路过的女孩子的裙子上洒了水，你可以说‘添了麻烦’，这个怎么能说‘添了麻烦’呢。日本军国主义者给中国人民造成了那么多的伤害，怎么是一句‘添了麻烦’就能解决的？！连一点反省的意思都没有，这是不能接受的！”

在这之后的30多年时间里，为田中的这句话，我每每要接受日本记者的采访，尤其是中日邦交正常化逢五逢十的纪念日，记者换了一批又一批，问题却总还是这一个：是不是田中当时就是这么说的？翻译也是这么翻的？你当时的感受是什么？我的回答也总是这样的：田中的原话用得不合适，翻译也不妥。如果翻译时带点道歉的词补救一下，也是可以的。原话本来比较暧昧，再加上翻译就更暧昧。什么叫“添了麻烦”，听上去轻飘飘的，给中国人的感觉就是一点也没道歉，这是不能接受的！

当时我就想过，翻译不仅仅只是一个传声的机器。我们在周总理身边工作，老人家对我们翻译工作要求是很严谨的，他鼓励我们要做到博学多才，要努力学习，扩大知识面。对工作对象要做到十分了解。他自己更是做在了前面。田中来访前，周总理就特别要求我们看田中 1972 年 6 月担任首相前写的《日本列岛改造论》，里面有田中的政治倾向和施政方针。他还嘱咐我们，尤其是谈判时的翻译更要严谨，特别是条约性的译文，一点也马虎不得。他在日本留过学，我在翻译的时候他会仔细地听。他很体谅翻译。我在翻译和平共处五项原则的时候，第一条还没有翻译完，他就小声地帮我提示第二条，当时我特别地感动。

周总理跟毛主席一样，在革命战争年代养成的生活习惯，晚上工作，凌晨休息，中午起床。这是周总理一直以来的生活习惯，但为了田中，他要改。田中在家的时候有自己的豪宅，有院子，还养了锦鲤，他习惯早睡早起，每天 5 点起床，在自家院子里活动，生活很规律。田中要来华，周总理事先就交代下去："我得将我的生活习惯调整得跟他比较接近才行，所以，今后晚上 10 点钟之后就不要送简报了。"事实上是做不到的。尽管周总理要求工作人员在谈判期间 10 点之后不要再送简报了，可实际上还在送，他看材料还是看到很晚，有时候三更半夜要材料的情况都有。周总理在中日建交谈判中很辛苦，因为在田中来之前，有些细节没有完全谈妥，所以在谈的时候总有一些交锋，当时双方交锋最激烈的就是台湾问题，也就是一个中国的原则问题。这个问题不解决，中日邦交不可能实现正常化。在中日邦交正常化前，日本同台湾保持着"外交"关系，日台之间还签订过所谓"和平条约"，而日本要实现同中国邦交正常化，自然就要与台湾"断交、废除条约"。田中此举是冒着政治与生命的双重危险的，因此田中要求中方体谅他面临的实际困难，予以关照。最后，本着周总理提出的求同存异、原则性和灵活性相结合的原则，双方充分运用政治智慧找到了一种折中的解决办法。《中日联合声明》前言中写明：日本方面痛感日本国过去由于战争给中国人民造成的重大损害的责任，表示深刻的反省。日本方面重申站在充分理解中华人民共和国政府提出的"复交三原则"的立场上，谋求实现日中邦交正化这一见解。中国方面对此表示欢迎。而《中日联合声明》的第二条则是："日本承认中华人民共和国是代表中国人民的唯一合法政府。"而日台合约问题，是在两国联合声明签订后，由大平外相对外宣布废除日台条约，即与台湾断交。

周总理的外交风格非常重要的一点是"以理服人"，既坚持原则，又通过求同存异，累积共识，消除异见。周总理在这方面做得非常出色。通过这次谈判，田中对周总理的敬佩溢于言表。田中在会谈后对日本的记者书写了周总理给他的印象："躯如杨柳摇微风，心似巨岩碎大涛。"

《中日联合声明》经过艰苦的谈判，台湾问题、战争赔款的问题基本达成一致后，毛主席决定接见田中一行。那天到毛主席那里去的时候，田中一进门就想要到洗手间去一下。毛主席就等他。当时田中就很严肃了，说紧张也可以。他见到毛主席，就是很拘谨的样子。看到这种情境，毛主席当时就表示欢迎，然后很风趣地问："吵架吵完了没有？"田中马上说："吵完了，吵完了。"毛主席就又转向大平，幽默地说："天下太平嘛。"大家马上就都笑了起来，气氛就轻松下来，才开始坐下来聊。毛主席所说的"吵架"，除了台湾问题之外，就是作为战胜国的赔款问题了。在《中日联合公报》第七条中，中华人民共和国政府宣布：为了中日两国人民的友好关系，放弃对日本国的战争赔偿要求。周总理告诉我们：这是主席决定了，不向日本索赔了。为什么不索赔呢？实际上因为我们中国也吃过赔款的苦头，赔款都是从老百姓的腰包里取出来的。中国人民在那么穷困的情况下，比如庚子赔款为四亿五千万两。庚子赔款每个中国人被摊派大约一两银子，实际上等于加重老百姓的负担。从这个角度，觉得战后的日本，也是从战争的废墟当中重建起来，重新发展经济的，尽管到 1972 年中日建交的时候，他们经济已经开始好转了。但是赔款毕竟还得从日本老百姓的兜里拿出来，是在加重老百姓的税赋。当时周总理还在我们内部讲过，实际上日本赔给印尼这些东南亚国家的战争赔款，都是一些物质赔偿。而且都不是拿最先进的东西来做赔偿的。比方说铁路也不是新的，都是把旧的东西重新刷一刷，修补修补就算了。人家把破旧的东西赔给你。从这个角度来讲，以次充好给你，没多大意思。所以主席便决定不要赔款了。

9 月 29 日上午 10 时，在人民大会堂，中日两国政府正式签署了联合声明，中日两国恢复邦交。第二天，周总理陪同田中飞往上海。在专机上，周总理给田中题了几个字——“言必信，行必果”。当时周总理拿了一张纸，将这几个字写了出来，很平和地交给了田中。意思就是说中日建交虽然有这么圆满的结果，但是日本方面要言而有信，见诸行动！周总理这六个字的分量是很重的。

在上海的欢迎宴会上，大平外相显得异常高兴，在酒宴上频频敬酒。这时，我听到田中用很惊讶的口气说：“哟，大平君，不得了，这么能喝酒啊？大平君今天大功告成，太高兴了，开怀畅饮，从没看到他这么喝酒的，他酒量如此之大我也是第一次知道啊。”我跟着周总理，一向是什么都要翻给他听，要把场面上的情况让老人家知道，于是，我就将田中的话翻给他听。田中这很普通的一段话，周总理就听进去了。不一会儿，他就对我说：小林，你跟我走。我当时还没有体会到老人家的意思，他就拿着酒杯，站起来走过去。走过去以后就陪着大平向那一桌的主人、客人敬酒，说了一些为中日友好、为客人的身体健康的话。然后，周总理十分巧妙地对大平说："大平先生，请同我们一起回座位吧。"大平那时的酒也差不多了，但还没到喝醉失态的地步。周总理就很自然、很体面地在别人都还没感觉到有什么问题的时候，将大平请回了座位，没让他再喝下去。别人都没注意到田中的一句话，偏偏周总理就注意到了，就细心到这个程度。当听到田中说"大平这么开怀畅饮，我是第一次看到"时，周总理就立即采取了措施。处于兴奋状态的大平外相如果那样喝下去，肯定会醉酒失态的。而周总理考虑到一国的外长，在这样一个大型的欢迎宴会上，失态后总是有失于这个国家的体面。所以就主动把他请回到座位上。周总理的这个办法真巧妙，不露声色。他就是特别为别人着想，这么大的场面，维护了大平的面子，没让他失态。外长喝醉了酒，那不是成了大笑话了吗？

周总理在大会堂东大厅会见日本客人，合影完毕，日本记者还在那里不停地照。这时，就有礼宾官让客人们入座，并请记者离开。结果呢，周总理就走向大厅外，他的一步差不多等于我的一步半，我就跑步紧跟着他。他出去，干吗呢？他去跟记者打招呼了。他说："刚才没来得及跟你们握握手，没跟你们致意啊。"日本的记者都很高兴，万万没想到我们的周总理会是这样的。他所做的诸如种种"小事"，每一个细节，都一次次打动着日本客人，也正是这点点滴滴的小事，汇集成促进中日友好的力量。

就这样，在谈判期间，周总理还细心地安排了田中的饮食起居。对田中的生活细节，事先都了解得清清楚楚。包括国宴上的音乐，也是把田中家乡的音乐给奏出来了。田中听了很意外也很高兴，老家的音乐都出来了能不高兴吗？最后周总理还陪着他，到为田中演奏的我国军乐队那里去答谢。

送别田中时，周总理这样说："我们和日本的交往有两千多年的

新的开端——1972 年 9 月 30 日，周恩来在上海机场欢送来中国访问的日本首相田中角荣(左起第二人为林丽韫)

历史，半个世纪的对立，20 多年的工作。今天，我们已经看到时代螺旋式地前进了。”周总理十分欣赏田中角荣的决断能力和超凡勇气。的确，从田中上台到实现中日邦交正常化，仅仅用了 84 天，这种势如破竹的形势，就连日本国内也有“迅雷不及掩耳”的感觉。

事后，周总理经常对我们讲，一个历史人物就是有勇气做到别人做不到的，就会名垂青史，我们要永远记住他们。说田中跨出了历史性的一步，别人当首相不一定有这个勇气，敢超在美国之前跟中国建交。周总理在会见日本客人时也高度评价田中：“田中先生一上任就立即作出决断，恢复邦交，这是了不起的，是值得称赞的，他比尼克松勇敢。”

为了亚非人民的利益

黄 华

原国务委员，外交部原部长

1963 年底 1964 年初，周总理作亚非十四国之行。周总理对加纳的访问在整个十四国之行之中，具有它特殊的情况和独特的意义。在周总理访问过程中，在加纳发生了一件事情，就是恩克鲁玛总统在总统府里面，中午出办公室回去休息的时候，总统府里的哨兵向他开了一枪，从背后开了一枪，没有打中。恩克鲁玛回头抓住这个警察，两人厮打，那个警察把他的脸咬破了。回头他的卫兵赶到，把那个警察缴了枪，逮住了。这是一件有阴谋的事情，不是个别人的行动，背后有阴谋。这以后恩克鲁玛就离开总统府，住到海滨的一个城堡，这个城堡是过去卖黑奴的时候留下来的，很大的一个城堡，很坚固的，一边是海。恩克鲁玛还有一个海军的舰只在城堡外面停着。那时候国内电报来问情况如何，对周总理的访问计划有什么看法，要我提出意见。我找了恩克鲁玛所信任的加纳军队的军官，向他们了解情况。他们说能控制军队，没有什么问题。我看了市面，市面平静，一切如常，没有大的人心动荡。但对恩克鲁玛个人来说，这不是一个偶然事件，他很警惕这个事。

中国第一位总理、政府首脑到非洲访问，体现了中国的外交政策，和广大发展中国家建立平等、互利的友好合作关系，推进整个国际形势向着维护和平，促进发展这个大方向来发展。

加纳这个国家在非洲是一个有重要地位的国家，国家比较富裕，二战期间出口赚了一些钱，这些钱积累了下来。几内亚独立的时候，尽管戴高乐政府对非洲的政策有所改变，让阿尔及利亚独立。但几内亚是否加入法国联邦，塞古·杜尔经过投票，决定不参加法兰西联邦，作为非洲国家独立，终究激起了法国殖民主义分子的不满，他们走的时候连监狱里面的档案整个都弄走了，连灯泡都给摘下来弄走

周恩来会见加纳总统恩克鲁玛(1961 年)

了。塞古·杜尔很困难，本来就是很贫穷的国家，恩克鲁玛送给他几百万英镑，支持他的独立。

恩克鲁玛本人是在美国留学的，他的老师杜波依斯博士，是美国很有名的非洲学者，他的主张是泛非主义的，主张非洲团结，争取非洲大陆的解放。所以在加纳集中了许多搞非洲解放、非洲独立的人士，包括南非的曼德拉。恩克鲁玛在非洲独立运动中是先进的，他的政治主张是中间偏左的。正因此敌人要暗算他，这不是一件偶然的事情。

周总理在征求我们的意见的时候表示，按原计划如期访问，同时提出了礼仪从简，不要恩克鲁玛到机场来接送，重要的活动安排在恩克鲁玛所居住的城堡里来进行，不要恩克鲁玛出来，我们住在国宾馆。在这样困难的政治形势下，周总理尊重恩克鲁玛，尊重非洲国家维护独立的努力，表现出了中国外交政策的根本原则，体现中国的这种精神。尽管有风险，仍然率团访问，不拘泥于礼节而从本质出发，支持非洲民族独立，赢得了加纳政府和人民的尊敬，立刻就把感情拉得很近，真是非常感动人。

我们每天从城堡回国宾馆，天已经很晚了，车队进国宾馆时，加纳军队的士兵荷枪实弹，枪指着车子，一辆一辆放进去。我和孔医生坐同一辆车，孔医生看着士兵乌黑的枪口说："这枪要走火了，可不得了。"

尽管这样，形势还是很不平静。周总理作出这样一个决定，是从亚非人民的利益出发，把大局摆在第一位。很多政府的领导人在这种情况下都会绕过去。而周总理考虑的是大的长远的利益，体现了我们把中非人民的友谊放在首位。

周总理在对缅甸的外交活动中

姚仲明

外交部原副部长、中国首任驻缅甸大使

我是 1950 年 1 月调到外交部的。出国以前学习新中国的外交政策、毛主席的战略思想，学习外交技术。这些都是按周总理意见办的，他也给我们讲了话。主要内容是：1. 新中国外交要另起炉灶。2. 先打扫干净房子再请客，凡承认我们的必须与国民党断交。3. 一边倒，倒向社会主义阵营。

周总理说：你们对这三个问题不学好，出去等于盲人骑瞎马。后来又提出抗美援朝，唇齿相依，唇亡齿寒。外交技术、外交作风，要代表有马列主义毛泽东思想武装的中国人民，做到不卑不亢。

有人说苏联办外交有个经验，不说话是金子，说话是银子，说多了就是破铜烂铁。周总理说："我怎么没听说过这句话，如果不是以讹传讹的话，这肯定是错的。办外交怎么能不说话，人家侮辱你的国家，你能不说话？这个错在于没有辩证法。"周总理对这个事很生气，他说："我周恩来主张，该说的说深说透。对方要挑衅，一定要让他们知道我们是不好惹的，是讲尊严的。"

周总理听到我们第一批出国的同志的反映说："这不是拉着黄牛

当马骑吗？”女同志说：“我们都是爬山，打游击的，现在让我们去当夫人，化妆当花瓶，不干！”周总理说这些思想问题需要解决。

毛主席要接罗马尼亚大使国书，周总理说到时候让你们见见怎样递接国书，你们出国以后第一件事就是递国书，这是最大的礼仪。

周总理亲自安排，让我们躲在布帘子后面，参观递国书仪式。结束后，他请毛主席作指示、讲话。毛主席说：你们这些人我都认识。都是老同志，政治上强，组织原则也懂。你们这些人出去，中央放心。首先你们服从纪律，在外交上不服从纪律就是大问题。过去你们拿枪打仗那很好，现在形势发展，过去武打，现在是文斗。共产党人办外交是新鲜事，好多事不懂，要问一个为什么。咱们是大国，出去不要有大国沙文主义。

抗美援朝战争爆发后，周总理要我们赶快走。他说，抗美援朝要引起世界的注意，注意驻在国会提出什么问题。走之前所有的出国人员他都要见一见，凡见过一面的人，他就会记得。正因为见习过，我们这些人递国书都没有出问题。

1954 年日内瓦会议休会期间周总理访问东南亚之前，先访问印度，后访问缅甸。他带着和平共处五项原则，请尼赫鲁把印度也作为发起国，然后到缅甸与吴努谈判。

周总理未到缅甸时，吴努就向我们询问周总理的个性，他们作为主人应该注意什么。缅甸有个习惯，给每位贵宾送一套民族服装，周总理接过来就换上了，说：“很凉快。”我说：“总理，如果不愿意穿，我可以到使馆去拿一套薄中山装。”周总理说：“人家给我们是尊重我们，我们也要尊重人家。”

吴努与大国来往谨慎，小心翼翼。后来周总理请缅甸作为和平共处五项原则的倡议国，他觉得很荣耀，百分之百地赞成，所以中、印、缅成为共同倡议和平共处五项原则的国家。这个五项原则在 20 世纪国际法上是个新东西。联合国宪章前言只讲了“和平相处”，没有五项原则，只能是骑马的人与马的共处，帝国主义与殖民地的共处。

在我们出国前，周总理就在和外交部的法律专家周鲠生、梅汝璈、邵天任研究这五项原则，锤炼文字。赫鲁晓夫到东南亚访问，只讲“和平共处”，不讲五项原则，表现出大国沙文主义，挥舞指挥棒。周总理在国际法上对世界有很大的贡献，发展了联合国的“和平共处”。

吴努与他话别时说：你没来的时候我惴惴不安，因为我们是个小国，我愁着如何迎接新中国的总理来？你们是个大国，你们都是革命的英雄豪杰，我应该怎么接待你？经过这两三天的接触，我长了见识，也长了学问，听你的言谈举止，我算是服了。我看世界上任何人只要跟你周恩来接触，这个人都要起变化。

周总理笑着说：“你是不是说得太轻松了，我这次到日内瓦，杜勒斯见我不说话，也不握手，那应该怎么解释呢？我们认为，他是代表帝国主义的，他看不起我们这些被压迫民族，所以他采取这么一个傲慢的态度，无理的态度。”

后来吴努说：我知道你们都是老革命，我要问你们一个问题，当年在延安的时候，是不是你们很艰苦，生活很艰难。

周总理对他说：那时有国民党在经济上封锁我们，应该发给我们军队和陕甘宁边区的薪水、经费，他们不发，故意跟我们为难。但是，我们毛主席用马列主义来分析形势，用实事求是来教育我们的革命队伍。我们虽然物质生活很艰苦，但我们精神生活很饱满，我们精神生活有优越性。

吴努说：怪不得我们有人要往延安跑，我们缅甸独立领袖昂山和奈温，是准备到你们延安去的，结果跑到了香港。日本人占领香港，就把他们扣起来了，搞到日本的军官学校去了。我们的青年向往你们的延安，我很纳闷。

吴努第一次提出中缅边界问题。周总理说，现在条件不成熟，我们双方都要做些准备。

互谅互让，实事求是，是周总理解决世界问题提出的创造性的原则。

不到一年，与缅甸的边界问题解决了。周总理也很惊讶，说可以以缅甸经验为准则，解决与其他国家的边界问题。后来与其他国家边界问题的解决，都是参考了解决与缅甸边界问题的做法。

1954 年 12 月吴努访问北京，他的衣服准备得不够，周总理指示，赶快给他弄衣服。周总理问我，他的思想状态怎么样？我说还是小国怕大国。在国宴上吴努讲话时说：小国好比羔羊，大国好比大象，大象可以跳起来把鼻子一甩，羔羊的命运就不知如何了。我跟周总理也认识了，我知道他的脾气，我有什么话就都吐出来，请他考虑考虑，怎么处理。

周总理对小国与大国交往时的拘谨、敏感，怎么解决，想得很深刻。他很爽朗，很坦白。

吴努说：周总理能原谅我，理解我。可中国许多领导人经过长征，经过南征北战，都是些英雄豪杰，有的人如果拍着桌子跟我讲话，可把我吓坏了。他就是这样一个思想状态。

周总理说，给吴努安排节目不要一般的，他是佛教徒，很虔诚，要给他安排一些佛教节目，像朝拜佛牙，找些高僧谈谈，除去在北京看看古庙，可以去山西大同，看上海佛教还有什么地方。吴努最后对我说，我都没好意思提出来，你们安排的都是我最需要的。

后来在会谈中吴努向我方提出，能否派一个佛教代表团，派一些高僧到缅甸访问一次？周总理说，可以。他还提出能不能把佛牙请到缅甸，供朝拜。我们派了赵朴初和喜饶嘉措。咱们是大乘，讲普度众生，缅甸是小乘，讲独善其身，教义不一样，佛牙去了以后，从机场到仰光，20公里路站满了人，磕头拜佛，仰光万人空巷。佛牙出去影响很大，后来许多东南亚国家都来请。

周总理提出，对缅甸，对东南亚国家要深入一步，不光是上层，不光是首都，要给少数民族做工作。后来请孙夫人访问缅甸，做昂山夫人的工作，效果很好。缅甸工作向深度、广度发展。

1955年10月1日，请缅甸领导人初步签订中缅边界条约。周总理提出“走亲戚”，请他们带着夫人们访问中国，毛主席接见，请吃饭。陈老总写了首诗：“我在江之头，君住江之尾……”

1956年1月4日是独立节，我们把双方签的条约送到周总理那里，邀请了缅甸9个代表团。周总理到处讲，我们是亲戚关系，亲上加亲。缅甸官员说，周总理真会讲话，一竿子捅到底。

周总理、贺龙请缅甸的总理和头人到云南芒市搞中缅两国人民联欢。周总理还叫云南省委书记、省长带云南艺术团访问缅甸。

奈温上台，对解决边界问题很得力，合作很诚恳(我们帮他们打了李弥残部，中央派张爱萍去的)。

周总理指示，利用缅甸，开展未建交国家的工作，首先是锡兰(今斯里兰卡)。锡兰的公使找我，提出联合反美。抗美援朝期间，美国封锁我们，在国际市场上倾销橡胶，锡兰愿意把所有的橡胶卖给中国，从中国买大米。我报告了周总理，他马上打电报，欢迎锡兰政府代表团来签订协议。我们买橡胶的价格高于国际市场，卖大米的价格低于国际市场，他们感激不尽，很快达成协议。印尼马上也提出把橡胶卖给我们，打破了美帝的封锁。后来班达拉奈克夫人上台，对我们感激不尽。

到与缅甸签边界条约的时候，周总理参加了泼水节，他也请吴努到西双版纳参加泼水节。周总理在缅甸的威望可高了。缅甸驻华大使吴敏登夫人说：我们缅甸凡是见过周总理的人，特别是女人，都赞扬周总理，都叫孩子要学周总理的样子，落落大方，很有礼节，很有学问。周总理逝世后，缅甸有人统计，周总理到缅甸来了 10 次。

第一次亚非会议之前，由于国民党特务在“克什米尔公主”号飞机上放定时炸弹，我们牺牲了 8 位同志，3 名外国人。中央让周总理去缅甸，发电让我与缅甸交涉。周总理第二天中午到仰光。后来尼赫鲁、纳赛尔、范文同、阿富汗副总理都到了。周总理提出开个预备会。他们听说飞机出事，又紧张，又泄气，有些悲观情绪。周总理认为这是美国和他的走狗破坏亚非会议，我们的态度不应该是悲观失望，而是要奋斗，争取亚非会议的胜利。

到万隆去开会，按国名字母排列，周总理发言排在后面。美国在背后做了许多工作，攻击中国，煽动反华。周总理当场声明，不同意这些发言，要摆事实讲道理。

后来周总理要求提前发言。他发言的大意是：我们不是来吵架的，我们来要跟你们求同的，我们相同的是过去我们都是被压迫民族，我们要反对帝国主义，反对殖民主义，我们要独立，不受人家欺负。至于意识形态问题，是各国自己的选择，不同社会制度的国家可以求同存异。他讲话中间，尼赫鲁两次叫好。这样就把局面转变过来了。

我当时在缅甸，当时缅甸政府通知外交使团，亚非会议胜利结束，要我们去机场接吴努、周总理和尼赫鲁。吴努第一个下飞机，他说：“这次会议幸亏是周总理起了大作用，这次会议是周总理的胜利。”

陈毅奉周总理之命，报告万隆会议的经过。黎巴嫩外长最后发言，说：“现在会议胜利结束了，我们不少人说了错话，做了错事，把反帝反殖放在一边进行反华，没说错话的就是周恩来，咱们的胜利是周恩来出了力。现在会议虽然结束了，我仿佛还听到周恩来在大会上发言。”万隆会议是经过周总理的说理斗争，才把大家引到正路上来。

1964年6月，周总理、陈老总从国内带团出访，准备访问结束后到阿尔及利亚首都阿尔及尔出席第二次亚非会议。我和丁国钰(驻巴基斯坦大使)、黄华(驻加纳大使)、何英(驻坦桑尼亚大使)，直接到巴黎等他们的消息。一到巴黎，黄镇通知说，本·贝拉搞政变，被布迈丁扣起来了，亚非会议能不能开还是问题。后来国内通知，周总理带团在开罗，陈毅、乔冠华、章汉夫先去阿尔及尔，看看布迈丁意向如何。陈毅通知我们去阿尔及尔，帮助他做工作，摸摸新政府的态度，与已到的代表交换看法，了解到有许多不同看法。周总理在开罗听到这些看法，很严肃地给中央写了一个报告，他的意见是与其开一个稀稀拉拉、不成名堂的会，没有声势的会，反而会冲淡了第一次亚非会议的成就，这样不如不开。

中央同意周总理的报告，把他的报告发给我们代表团全体成员，要求按周总理的意见办。这时又来了个消息，我们提供器材盖的会议场所失火，一下子凉了半截，大家都很泄气。周总理与纳赛尔、苏加诺商量，阐述他的意见，他们完全同意。

这样，布迈丁如释重担，轻松了。第二次亚非会议虽然没有开，但周总理在亚洲国家的威望又提高了一步，都知道周总理很英明。

1961年我去印尼，主要做两件事：一是按照周总理提出的解决华侨双重国籍，搞一个条约：一种是入印尼籍的，放弃中国籍；一种保留中国籍，但要遵守当地法律；愿意回国的，我们可以去接。这样减少了印尼的顾虑，避免了帝国主义的挑拨。这个条约也适用于别的国家。第二件事，是筹备新兴力量运动会。

我们对苏加诺说，周总理说了，你苏加诺总统很有办法，你能开亚非会议，为什么不能请亚非国家，再加上拉丁美洲，世界的进步力量开一个崭新的运动会，这不涉及“两个中国”问题，在政治上是反帝的，反殖民主义的，是亚非会议的继续和扩大。苏加诺说，周总理真不得了，为什么这些办法他能想起来，我就想不起来呢？我算服了。他就筹备新兴力量运动会。我国派贺龙带队，去了大批人马。这一次把台湾挤出去了，开辟了一个新的运动领域，这是周总理一生取得的辉煌成就之一。

他的指导思想高屋建瓴。待人接物，言谈举止，儒雅气质，睿智过人。敏锐的洞察力，渊博的知识，严谨的作风，都为人所共知。

周恩来、邓小平——20 世纪真正的知己

邓朴方

全国政协原副主席、邓小平长子

要讲周总理和我父亲邓小平半个多世纪的友情，一起共同参加革命工作，共同奋斗，确实比较难讲。半个世纪是个很长的时间，提起周总理来，我父亲曾经讲过："我们认识很早，在法国勤工俭学的时候就在一起住，对于我来说，他始终是一个兄长。全国人民都尊重他。"

我父亲和周总理是一块儿到法国勤工俭学的，我父亲是 1920 年 10 月份到的，周总理是 12 月份到的，前后脚。我父亲到了法国以后，开始上学，后来到工厂做工。周总理到了法国以后就已经从事社会活动了。1921 年成立巴黎共产主义小组，到 1922 年 6 月成立了旅欧中国少年共产党。周总理在执行委员会负责宣传，我父亲参加了这个组织。

1922 年父亲只有 18 岁，在他们旅法的那些人里面，是个小弟弟。

1923 年，旅欧少年共产党在巴黎召开了临时代表大会，决定加入中国社会主义青年团，在欧名称为旅欧中国共产主义青年团，周总理当选书记。这次临时代表大会我父亲参加了。据当时有些人回忆，

我父亲那时候已经开始参加支部工作。

那个时候的支部工作当然是周总理主要负责，父亲做些辅助性的工作，比如说办《少年》、《赤光》，刻蜡版，做具体工作。根据父亲讲，他大概有半年的时间跟周总理住在一起，朝夕相处，吃得很坏，白水、面包，大家又挤在一起。但是，革命劲头、革命热情非常高，这是一批年轻人。

那个时候，法国的思想比较活跃，各种各样的思潮都有，周总理和我父亲那时都选择了共产主义，而且和其他思想作斗争。这段历史很长了，当事人回忆得不多，就我们知道一点，我父亲很怀念那一段的历程。比如他们有一些共同的习惯，父亲爱看足球，周总理也爱看足球；父亲爱吃那种牛角面包(CRASANG)，周总理也喜欢吃；其实那在法国是很普通的食品，但是对他们来说，就是最好的东西了，所以几十年以后他仍然怀念那时的生活。

那时候和他们住在一起的还有李富春、蔡畅。据蔡妈妈回忆：周总理是做全天工作，我父亲和李大章、傅钟这些人都是白天做工，晚上工作，叫做“半脱产”吧。这样的时间大概有一年。1924 年 9 月周总理回国。

我妹妹曾经问过我父亲，在法国的时候和你关系最密切的是谁？父亲想过以后说：“还是总理。我们在一起待的时间很长。”

1927 年年底到 1928 年年初，我父亲和周总理大概有一年半的时间朝夕相处。周总理负责中央的具体事务，中央有什么大事都向他请示。我父亲处理的也是日常工作。政治局的会议父亲列席，但他也有发言权，在会上周总理发言很多，我父亲偶而发言。他们在一块共同生活，共同战斗。他们还有半年多的时间住在一起，周总理和邓妈妈住楼上，父亲那时候已经结婚了，和张锡媛妈妈住在楼下。解放以后蔡妈妈说：那时候哇，经常听到楼下高高兴兴的。后来我妹妹就问父亲：那时候老听到你们那么欢笑。父亲说：“那时候我们年轻嘛，当然高兴了。”

父亲和张锡媛妈妈是在 1928 年 4 月结婚的，在婚礼上，周总理，邓妈妈，还有其他人都参加了。当时正是白色恐怖，国民党对中共中央也是下力气来破坏，非常艰难。

父亲和周总理接触多是解放以后。1952 年父亲调到北京当副总理，就在周总理的领导之下工作，从 1952 年一直到“文化大革命”，父亲一直是作为副总理协助周总理工作。到后来，有时候周总理出国，父亲作为代总理来接替他的工作。这段时间大概十几年。父亲一直都是非常尊重周总理的，他对我父亲我觉得也是另眼看待的。特别是后来父亲做了总书记，主持中央的日常工作，周恩来主持国务院的日常工作。这时候，中央一摊工作，国务院一摊工作，他们俩互相信任，也互相理解，处理问题时互相都有一个默契。我父亲处理事情比较果断，他是小事不管，大事他抓一抓。周恩来主持外事，外事无小事，处理得非常细致，两人合作得非常好。父亲谈到周总理时候，他那种神态呀，都是一种非常尊敬的一种神态。小时候家长还让我们管邓妈妈叫姑妈，因为她也姓邓，但是后来没叫起来。有时候周总理到我们家里来，当然更多的是父亲到总理那儿去。我现在也喜欢看足球，就是受老人家的影响，他那时候经常去看足球，也带着我去，有时候带着其他孩子去。那时候周总理也去看足球。有时候他们在一起散步，有时候礼拜天一块儿到野外去，比如说到十三陵去，去郊游，吃野餐，周总理看到我们这些孩子，他都会很亲热，有时候问我们：“你们家谁管钱啊？”我们说是我妹邓楠管。他就会对邓楠说：“啊！你也是总理啦！你的官儿跟我一样大呀！”他跟我们家的毛毛说：“你是你们家的外交部长！”还问我的弟弟飞飞叫什么名字？听说我弟弟叫“飞飞”，就说：“噢！那你跟我同名啦！”我们才知道周总理曾经有一个用过的笔名叫“飞飞”。在我们这些孩子眼里，周总理是一个和蔼可亲的长者。

周总理对父亲的其他方面也很关心。有一次周总理到我们家去，直接走到屋子里，看到门口没有警卫，就说：“这怎么行啊，门口连个警卫都没有！”后来就在门口给加了一个哨。

周恩来和邓小平在北京出席招待会(1963 年)

我妈妈还给我讲过说：我以前不会吃螃蟹，后来到上海，周总理说：你怎么不吃螃蟹呀？妈妈说：我不会剥。周总理说：那我来教你。他一点点教，怎么把后盖掀开，怎么样把胃拿掉，怎么剥身上的肉，怎么像抽屉一样，一层一层把它剥开。我妈妈学会吃螃蟹是周总理亲自教的。

就我们看到的，周总理和我父亲之间的那种感情，那种友谊，都是很自然的，不是在表面上的，所以我们见到周总理，既有一种尊敬，也有一种亲切的感觉，觉得周总理是亲人这种感觉。

1966 年“文化大革命”一开始，父亲就被打倒了，很多老干部被揪斗，周总理都按毛主席的意思予以保护。当时那个环境非常艰难。

1969年林彪搞“一号通令”，把老干部们都赶出北京，送到外地，我父亲是被下放到江西。最初江西安排他去赣州，周总理知道以后，连续两次给江西省“革委会”有关负责人打电话，说邓小平已经是65岁的人了，身体又不怎么好，最好安排在南昌附近，最好是两层楼，一个院子，楼上由父亲母亲住，楼下由工作人员住，有个院子好散步。

“九一三”事件发生后，我父亲听了传达，他立刻给中央写了信。1972年1月，陈毅伯伯逝世，谁也没想到毛主席出席了这个追悼会。“文化大革命”中，林彪就是要打倒这些老家伙们，也包括我父亲、刘伯承和其他老同志。周总理立刻暗示陈毅的子女，把这个消息传出去。之后，周总理在见新疆代表团的时候，当着江青、姚文元的面说：“林彪就是想打倒老干部，像邓小平啊，要打倒。”有意把这个风散出去。

毛主席决定恢复我父亲的工作，作为周总理来说，他根据毛主席的决策来办事，这个事情他不能多说，但是必要做的该做的他都做。当时周总理处境非常艰难。1972年6月，他批了一个文件，恢复我父亲的工资待遇，同时也批准我到北京来治病。8月，父亲就写了封信给毛主席。毛主席说：邓小平虽然犯了很多错误，错误很严重，但是第一个呢，不是叛徒；第二个是在苏区时，是“毛派”头子，第三个是协助刘伯承打仗有功，第四个是解放以后也不是没做一件好事。周总理得到这个指示以后立刻向政治局传达，并且作为文件来传阅。1973年10月，父亲就已经开始活动了，先后到韶山、井冈山参观，还参观了红都机械厂，江西其他地方，一直到年底。周总理给纪登奎和汪东兴写了一封信，先谈谭震林的事情，让他回北京，后来又谈关于邓小平的事情，毛主席已经提过多次，请他们议个办法出来。12月底，纪

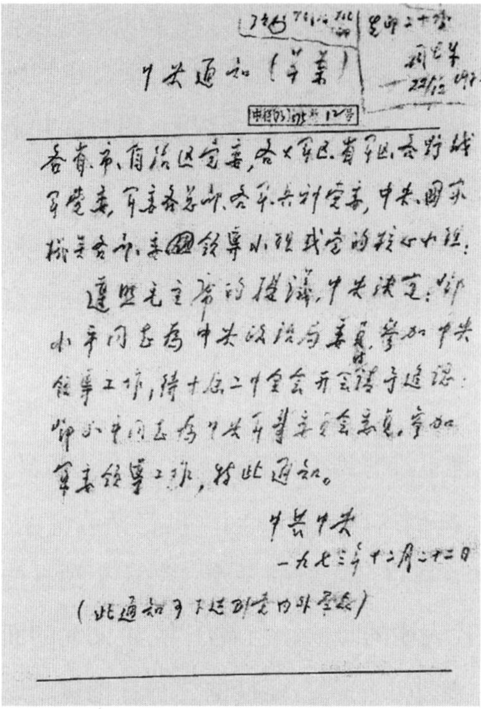

中共通知（草案）

各省、市、自治区党委，各大军区、省军区、各野战军党委，军委各总部、各军兵种党委，中央国家机关各部委领导小组、党的核心小组：

遵照毛主席的提议，中央决定：邓小平同志为中央政治局委员，参加中央领导工作，待十届二中全会开会时追认；邓小平同志为中央军委委员，参加军委领导工作。特此通知。

中共中央

一九七三年十二月二十二日

（此通知可下达到党内外群众）

在周恩来积极推动下，经毛泽东提议，邓小平于1973年3月恢复副总理职务，12月进入中央政治局。这是周恩来在重病期间起草的中共中央关于邓小平参加中共中央和中央军委领导工作的通知

登奎、汪东兴正式提出建议，要我父亲恢复副总理的工作。

1973年2月，我父亲得到通知回到北京。这年年初，周总理的病复发，这时候本应该很好治疗，但是，他从1973年2月底到3月初，连续开会，讨论父亲复出问题，连续很多天开会，反复商量。直到3月9日，大概讨论完了，他才向政治局讲明他的病情，请假去治疗。同一天，他向毛主席作了汇报，毛主席批准了，3月10日，关于邓小平复出的中央文件正式发出。这是周总理为父亲的复出在病中坚持工作的情况。

3月28日，我父亲和李先念一块儿见周总理。警卫跟我讲，当时在人民大会堂，周总理是坐在最边上的靠背椅（不是沙发）上等着，我父亲进来后，周总理立刻站起来，走到我父亲那儿，叫一声“小平同志”，两个人握手，然后才进屋谈话，当时他和李先念一块儿和我父亲谈话。第二天就和我父亲参加毛主席召集的会议。我父亲3月29日见到毛主席。当天晚上，周总理就开政治局会议，讨论安排我父亲工作的问题。这段时间，周总理都在病中，都在治疗之中。

我父亲那时候刚出来，就和母亲一块儿到一些老朋友家里面去串

门，当时到了好多老同志家。据妈妈说，4月9日她和父亲到周总理那儿去，周总理在玉泉山养病，也正在做治疗。那天，他们到了玉泉山一下车，邓妈妈就在门口等着，我父亲打过招呼之后，我妈妈激动，忍不住想哭，然后她就和邓妈妈拥抱在一起。他们进屋后，周总理在里面，这是我妈妈被“解放”后第一次见周总理。这时周总理特别交代了一句，他说：“你们要找保健大夫，找吴家的。”他还告诉我妈妈：“卓琳，你这个事不要忘啊！”我想他是对父亲的复出寄予厚望，不但在医疗上做出保证，也在安全上做出了考虑。

4月12日，我父亲第一次露面，是迎接西哈努克亲王的宴会。据有关材料讲，周总理那时候也是刚做完治疗就赶到城里来参加这个宴会的，邓小平出面了，露面了，很多人印象非常深刻。周总理专门把父亲让到前面，给大家介绍，给西哈努克亲王介绍。

周总理是一直希望我父亲能够接替他，特别是他患重病的时候，一个是他对我父亲的了解，他对我父亲当然是非常了解的了，这对他来说，我想这是他的心愿，也是他这几年一直在努力地做的事情。但这个过程非常艰难，一个是他的病情不断加重，一个是外界的压力不断加大。

5月，中央召开工作会议，这是我父亲复出后第一次参加中央工作会议。周总理在会议专门还讲了一段，对邓小平的复出，绝大多数人都是满意的，他特别强调这一点。他做事考虑问题都非常周到的。

但是就在1973年，父亲问题逐步解决的过程当中，周总理也受到了批判。毛主席批评他：“大事不讨论，小事天天送。”到了十大召开之前，8月5日，毛主席又提出儒法斗争。8月6日，江青就闹着要把儒法斗争写进十大的报告里面去。周总理说要消化消化。党的十大上，我父亲就作为主席团成员了，在十大当选为中央委员，我父亲复出又往前走了一步。

事情看着好像越来越顺利，但毛主席对周总理又提出批评。从11月中下旬一直到12月初，一直开政治局扩大会议批评周总理，江青就讲，这是“十一次路线斗争”，说总理迫不及待。但开完会，主席讲这次会议开得好，但他也批评了江青，说“十一次路线斗争”讲得不对。另外，不是总理迫不及待，是她才迫不及待。然后是毛主席在他主持的政治局会议上，决定父亲恢复政治局委员，恢复军委委员，参加军委的工作，主席还特别讲：“小平同志不是我一个人请回来的，是政治局请回来的。小平同志回来，给政治局添了一位秘书长。”父亲当中央秘书长的时候是1927年年底。主席还特别讲了我父亲是“绵里藏针，柔中寓刚”，这样父亲才算是恢复到领导职位上，参加主要领导工作，这时候才正式定下来。

1974年一开年，周总理就开始大量便血，身体明显地坏了。这年1月，他又主持军委会议，落实我父亲参加军委工作，成立军委五人小组。1月底，“四人帮”开始向总理发出新的进攻，开始是批林批孔的动员大会，迟群、谢静宜将矛头对着周总理，批现代的大儒，发动了袭击。2月，毛主席就讲了话，说迟群、小谢讲话有缺点，讲话不宜下发。后来，周总理又根据这一个精神，进行了传达，作出了决议。江青大闹一场。这是1974年“四人帮”第一次向周总理和我父亲发难。

3月，周总理的病情进一步恶化，无论如何应该休息，但是这个时候他恰恰不能休息。4月，毛主席提出，让我父亲参加联大会议。“四人帮”开始不同意，江青大闹政治局。所有的政治局委员都同意了，她不同意。毛主席给她传话，说是毛主席的意思，她也不答应。最后还是毛主席亲自给她写了一封信，说：“这是我的意见，你以不要反对为好。”这样才把这个风波平息下来。

我父亲出国的事情定下来后，周总理就开始安排我父亲的行程，他顾不上自己病重，从飞机的航线，是飞东线还是飞西线，民航怎么试航，出主意。他提出如果民航没飞过的话，是不是请法航帮帮忙。另外，对父亲的欢送仪式，他也做了精心安排，向毛主席请示，是不是要隆重些，以示我们郑重其事地出去。他还交代，要铺上红地毯，以最高的礼仪规格来欢送我父亲出席联合国大会。在整个欢送过程中，周总理又打起精神，始终鼓掌。我父亲在国外的时候，周总理就一直坚持着不治病。

4 月 19 日，父亲从联大胜利回来，总理又到机场迎接。4 月 20 日，周总理才召见医疗组的成员，谈他的病，紧跟着又是检查、治疗。到了 5 月 30 日总理就住院。6 月 1 日，当天施行了一次大手术。

总理这样支持父亲工作，保证父亲完成任务，他做出这样安排，做出这种牺牲，不只是为了父亲，而是为了将来，为了我们国家。那时候我看到这个材料，19 日晚，把父亲接回来，20 日凌晨 2 时，他见医疗组，我内心这种震动啊！

周总理住院后，中央政治局由王洪文主持召开会议，6 月中旬"四人帮"又发动进攻，组织批"现代大儒"，矛头也是直指周总理。到 7 月中旬，毛主席又把这个事制止了。在政治局会上毛主席讲，她(指江青)不代表我，她只代表她自己。又重复说：总之，她不代表我。

8 月，经过医生检查，发现周总理的癌症又转移了，8 月 10 日第二次做了手术 。

关于四届人大的安排，毛主席 10 月 4 日打电话给周总理。他身边的工作人员特别对周总理说：四届人大，邓小平当第一副总理，这是主席开始下决心了，已经下决心了。在周总理病重的时候，毛主席希望我父亲能够接替他的工作。

10 月 11 日，毛主席又讲，还是要以安定团结为好。毛主席这个安排，一个是让我父亲接班，一个是要大家安定团结，是作为一种政治安排，他希望稳定下来。10月17日，江青开始有预谋地发动攻击，在政治局会议上，借“风庆轮”事件，刁难我父亲，让我父亲表态。我父亲就一步也不让：这个事情我要调查。江青就在政治局骂起来。我父亲和“四人帮”一伙的矛盾非常尖锐了。

10月18日，当时毛主席在长沙。这天，王洪文跑到毛主席那儿去告状，受到毛主席的批评说：你不要跟他们搞在一起。王洪文回来，又找周总理做检讨，实际上并没有悔改。

10月19日周总理见王海容、唐闻生，讲“风庆轮”事件，说，这个事情本来就不是什么问题，小平同志已经忍耐很久了。当然还要做工作。

10月20日，王、唐随着外宾见毛主席，向毛主席汇报了这个情况，主席当时批评“四人帮”以后，决定：邓小平任党中央副主席、军委副主席、总参谋长、第一副总理。毛主席还讲：总理还是总理。原来四届人大人事安排是由王洪文负责，这次毛主席讲了，四届人大安排，由周总理和王洪文两个人负责。

在这之后，周总理、父亲和其他同志们，围绕四届人大开始更紧张地工作。

我父亲经常到周总理那儿去，叶剑英、李先念这些同志，也都经常到周总理那儿，商量四届人大各项工作的安排。

12月，周总理的病情一天比一天坏，医生希望周总理赶紧住院手术。而四届人大的安排基本上有眉目了，需要周总理到长沙向毛主席汇报。叶帅就交代医疗组成员，无论如何要保证周总理这趟行程的安全。医生认为，他无论如何不能走，不能再出差。但是作为周总理来说，重任在肩，无论如何他要亲自来做。

12月23日，周总理和王洪文飞长沙，跟毛主席谈了两天。这时候毛主席的心情也比较好，他还特别对周总理和王洪文讲到我父亲，

“人才难得、政治思想强。”这样四届人大的准备工作就安排妥当了。然后，毛主席又和周总理单独谈了一天。

这时总理身上的肿瘤开始全面转移了，总理他不是不明白，但这个时候他是拼命。

1975年1月中旬，四届人大开幕了。

周总理在这个会上作《政府工作报告》，重提四个现代化。

此后，我父亲先后提出“整顿军队”、“整顿铁路”、“整顿钢铁”、“整顿国防工作”，反对派性，提出“三项指示为纲”，大刀阔斧地进行整顿。听家里人讲，父亲在一年多的时间里，从早到晚，没有闲的时候，始终在连轴转地工作，以那种无私无畏的精神，为了挽救这么样危险的局面，日以继夜地工作。

周总理始终支持父亲。重大的事情我父亲也都找周总理商量。我看到一个记录，我父亲几乎每周都要到医院那儿，和他单独谈话，谈工作，或是半个小时，或者是几十分钟。

但是，这一年也并不是风平浪静的。3月，张春桥提出“反经验主义”。4月，江青在政治局布置要“大反经验主义”。

我父亲见毛主席，反映了这个问题，提出不同看法。江青就跟我父亲顶起来了。毛主席同意父亲的看法，在姚文元送的一篇文章上批示：“反经验主义不妥，似乎应该提反修正主义，既要反经验主义，也要反教条主义，包括反经验主义和教条主义。”这样把“四人帮”的进攻打退了。毛主席让政治局批评“四人帮”。当时王洪文主持政治局会议，5月底6月初，我父亲两次组织批“四人帮”的会议。

5月3日，周总理到毛主席那儿开会，和主席讨论这个问题。5月4日，周总理又亲自写报告给毛主席，谈了他对这个问题的看法和整个情况，得到主席的批准，最后周总理又连夜召开会议，核对毛主席讲话的笔记，然后又主持开会研究，随后下发一个正式的文件，以正视听。那时，总理的病已经很重了。

9月7日，周总理最后一次见外宾，他就讲了：马克思的请帖我已经收到了，今后的工作由小平同志担任，小平同志将接替我主持国务院的工作，我相信他完全能够胜任，完全能够继续贯彻党的方针路线。可以完全相信小平同志一定能够完全贯彻中国共产党对内对外的方针。这时我父亲也在场。周总理这次见外宾的时候，脚已经肿得很大，鞋都穿不上。

9月20日，周总理的病情进一步恶化，要做第四次大手术。在用车推他进手术室之前，他喊了声“小平同志！”叫我父亲过来，他的身体非常虚弱，但是他用很大的声音说：“小平同志，你这一年多的工作证明，你比我强得多。”这是他要让所有在场的人都能够听见他的话。总理认为他马上要去世了，他在用最后的力量来支持我父亲的工作，有人说这是最后的一搏。这是生命最后的一个吼声！

这次周总理又抢救过来了，但病情很重，生命始终在旦夕之间。我父亲来看周总理，也就待5分钟。后来，毛远新向毛主席反映了有关情况，毛主席开始对我父亲的工作不满意，认为是在否定无产阶级文化大革命，还让毛远新找我父亲谈。我父亲讲：“我昨天刚问过主席，这段工作怎么样？主席说还可以。”把毛远新顶回去了。谈话以后，我父亲马上就到周总理那儿去了一趟。此后政治局就开始批评我父亲。我妈妈问他：批评以后你怎么做？我父亲讲，到那儿就是宣布开会，然后就请大家批。他就泡杯茶。然后到点宣布散会，他抬起屁股来就走。他也不妥协。

整顿工作不到一年就停下来了。中央开了打招呼会，发文件叫大家学习，开始“反击右倾翻案风”，这时周总理的生命已经垂危了。

12月底，周总理心脏突然停止跳动了。我父亲、王洪文、张春桥、汪东兴都来了。这次又抢救过来了。大家来看周总理，张春桥走过来的时候，周总理说："春桥同志，你和洪文要多帮助小平同志工作。"这是他死而复生后的再次奋力一搏。他知道，形势很坏了，但就是在这种形势之下，他还要尽他生前最后的一点力量，希望起点作用。实际上，大家知道根本不可能说动张春桥这些人。实际上他是在用最后的唯一的可能的方式，表明自己的态度，希望能够影响他们。总理用心之苦哇！这种事情想起来真是让人非常非常地难过，这种事情也是很残酷的。

1976 年 1 月 8 日，周总理逝世。我父亲忍着巨大的悲痛，为周总理致了悼词。本来周总理留下遗嘱不开追悼会，我父亲讲：这个人民不答应。我想由我父亲致悼词，如果周总理在天有灵，他是欣慰的，如果让周总理选择，他一定会选择我父亲。我父亲也愿意为他做。

周总理和我父亲两个人性格不同。周总理非常聪明，善于团结人，善于融合各种不同的意见，事无巨细，认真负责。我父亲则比他刚，比他硬，处事从大处着眼，但是容易被打倒。周总理知道我父亲的特点，知道我父亲能够接替他的工作，能承担起他的工作。我父亲对他也是非常理解的，知道这个兄长心里想的是什么。

后来，我父亲多次讲过，在"文化大革命"那个时候，周总理讲过违心的话，但是，全国人民原谅他，他得到全国人民的尊重。甚至在"文革"期间他就跟周总理讲过：你那时候不得不这样做，不这样，就不能保护这么多老干部。我父亲说：我的性格不同，我不会委屈求全。这话不知道是什么时候讲的，是他跟我母亲讲的，说过这个话，周总理也体谅他。两个人心心相印，各自用自己不同的方式，为党，为国家，为人民，奉献出他们自己的一生。

周总理逝世之后，我父亲就失去了工作的条件，但是事情还没有完。就在清明节的时候，4 月 5 日群众对反击右倾翻案风不满意，在悼念周总理的时候，掀起了又一场轰轰烈烈的"四五"运动。也就是在这个时候，我父亲再次被打倒。我父亲的这次被打倒，又和纪念周总理的活动联系在一起。正是这样，才显示了中国人赞成我父亲的这些做法，赞成周总理的做法。“文化大革命”之后，一直到十一届三中全会，我父亲复出，开始改革开放局面，创造了中国特色的社会主义理论，这是和1972至1975年，特别是1974至1975年这些年的斗争，我父亲和周总理共同战斗这段历程分不开的，也是和我父亲和周总理，和其他一些老同志，一直努力分不开的。

要说我父亲和总理的关系，从中国现代史上找，有多少人能够这样密切？这么长的时间？他们的性格、作风都不同，但又那么心心相印几十年，半个世纪多，生死与共，风雨同舟。都说人生难得有知己，父亲和总理才真正是知己。

就不用说领导人，就说我们这一生，有几个知己？有没有知己？所以从这个角度上说，我想，这也是他们的幸福。

对周总理去世，我父亲的悲痛是没有人能够代替的。父亲是非常冷静的人，他对自己的生死，对其他这些东西，看得非常的开，但是周总理的逝世对他的打击是非常大的。他知道，周总理早晚是要去世的，但是一旦他走了，他还是非常难过，我父亲在念稿子念到：“周恩来同志的心脏停止了跳动……”，这时候满场呜呜全都哭了。

我记得那时候，周总理的灵柩从天安门前经过到八宝山，一路上都是送行人们的哭声。在开追悼会的时候，我母亲带着我们家孩子都参加了追悼会。那时候我没去，因为我在医院里头。送葬那天，很多病号都冒着寒风跑到外面去，跑到301医院门口的马路上去看。我那个时候弄了一瓶酒和一点酒菜，和病友王鲁光一块喝酒，把酒洒在地上。我记得我一直在说，一面哭一面说，真是痛苦啊！痛哭流涕。我说：前一段历史过去了，我们面临的将是新的一个局面了。

“文化大革命”总理那么忙，他还在关心我的治疗，亲自批准我回京治疗，这也是总理做的好事，受惠的何止我一个人。

我父亲和周总理这份友谊真是伟大，世上难找的。伟大的友谊，世人难找啊！不只是法国那么艰难，上海那么危险，一直到战争环境下，到解放以后，这么多路线斗争，这样曲折，特别是"文化大革命"这么惊心动魄，真是难以想象。他们俩这种关系如果写篇小说，其感人之深恐怕是难以想象的。

一段鲜为人知的故事

阎明复

统战部原部长、阎宝航之子

我简单介绍一下我父亲在周恩来的领导下工作的一些情况。

我父亲叫阎宝航，20 世纪二三十年代，他是张学良的好朋友。他和高崇民、车向忱、刘澜波等组成了东北救亡总会，由我父亲主持东北救亡总工会的工作。从这个时候开始，我父亲与周恩来的关系非常密切。

我父亲是周恩来发展入党的。20 年代东北地区党组织建立的时候，就准备发展我父亲入党，由于我父亲要到英国留学，就决定他留学回来后再发展入党。1928 年，我父亲回国，东北地下党组织遭到破坏，跟他联系的一些同志有的走了，有的牺牲了。直到 1937 年，跟他联系的一位老党员舒子元到南京找到我父亲，问他入党的问题解决没有？我父亲说："你们都走了，我去找谁哪？"舒老就把这件事情报告了周恩来。周恩来就决定，像这样的从 20 年代起就信仰共产主义，对东北的收复、抗日救亡做了很多工作的同志，应该发展他入党。但是，当时共产国际有一个规定，就是国民党圈圈里面的一些上层人物，或者一些社会名流要发展入党的话，一定要报告共产国际，实际上就是报告苏共。共产国际当时回答：阎宝航是一个特务分子，不能吸收他入党。

他怎么成了特务分子呢？当时蒋介石为拉拢张学良，请张学良推荐一些年青人到他身边去工作，这样，他就推荐我父亲到蒋介石身边工作，做“新生活运动”东北总会的秘书兼干事，也称为总干事。所以共产国际不同意发展我父亲入党。

周恩来同志请示延安，毛主席回答：“国民党可以从我们队伍中拉人过去，我们也可以从国民党队伍中拉人过来。”这样，就不顾共产国际的意见，在1937年9月，正式通知我父亲：你现起是一名共产党员了，直接和周恩来保持联系，并给他起了一个秘密代号叫“阎政”。跟周恩来的书信来往，都是用“阎政”这个代号。

他因为在蒋介石身边工作，结识了很多国民党的上层人物，包括政界的、军界的，包括特务像戴笠等。这样他就有可能了解很多信息，并把这些信息提供给周恩来，有些成为很重要的情报。

从那时候开始，父亲一直在周恩来的直接领导下工作。特别是到重庆以后，南方局有一个东北支部，支部书记就是周恩来。副书记刘澜波一直在周恩来领导下从事地下工作。父亲当时工作面很广泛，除了东北流亡到重庆的上层人物以外，还有文艺界的，他后来成为著名的民主党派领袖。

周恩来经常到我们家来开会，我们家是座三层楼的公寓，二层楼有一个四面不通风的屋子，只是朝着内部的走廊有一个窗户，他们经常在那个屋子里面，我只知道父亲的一些朋友到那里面打牌。后来才知道是周恩来、董必武他们经常来开会。

我有一个印象，有个叔叔有个假腿，装假腿的叔叔到家里来，我父亲他们就要打麻将，一打麻将就不准小孩进去。我那时有七八岁。

装假腿的叔叔是周恩来的秘书叫王子木，他受过伤，安上假腿，他上楼梯时就噔噔地响。我第一次见到周恩来也是个偶然的机会。当时陶行知在重庆办了育才小学，这所小学有一个文艺队，经常演一些进步的话剧，例如演了苏联话剧《表》，还演了话剧《秃秃大王》。有一天，吃过晚饭以后，我父亲、母亲带着我去七里岗看陶叔叔的孩子们演的话剧《秃秃大王》，剧场里人都坐满了。刚刚拉开大幕，就进来一些宪兵，拿着牌子“禁止上演，侮辱领袖”。他们认为蒋介石是光头，《秃秃大王》就是影射蒋介石的，不让演。话剧看不成了，我爸爸说：“我带你去看一位叔叔。”他带我来到重庆的新华书店营业部，书店的大门在马路的左面，书店边有一个小门，我们到了以后，从旁边的一个小门上去，通过窄窄的楼梯，到了二楼，见到一位中年人。我不知道他是谁，我父亲跟他握手，让我喊他“周叔叔”，因为我父亲的年龄大。周叔叔很高兴地把我抱起来，问我：“你将来长大了要不要像你哥哥、姐姐那样到延安去？”我的四个哥哥、姐姐，1937 年、1938 年先后到延安去了。我说：“我不去。”他问：“为什么？”我说“太苦”。周恩来笑了，我父亲说我没出息。

我父亲把我从周恩来手上接过去，交给我母亲。我第一次知道有个“周叔叔”。后来，周恩来到我家，我不知道他是谁，直到有一次给周恩来过生日，我父亲把他请到我们家，还从大同银行里面请来一个很有名的厨师。当时我父亲的公开身份是大同银行的副总经理，周恩来到我家，但我没有把他跟新华书店见到的“周叔叔”联系起来。

我看到，我父亲对他很尊敬，他对我父亲很亲切，来的一些朋友我都不认识，后来听到东北救亡会的同志在商量东北救亡会的工作，营救被捕的同志，谈到怎样帮助一些党外朋友逃避国民党的追捕。

我们家被称为“阎家老店”，从东北流亡来的人找不到工作就在我家里住。一些党内失去联系的人士，也在我们家住，然后我父亲向周恩来和董老报告，经过审查以后，给他们恢复关系。还有党外的一些朋友，像李公朴遇难以后，他的夫人和孩子就在我们家里住，陶行知也在我们家住过。

这段时间是我父亲和周恩来合作最密切的时候，他们想了解的情报工作也是这段时间发生的。因为我父亲在南京那个时候，和国民党上层有很多接触，能够经常了解到很多重要的信息。

我父亲不是专业的情报工作者，他是在周恩来领导下从事一些抗日救亡工作，社会各个阶层都有接触，特别是老人，上层人物，像当时的孙科、于右任，在跟他们的接触当中，他们也很信任他，经常告诉他一些事情，比如，希特勒进攻苏联的情报。

据罗青长叔叔回忆，1941 年 6 月 16 日我父亲得到这个情报，德国军队 6 月 22 日清晨进攻苏联，因为希特勒德国要组织自己的法西斯战线，他们对国民党政府采取拉拢的政策。国民党政府历来也是靠德国，同他们关系很密切，他们对国民党驻柏林使馆的武官很信任，有什么事情都通知他，所以把这个信息及早地告诉国民党的外交人员。驻德使馆武官把它作为非常重要的情报，通知了重庆，通知了蒋介石。蒋介石身边的一些人国民党元老知道了这个事情。把这件事告诉我父亲，我父亲马上把这个消息报告周恩来，周恩来当时在重庆，又马上拍电报回延安，直接接到电报的是叶子龙。叶子龙是毛主席办公室主任。50 年代中期我到中央办公厅工作，给毛主席当翻译，跟叶子龙同志非常熟。他说是他接到这个电报马上就给毛主席看，然后毛主席说，这个电报非常重要，马上拍电报给苏联。拍电报的时候离德国进攻苏联的时候还有一段时间，苏联开始不相信，毛主席的电报一发，这个时候，苏联才开始考虑。战争爆发后的第七天，斯大林给我们党中央、毛主席发来一封感谢电报："由于你们及时而准确的情报，使我们提前进行一级战备。"

还有一件事情，也是罗青长文章里写到的。我父亲通过国民党政府军委会拿到了日本关东军全部的在东北布防图。有多少部队，哪个要塞有多少人，飞机场在哪里，炮台在哪里，海军在什么地方，军舰在什么地方，这个情报送给苏联，使得苏联红军对日本关东军的情况了如指掌，大大减少了战场上的伤亡。

这些事情我是后来知道的。“文革”刚开始时，我父亲感觉到情况不是很好，很多老同志遭到迫害，就找我过去，对我说：“如果我出了什么问题，你应该相信，你父亲是个好人。”他就讲了上述这两件事情。

1961 年的一天晚上，中央办公厅主任杨尚昆把我找去，说：“你父亲给总理写了一封信，周总理的指示，你看看。”信很厚，我没有看详细的内容，我就看了周恩来的批示：“宝航同志所述属实，他当时根据我们党中央的建议，从事情报工作。”里面的具体内容我没看，很长的批示，这个批示还在，存在档案里面。

那么我父亲为什么给周恩来写这封信呢？

1961 年，周恩来在人民大会堂举行的高级干部会议上，把中苏之间分歧向干部作了报告。谈到中苏之间的关系，说并不仅仅是苏联单方面援助我们，我们也帮助过他们，我们是互相支援，比如在希特勒进攻苏联前，我们就给苏联提供了准确的军事情报。后来，斯大林同志来电报感谢，我不记得哪位同志亲手给我的。我父亲听了这个报告回去以后，给周恩来写了一封信，说那是他给周恩来的。然后把所有情报工作都在信里写了，周恩来批了：请尚昆同志阅后，告诉中组部，然后存在调查部，现在在安全部。我是这样看到周恩来批示的。

莫斯科庆祝反法西斯胜利 50 周年活动时，江泽民同志赴俄之前，有关同志把我父亲的情况告诉了他。他调看了我父亲的档案，看到了周恩来对我父亲的批示。据说江总书记到莫斯科参加活动时，和叶利钦交谈中提到这件事情。俄罗斯使馆就找到我，说是叶利钦总统决定，打破他们只是给活着的人、在世的人授勋的规定，给阎宝航授勋，我父亲已经不在了，他的贡献杰出。

俄方问我："同你父亲在一起工作的还有什么人？"我只知道一个人，就是我大姐，她1937年到延安去，因为工作的需要，中央给了我父亲电台，电台需要有个译电员，周恩来决定把她从延安调回来。那时她得了肺病，在重庆把病养好之后，学译电码。电台还有几个工作人员，台长、副台长还在，我姐姐还在。

另外，还有一个人在我父亲身边工作过较短时间，他是从苏联回来的，会俄语，他帮我父亲，我父亲不便到大使馆去，他就替他去，他叫李政文。所以，我把这个名字也提供给俄罗斯使馆。

俄罗斯方面决定单独举行一次为我父亲授勋的仪式，那时我大哥、我和我爱人，我的小弟弟，还有李政文同志参加了授勋仪式。在俄罗斯使馆，大使罗高寿正式宣读了叶利钦签字的嘉奖令，然后将给我父亲的勋章给了我大哥，我大哥是长子。然后，我接受了我大姐的勋章，因为我大姐年纪大没有参加活动，李政文是自己接受的。

罗高寿大使讲，虽然阎宝航先生不在了，他在第二次世界大战中所做的贡献是历史性的，永远记在人民心中。《人民日报》对这件事发表了一个简单的报道。

1950年年初到1958年，中苏关系非常密切的，中苏两党、两国国家关系很好，有很多高层次的会见需要有人翻译。所以1957年1月中共中央办公厅成立了一个翻译组，我被调到翻译组做组长。我们组一共三个人，我们的任务就是为毛主席、刘少奇、周恩来、邓小平他们接见苏联大使或者接见讲俄文的东欧国家大使，或者他们国家的领导人当翻译。

在这个时期，很多重大的活动由毛主席亲自主持或参加。有些活动刘少奇、周恩来、邓小平、彭真等受毛主席的委托主持或参加或率代表团到苏联访问。

涉及党的问题，都是由我们翻译组来承担翻译工作的，我们也请其他的翻译来参加，这种事情实在太多了。

1958—1959 年，由于印度政府的错误政策，发生了中印边界的纠纷，赫鲁晓夫偏袒印度，发表声明，反而谴责中国政府。声明发表的前一天，苏联驻华大使契尔沃年科来要求见毛主席。毛主席当时不在北京，就委托周总理和陈毅副总理见他们。

当时苏联大使就说："你们跟印度边界纠纷，我们不能采取中间的立场。"强调赫鲁晓夫的意思。当场周总理和陈毅副总理就对他的谬论进行批驳，后来就散了。

第二天，赫鲁晓夫的声明就要广播。当天晚上我们就回家了，周总理后来打电话说："你赶快回来！"我马上回到中南海，周总理的秘书马列说："把今天下午苏联大使的声明和讲话赶快回忆起来，用俄文写出来。"我们有记录的，当时我翻译，另外一个翻译同志记录。

第二天早晨周总理约见苏联大使，苏联大使来到西花厅。周恩来就讲："请让我们的翻译同志把昨天的讲话用俄文给你们读一下，看看是否有出入。"接着翻译就念了一遍。

大使听了以后说："这就是我说的，没有一个字说错。"说完以后，周总理和陈毅副总理就批评他，陈毅同志讲得更慷慨激昂："我们在搞地下工作时，在上海我们的环境是那么恶劣，白色恐怖那么严重，我们只要看到苏联领事馆的红旗，我们就感受到很大的鼓舞，重新投入战斗。我们是那样地崇敬你们，结果你们采取这样一种不分是非的所谓中间立场，你们的国际主义到哪里去了？"契尔年科听了无言以对。

在这个原则立场上，周总理想得很周到，把他的谈话记下以后，让你认定。你认定了以后，再批评他。后来，周恩来与赫鲁晓夫见面时，赫鲁晓夫还提到这件事情，说，我们的大使是新人，没有外交经验，被你们狠狠地骂了一通。

我最后一次陪周恩来到苏联去，是1964年10月中旬，这时赫鲁晓夫下台了。苏联驻华大使通知我们，他下台的原因是年迈体弱，辞掉总书记和部长会议主席的职务。当时受中央委托接见苏联驻华大使的是伍修权副部长，我去当翻译。伍部长问苏联大使："除了你讲的这两点原因之外，还有其他原因吗？"大使说："无可奉告，我也不知道。"

毛主席提出来：中苏关系紧张这么多年了，力争缓和一下，毕竟还有个大敌当前。这样政治局讨论决定派一个党政代表团去苏联，参加他们的十月革命庆祝活动，利用这个机会与苏共中央好好地交换一下意见。

周恩来接见社会主义国家驻中国大使时，向他们提出来：现在苏联出现了新的领导，很快十月革命纪念活动到了，我们中央要派一个大的代表团前往参加，由我带队。建议社会主义国家都派代表团。当时许多国家大使表示赞成我们的建议，报告给他们的中央。阿尔巴尼亚大使说："我们理解你们的建议，但是我相信我们的国家将不会派代表团。"周恩来说："我理解，你们自己决定。"因为当时苏联对阿尔巴尼亚施加很大的压力，关系相当紧张。就这样，除了阿尔巴尼亚，其他国家都派代表去了。

十月革命纪念活动是在红场上举行的。当时，我穿着皮大衣，带着皮帽还冷，零下二十几度。周总理只穿了单衣单裤，浅灰颜色的，里面薄薄的一件毛衣，一件夹大衣。当时怕他冷，给他带了皮大衣，成元功给他拿着，在列宁墓下面等着，一直站了三个钟头。

周总理的身体真好，苏联的一些元帅说："周恩来同志，你穿得太少了，你下去吧。"把他拉到观礼台下面的一个休息室，那里有暖气，再下面是列宁墓。

晚上，以苏共中央和苏联政府的名义，在克里姆林宫举行国宴，大厅内摆了几十张桌子，各国代表团都出席了。我陪周总理，还有贺龙元帅在一桌。第二桌是苏联元帅、高级将领，都是和周总理、贺龙熟悉的人，很多都是过去打过交道的。其他的代表团团员都在另一边。宴会开始不久，周总理建议贺龙给元帅、将军们敬酒。他对我说：小阎，你陪贺龙去。周恩来身边是另外一个翻译。我们去了以后，谈得很热闹，因为都是熟人，互相敬酒。这个时候，就看见大厅的那一角过来一个人，穿着元帅服，周总理一看是马林诺夫斯基，因为和他也熟。贺龙说："来为我们两国军队的友谊干杯。"马林诺夫斯基说："我们赶走了赫鲁晓夫，你们要把毛泽东赶走，这样的话我们才能有友谊。"贺龙大怒，声音很大，马上说："胡说八道，毛主席是我们中国人民，以至全世界人民公认的领袖，他怎么能够与赫鲁晓夫一样，怎么能挑动我们打倒毛主席？！"周总理发现这边吵了起来，让他的翻译过来，把我也找过来了。贺龙报告后，周总理大怒，就跟勃列日涅夫说："有意的挑衅！"苏方说："他一定喝醉了。"周总理说："酒后吐真言嘛！"这样气氛非常紧张。

周恩来到莫斯科之后，苏联领导人曾到周总理下榻的地方来看望。周总理当时就告诉他们，是毛主席派我们来的，我们认为应当利用新领导上台的时机，改善我们两国之间的关系。

马林诺夫斯基事件发生后，第二天上午，苏共领导人就来了。周恩来说："这件事反映了你们苏联新的领导继续执行没有赫鲁晓夫的赫鲁晓夫政策，这样的话，我们的工作就无法开展，马林诺夫斯基一定要道歉。"他们说"他喝醉了。"周恩来认为是"酒后吐真言"，是有意识地进行挑衅。这样双方就没有谈下去。最后米高扬说："在对华政策上新领导同赫鲁晓夫时期一样没有丝毫改变。"这样能谈什么改善中苏关系呢？我记得谈了三次，后来没有结果，我们就回国了。毛主席亲自到机场迎接。

对周总理和邓大姐深厚的爱情，我想起一个小例子。

邓大姐喜欢吃苏联那种的巧克力，叫米斯卡，巧克力包装是几个松树，然后是一个狗熊。我们每次去苏联，每人都发给零用费，大概十几个卢布，我们工作人员十几个卢布，周恩来也是十几个卢布。他每次叫成元功到商店，用全部的零用钱买这种巧克力给邓大姐，有时还问我们买了没有。每次都是这样的，这么一点点钱，每次出国都那么俭朴。这么多年来周总理接见外宾，都是那么一套衣服，我做翻译坐在他身边，看到他的膝盖上的布都磨得有点发亮了。到苏联去，他穿中山装。我亲眼看他里面的衬衣是补丁加补丁，不好意思让苏联服务员去洗，都是成元功去洗。

安危与共　风雨同舟

——周恩来与张冲化敌为友的传奇人生

张雪梅、邱清华

张冲的女儿、女婿

周恩来一生的朋友遍天下，他与我父亲(岳父)的关系，可以说是最具传奇色彩的。

张冲，字淮南，浙江乐清人，生于1904年2月。1930年初，张冲担任国民党“中统”的前身中央组织部党务调查科总干事，是这个特务机构的二号人物。

1931年4月下旬，中共中央出了叛徒顾顺章，他供出了中共中央机关的地址，还供出了周恩来等中共领导人的活动方式和经常藏身的地方。当时，张冲奉命立即赶往上海搜捕，准备把共产党中央一网打尽。幸亏国民党中统调查科主任徐恩曾的机要秘书钱壮飞是中共秘密党员，他截获这个秘密情报后，抢先一步通知了中共中央。周恩来得知这一紧急情况后，立即与陈云商讨对策，并在聂荣臻、陈赓、李克农、李强等人协助下，神速、果断、干净利落地处置了一切，使张冲处处落空，没抓到一个人。

组织上消灭不了，要设法在舆论上搞臭。于是，张冲又生一计，

1932 年 2 月，他和国民党中央调查科驻沪调查员黄凯合谋，炮制了一个所谓“伍豪等 243 人脱离共党启事”，在上海《时报》、《新闻报》、《申报》、《时事新报》等报纸相继刊出，企图用这个谣言制造“骨牌效应”，诱使意志不坚定的共产党员叛变。

其实，周恩来当时并不在上海，他早在 2 个多月前就已机敏地摆脱敌人追捕，到了江西苏区。所以，中共上海地下党立即识破了阴谋，及时给予反击，在《申报》上迅速作出辟谣举措，张冲的阴谋没能得逞。中共中央在 2 月下旬，还以中华苏维埃临时中央政府主席毛泽东的名义发布公告，揭露此事“纯系国民党的谣言”，为周恩来作出公开澄清。但这一事件后来在“文革”中成为江青一伙诬陷周总理的“重磅炮弹”。

1935 年 11 月，张冲当选为国民党中央执行委员。西安事变后，张冲更受蒋介石的重用，奉派到西安与中共代表周恩来进行谈判，由此开始了与周恩来之间的直接交往。

周恩来曾说：“我认识淮南先生甚晚，西安事变后，始相往来，然自相识之日始，直到临终前四日，我与淮南先生往来何止二三百次，有时一日两三见，有时且于一地共起居，而所谈所为辄属于团结御侮。”从西安开始，到杭州、庐山和南京等地，张冲和周恩来前后进行了五轮谈判。他陪同周恩来“一登莫干，两至匡庐”，面见蒋介石，为抗日救国大计奔走操劳。他和周恩来虽然政见不同，但为共赴国难，能够摒弃前嫌，存异求同。

周恩来与张冲的性格非常相似，两人都善于辞令，富有外交才能，都是既着眼大局又关注细节的谈判高手，用心缜密，善于借助各种合力来促成谈判。人的性格和品行，智慧和魅力，往往会在激烈冲突的时候，最能毫无遮掩地展现出来，让对手一览无余地看透心底。张冲正是在和周恩来的激烈冲撞与交锋中，逐渐估量对手，认识对手，发现在对手的身上，也有着自己所欣赏和认同的品质：为人诚恳谦和，处世认真有信，报国尽忠有恒，谋事才智过人。因此两人一见如故，相见恨晚，建立起日渐深厚的友谊。

张冲从周恩来的身上，感受到了他的人格魅力。所以他后来说："当前日寇侵略日亟，共产党也是有爱国心的，为什么不可以联合起来一致对外？！"还说："我深切认识到国共合作则兴，不合则亡。剿共剿了十余年，民力、财力耗尽；村舍为墟，民不聊生；外债高筑，国际地位日落千丈，如再打下去，恐难免被日本蚕食俱尽。我自受命以来，夙夜忧惧，明知接受共产党提出两党合作抗日的主张，会遭到总裁的谴责，但念民族垂危，国将不国，如果有一点机会能挽狂澜于既倒，我当好自为之。至于个人的利害得失，非所计也。"

谈判是妥协的艺术。张冲和周恩来都以国家民族利益为重，竭智尽力调合谈判的条件：有时还设身处地考虑对方的难处，想法提出善意的建议，推进问题的解决。1937 年 3 月 1 日，张冲曾向周恩来建议，中共可通过蒋经国的关系来做蒋介石的工作。周恩来认为是个好主意，当天就电告中央，建议从速与共产国际商量。后来协力促成蒋经国回国。在谈判取得初步成果后，双方对共同宣言的发表方式又产生分歧。张冲提议派遣一个中央视察团，对延安等红军辖区进行调查了解，以此缓解僵局。周恩来赞同，但认为这一个团应改称为考察团，以示平等。经协商认同后，他们精心组织，促成了 1937 年 5 月下旬国民党考察团对延安等地的访问。这是国共内战十年后，国民党第一次正式实地考察中共和红军辖区。双方通过增进理解，营造合作氛围，对和谈起了促进作用，留下了国共关系史上的一段佳话。

由于西安事变后国共谈判的成功，两党重新携手，二次合作，并肩投入了壮烈的抗日战争，周恩来与张冲为此做出了杰出贡献。

1937 年 8 月初，鉴于抗战全面爆发的紧急形势，为寻求国际援助，张冲奉蒋介石之命，接受了与苏联进行军援谈判的任务；与中共谈判的后续事务，转由康泽接管。康泽是复兴社有名的十三太保之一，对中共怀有敌意，在谈判中经常为难找茬，与张冲形成鲜明对比。所以，周恩来感慨地说："国内团结少先生参加者却近半年，接替之人竟至一翻成议，肇成以后纠纷不解之局。"周恩来对此感触至深，"引为憾事"，更觉得张冲"一身关系之重"。

张冲赴莫斯科谈判之前，曾与叶剑英商量，希望中共派人同行，后来因故未成，又请叶剑英代为联络，安排他在西安与周恩来见面，请周恩来介绍他与中共驻共产国际代表团团长王明见面。张冲到西安后，得到周恩来的帮助。周恩来给了张冲一张名片，并与博古一起在上面写一句介绍语："张冲先生奔走国共合作工作，卓著功勋，请以同志关系接待。"张冲凭着这张名片，后来在莫斯科与王明会见，为实现与斯大林的直接会谈，起了促进作用。

当时，国共关系经过短暂的蜜月期，由于国民党背信弃义，矛盾冲突越来越多，周恩来在重庆就国共在华北等地的军事摩擦事件，几次与蒋介石交涉无果，准备返回延安与中央研究解决办法。1939 年 6 月 18 日早上，周恩来准备乘飞机去西安。当他在邓颖超、叶剑英、童小鹏等人陪同下，来到重庆珊瑚坝机场时，却受到阻拦。检查人员一定要周恩来出示离境证明才予放行。正在争执时，恰巧张冲送一位客人来到机场，得知情况后，张冲请周恩来等人稍候，由他去想办法解决。张冲立即驱车赶到蒋介石官邸，经他说明情况，终于拿到准予放行的手令。再回机场时，周恩来和邓颖超、叶剑英等十分高兴，连连道谢。在场的童小鹏恰好带着相机，为他们拍摄了几张合影。当天的飞机延至中午才起飞。张冲一直把周恩来送上飞机才离开。

周恩来回延安后不久，因坠马折臂，在延安治疗效果不佳，中共中央决定送他去苏联医治。为解决出延安的交通困难，叶剑英和陈家

1939年6月，张冲与周恩来、邓颖超在重庆机场（童小鹏摄）

康在重庆找张冲接洽，希望国民党方面能派飞机把周恩来从延安接到兰州，然后搭苏机赴莫斯科。张冲联络安排，帮助解决了这件事。

在这之前，周恩来在2月上旬碰到一个难题，也因张冲的协助而解决。当时，新四军正副军长叶挺和项英在工作上产生分歧和矛盾，叶挺要求辞职，回到了重庆。为妥善解决问题，中共中央决定由周恩来去皖南调解。然而，当身为国民政府军事委员会政治部副部长的周恩来向蒋介石请假离重庆时，却未能获准。周恩来转而向张冲求助。张冲给他出主意，建议周恩来以回浙江绍兴老家祭祖为由，向注重孝道的蒋介石请假，然后顺道去皖南。此招果然有效，于是周恩来便有了1939年春天在抗日烽火中的东南之行。他在悼念张冲的文章中说："民二十八年春，我有江南之行，是夏，复北返延安，均赖先生助其成。"

1941年8月11日，张冲不幸在重庆逝世，年仅38岁。周恩来闻讯极为悲痛，他亲致挽联："安危谁与共？风雨忆同舟！"短短十个字，一个问号，一个感叹号，饱含深意和深情。周恩来当时还电告中央，建议捐款 3 万元资助张冲追悼会，以表明中共的态度。后来毛泽东、朱德等中共领导人都致挽联哀悼。毛泽东、林伯渠、吴玉章、董必武、陈绍禹、秦邦宪、邓颖超 7 人联名的挽联是："大计赖支持，内联共，外联苏，奔走不辞劳，七载辛勤如一日；斯人独憔悴，始病热，继病疟，深沉竟莫起，数声哭泣已千秋。"朱德、彭德怀的挽联是："国士无双，斯人不再；九原可作，万里相招。"

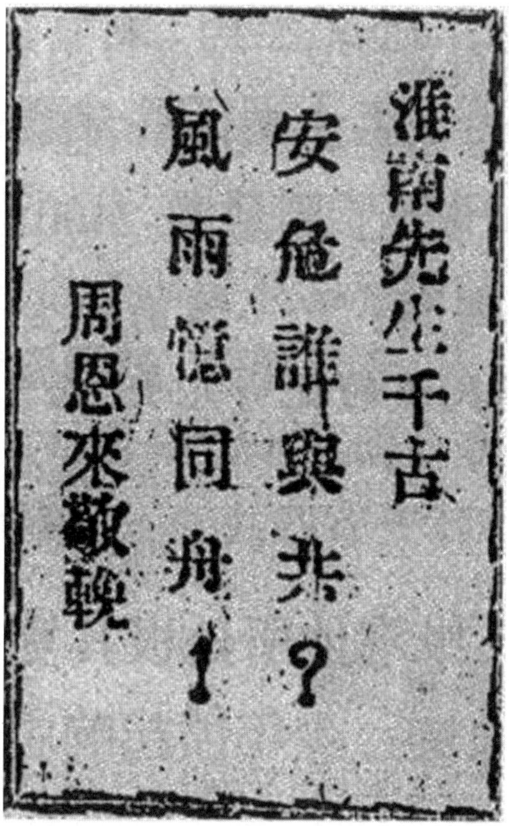

1941 年 11 月 9 日，重庆《新华日报》发表周恩来致张冲挽联

当年 11 月 9 日，张冲追悼会在重庆隆重举行。蒋介石表情肃穆，到场祭奠，会场内挂出他亲笔写下的挽联："赴义至勇，秉节有方；斯人不永，干将沉光。"周恩来和董必武、邓颖超等率中共驻重庆办事处人员前往吊唁。周恩来含泪致辞，沉痛哀悼，还在当天《新华日报》头版发表亲自撰写的《悼张淮南先生》作为代社论。这篇 2200 多字的悼文，充分肯定张冲"奔走团结勠力御侮"的历史功绩，称赞他"不愧为国家民族之栋梁"。文中说："淮南先生虽死，其至勇至谨有恒有方的精神，犹照后人"；"碧血丹心，精忠报国，都是我们中华民族的优秀

儿女，而淮南先生正是其中杰出的一个。”周恩来在这篇文章中，还详尽记述了他和张冲从相识到相知的经过，充满真挚的情感。周恩来在追悼会上致辞时，说到动情处，几度哽咽。他说：“先生虽非决最后大计者，然其任事之勇，奔走之劳，已匪异人任了。”他感叹道：“先生既逝，联络乃似中断。嗣每遇风波，辄增先生不在之思，而每念先生，更兴安危谁共之感。”“淮南先生虽死，其至勇至谨有恒有方的精神，犹照后人，必有许多继起者补其岗位，替其职守。这是我们最所企祷，也是全中国人民最所热望的了。“

家父能够得到周恩来这样的高度评价，得到中共领导人的如此厚爱，这在国民党人中可以说是绝无仅有的，作为后辈、亲属，我们深受感动和教育，也使后人对他们超越党派的友谊，有了深切的体会。我们每次诵读，都禁不住热泪盈眶，暖流回肠。“历尽劫难兄弟在，相逢一笑泯恩仇”，周恩来与张冲的故事，是诠释这一个诗句最为经典的范本。

父亲不幸逝世后，远在家乡乐清的雪梅和兄长张炎被急电召往重庆奔丧。遗憾的是，雪梅刚上路不久就病倒了，没能成行。张炎到重庆后，在追悼会上见到了周恩来。周恩来对年方 20 岁的张炎很是关心，安慰他说，张冲的孩子就是我的孩子，今后有什么困难尽管来找。

50 年代初，张炎因工作无着，贸然到北京找周总理求助。周总理在家里接见了张炎，把他安排在华北人民革命大学学习。“文革”中张炎去世，他的遗孀在 1972 年 12 月又写信向周总理求助，周总理指示：对张炎的逝世向家属表示亲切慰问。同意信中提出的要求，张炎的女儿可到山西落户并安排工作。这件事让我们感念至深。周恩来在“文革”时，每天有多少国家大事要操心啊，可是张冲后人的这么一件小事，他还记挂在心，亲自给予帮助。当时周总理自己也身患癌症、身陷险境，想到他在这样的境遇下还关怀我们，真是感激涕零。

改革开放后，随着政治形势的变化，张冲的名字又重新出现在报刊媒体上。1991 年，家父的遗骸在重庆找到，迎回家乡，准备实现他归葬故里的遗愿。中共中央统战部于 1992 年 11 月 25 日发文，同意以乐清市人民政府的名义，修筑张冲墓，并拨款予以资助。1995 年 5 月，家父终于魂归故里，安葬在故乡琯头村旁的狮子山上。墓地背靠青山，面对瓯江，墓碑上镌刻着周恩来的手迹“张淮南先生”几个大字。

周恩来与父亲张冲肝胆相照的友谊，留下了两个阵营对手化敌为友的传世佳话。

（注：张雪梅与邱清华抗战初期参加革命，曾是我游击队的领导人。邱清华后任浙江省政协副主席。本稿系马雨农代笔）

忆和周恩来的几次会面

杨振宁

著名物理学家、诺贝尔奖获得者

20世纪50年代初，我在国外通过看中文的、英文的报纸，已经对周恩来总理的为人，有了一些了解。直接受到周总理的关心，是在1957年夏天。那时，我要去瑞士日内瓦工作几个月。此前几个月我写了封信给我父亲杨武之教授，他在复旦大学教书。信中说，我跟我太太，还有孩子要到日内瓦去，问他可不可以也到日内瓦去，和我们见面。后来他告诉我，他写信请示国务院得到批准，听说是周总理亲自批了“可以”。这样，他就坐飞机到达日内瓦，跟我们团聚了一个多月。

1960年，1962年，我母亲又两次去日内瓦和我们见面。1964年年底1965年年初，我父母和我当时在上海的弟弟杨振汉、妹妹杨振玉，又到香港，我们团聚了半个多月。通过这些团聚，我对于国内的情况有了更多了解，尤其是感受到国内各方面的人士都对周总理十分崇敬，这给我留下很深的印象。

我和周总理直接接触是在1971年，恰逢中美之间展开“乒乓外交”，两国关系开始走向正常化。那年春夏之交，我打电报给在上海的我父亲，希望能回国探亲访问。我父亲写信报告北京方面，得到周总理批准。我在中国驻法国大使馆拿到了签证。那个签证还不是在我的美国护照上，是另外发的一张纸。因为那时候中美没有建交，中国不承认美国的护照。

我从巴黎坐飞机到上海，1971 年 8 月我弟弟、妹妹陪我到北京。在北京，见到了我岳父杜聿明先生跟他的夫人。有一天，我接到一个通知，说是周总理请我吃饭。那天杜先生跟杜太太，我弟弟、妹妹跟我五个人到人民大会堂，周总理同我们谈了好久，前后差不多有 6 个钟头。

那以后我先后 4 次回国，周总理每次都请我吃饭、交谈。

周总理第一次和我见面谈话的时间最长。我的印象是：他非常关心海外的侨胞。他对美国的情形了解得很清楚，他问了我很多问题。问我关于美国学生运动的情形：学校里的风气，教师的待遇；美国的种族问题；社会上有没有严重的贫富不均的问题；华裔在美国社会上的地位、影响，有没有受到歧视，还问了我的学术工作。他对海外华裔的学术界人物了解得很多，问我认识不认识他们，以及他们当时的情形。

1971 年我回国探亲访友之前，许多华裔的、非华裔的朋友都跟我讲，你不要去，去了很危险，可能要被中国扣留。为什么呢？学术界很多人都知道，苏联有一个很有名的物理学家叫克皮察，是有名的低温试验物理学家。俄国大革命以后，到英国剑桥去工作。20 世纪 20 年代末 30 年代初他常常在假期回苏联探亲访问，都很好。但 30 年代初有一次他回去了，斯大林下令把他扣住，以后又把他的亲属从英国剑桥接回苏联。因此，朋友们对我当时回国也心存疑虑。我对他们说不会的。我所以有这样大的信心，是因为通过我父亲、母亲、弟、妹的介绍，我对中国是了解的，我也了解外交方面的事情是由周总理主持的。我知道周总理是绝对不会在我不愿意的情形之下扣留我的。果然，不但是对于我，对所有从海外回来的人，中国的政策都是非常明确的。

特别值得一提的是 1973 年夏天，我太太跟我第四次到北京访问，周总理又特别请我们在人民大会堂吃饭，出席晚宴的还有我的岳父岳母和张春桥。周总理介绍我见了邓小平。那时，邓小平刚刚从他下放的地方调回中央来，周总理特别希望我跟邓小平见见面。我后来猜想，周总理当时已经做出安排，希望邓小平接下来主持各方面的工作。那是我第一次见到邓小平。

1976 年年初，我在报纸上看到周总理过世了。那个时候，纽约一些华侨社团组织了一个周总理追悼会，去的人很多，约有一两千人。追悼周总理的文字是我写的。悼词后来印在我出版的一本小书里。

我 1971 年第一次回国返美以后，很多人问我，周总理那么忙，为什么请你吃饭，花了那么多时间？我说：我相信周总理要借这个机会告诉全中国人民，中国的政府对于科学技术，对于教育界人士是非常关注的。

第一次回中国后，我觉得我有责任在中国和美国之间起桥梁作用，有决心尽我的力量帮助中国在科学方面发展。1972 年第二次回国后，我觉得可以具体地提些建议。我记得在北京、在西安我见到了一些老科学家，他们在"文革"时期被下放去做一些毫无意义的工作，这是浪费他们的时间和精力。所以我跟周总理说：基础科学不能够忽视。当然中国应用的事情更重要，需要动手的事情中国非常需要的。可是从长远讲起来，这么大的国家，如果不发展基础科学，将来前途是非常危险的。据了解，周总理把这些话跟毛主席谈了，他们两个人认为我讲的有道理。据说，周总理告诉周培源先生，要他落实这件事情。周培源当时任北京大学副校长。周培源先生就写了一篇文章，在

《人民日报》上登出来。我看过这篇文章，文章就讲了这个经过。后来这篇文章被张春桥他们围攻。由此可见，周总理当时不只是在科技方面，在几个方向上有非常大的希望和决心，在努力。可是受到“四人帮”的干扰，他的处境是非常困难的。

1976 年 2 月，我在纽约参加周总理的追悼会，那时中美还未建交，我记得在会场周围有许多受到台湾指使的人，拿着牌子在那儿叫嚷，因此有很多警察在维持秩序，当时是很紧张的。周总理在海外华侨中，声望特别高，影响很大，追悼会得以顺利进行。我对周总理的为人有些认识，对他的影响有些认识，所以我听到周总理遗言，要把他的骨灰撒在中国的大地上的时候，非常之感动，流泪很久。我想他是一个真正伟大的人物。

在这个追悼会上我讲了一段话，最后一段是一个总结性的话，内容如下：

“周总理逝世于 1976 年 1 月 8 日，在新中国的首都。他贡献了他的一生，无私地为人民服务，我们可以说这一个伟人的一生的历史，就是新中国的孕育的历史，就是新中国的诞生的历史，就是新中国的成长的历史。他是中国人民的英雄。”

遵照周总理的遗嘱，他的骨灰将被撒在中国的山川河流中，他的身体将永远散布在一个伟大的国家的每一个角落，他的精神将滋长在一个伟大的民族的精神里面，他是这个民族永恒的榜样。

如果不是“文化大革命”，周总理现在还活着

荣高棠

中顾委秘书长、原国家体委主任

1937 年，我从延安调到重庆，担任南方局青委委员。皖南事变后，《中国青年》编辑部 3 人被捕，供出我，周副主席知道我已暴露后，派人来救我，没找到。第二天又派人开车来接我，让我什么东西都别拿，立即上山，派我到川康去。不到半年，我又调回红岩。这是 1941 年 6 月 22 日。1945 年年底我被调到军调处。

我当时只有 20 多岁，精力都赶不上周副主席，他整天工作，组织部组织投奔解放区的人从重庆去延安，我去汇报工作都是在后半夜，送走人已到早晨，他洗洗脸又进城了。他非常认真，精力非常充沛，像个铁人一样，如果不是“文化大革命”，他现在还会活着。

红岩有个乐氏家族，我的儿子 3 岁，名字叫小乐天，是周副主席和邓大姐起的。我保存了两张照片，一张是周副主席抱着我的儿子小乐天，旁边站着的是叶挺将军的小女儿扬眉(后来跟叶挺将军一块坐飞机飞延安时，飞机失事牺牲了)；另一张是邓大姐抱着小乐天，周副主席在照片旁题了诗，写着“赛乐天题双乐天图”，他自称赛乐天。他们工作之余休息的时候，常常过来抱孩子玩一会儿。邓大姐说，这

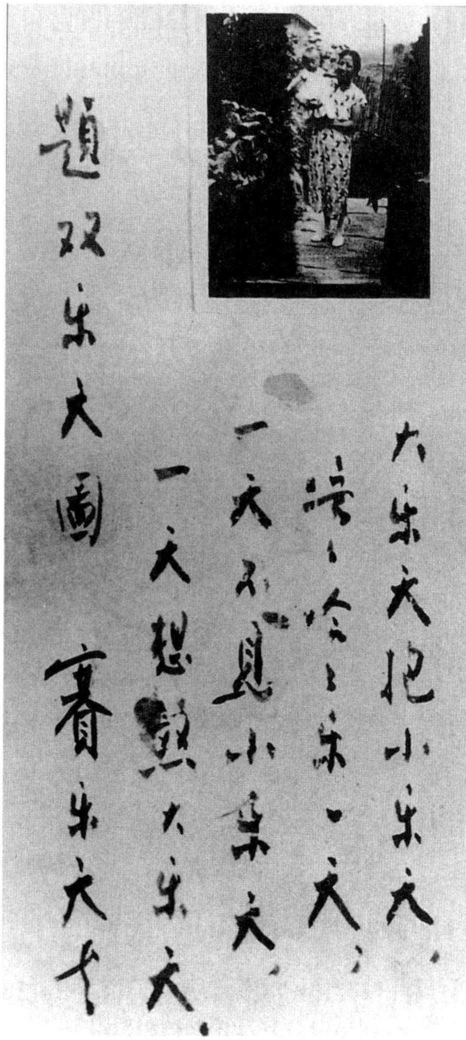

孩子爱乐，就叫乐天，他叫小乐天，我就是大乐天，所以周副主席自称赛乐天。诗是这样写的：

大乐天抱小乐天，
嘻嘻哈哈乐一天；
一天不见小乐天，
一天想煞大乐天。

“文革”中，我被关了起来，先是关在北京卫戍区，1975 年把我送到江西干校劳动。1972 年小乐天快要病死了，要见我一面。而我被关着，不能见。邓大姐知道了，对周总理讲，小乐天病危，想见见他爸爸。周总理批给张才千副总长，我才从被关押的地方出来，去医院见了孩子一面，没说几句话。我说：你好好地养着，爸爸来看你了。这是大乐爸和大乐妈让我来的。我坐了一会儿，他看到我后咽气了。1979 年我从干校回来，去看望邓大姐，邓大姐说：我们这个乐氏家族啊，赛乐天去了，小乐天也去了，就剩我们了。

我在体委工作时，与周总理接触很多。

一次，我们陪周总理到机场送外国元首，礼宾司长余心清见飞机走了就要坐车回来。周总理挡住说，不能走，飞机起飞了还要在机场上空转几圈后才能走。在飞机飞走前我们走了，在外交上很不礼貌。以后立下规矩，周总理不走，大家都不能走。

1955 年印度排球队来华，周总理交代：要做工作，不能让印度队输得太多，第一场国家队赢了。第二场公安部队工作没做好，又赢了。客人不高兴。周总理说："高棠脱不了青年气，打球非得赢不可。"

外国足球队与国家队比赛，客队态度粗野，群众不满，围攻客队。周总理夜里 3 点打电话："高棠，你们怎么搞的？"让我立即去解决。

他对体育工作非常支持，也喜欢体育工作。

1959 年世界乒乓球赛，容国团获得第一个冠军，周总理亲自接见。第二十六届世乒赛期间，他出访时回到云南，每天听比赛消息的广播。

与社员在田间亲切交谈

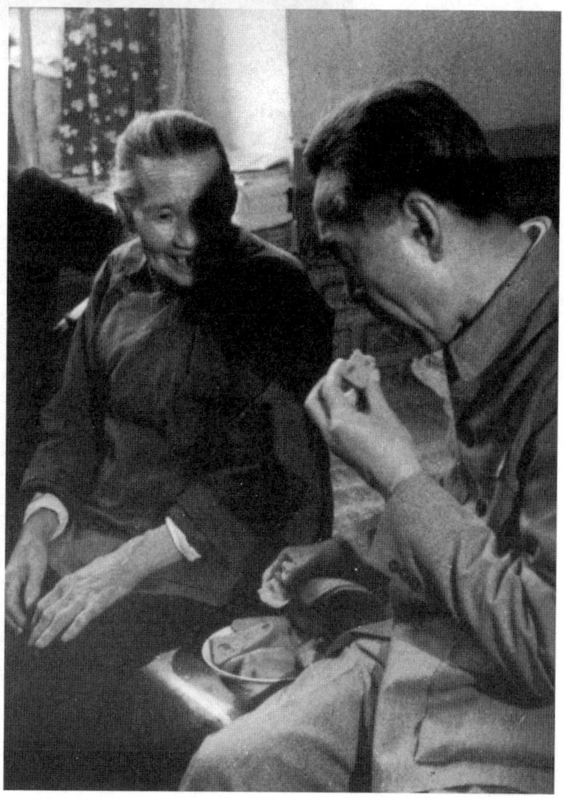

在农民家里

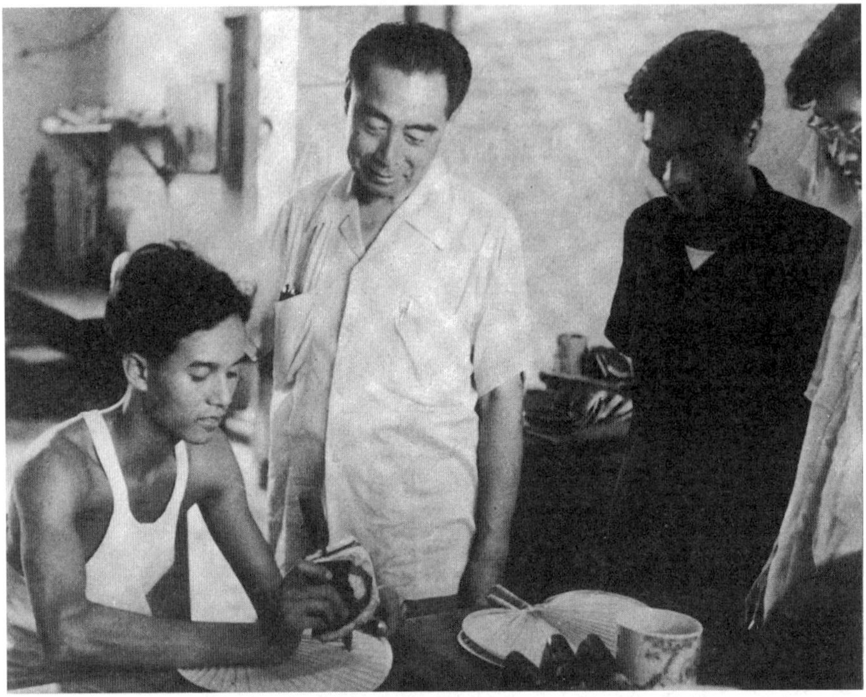

视察广东省新会县葵艺厂时，顺手拿起一把扇子，为青年工人扇风

在新疆和田丝织厂视察

邢台地震后，在宁晋县东汪村公社看望村干部

和优秀运动员在一起

同售货员谈心(右为邓小平)

1960 年，周恩来在贵州同黔灵小学教师交谈

和文艺界人士在中南海。后排左起：阳翰笙、周恩来、白杨、邓颖超、舒绣文；前排左起：阿英、张瑞芳、孙维世、金山

会见前线话剧团的演员们

和全国科学规划会议的代表们（中排左起为宋任穷、聂荣臻、李富春、郭沫若）

在北京广济寺参观

在乌鲁木齐接受维吾尔族青年献花(左为陈毅)

和傣族群众欢度泼水节

视察海军南海舰队

和少先队员们

回忆周总理几次接见末代皇族

金志坚(爱新觉罗·韫欢)
末代皇帝溥仪之妹

周恩来总理第一次接见我们全家是在1960年1月26日。那个时候，溥仪特赦回来不久。之后，有人通知我们说，领导要接见我们兄弟姐妹几个人。那天我刚放寒假，做完大扫除，我们学校校长就告诉我说，区里领导来电话说，让我先别回家，一会儿就有车来接我，有领导要接见。我因为做完扫除，身上全是土，想回去换衣裳，但是来不及了。车来了以后，我又跟司机同志提出来，无论如何得换件干净衣服。我当时不知道是周总理接见，只知道是中央领导同志接见。接我的人说“不行”，好容易把你找到了，你再回去换衣裳，来不及了。坐上车以后，司机跟我说，现在去政协礼堂，今天是周总理接见你们全家。当时我特别紧张，也激动，就想，见到周总理说什么？只好穿着那一身沾满尘土的衣裳，再穿上棉大衣就去了。

乍见到周总理的时候，心里真的特别紧张，把想好要说的话都忘了，什么也没说。周总理问时，我就说了一句：“刚才正上着班呢，就赶紧来了。”周总理又问：“你请假了吗？”我回答说：“已经请假了。”

那天，周总理主要是跟溥仪谈了工作和学习改造的问题，周总理

1960年1月，周恩来接见被特赦的爱新觉罗·溥仪(中)及其亲属载涛等

说：你到研究所一边学习，一边工作，这样对你的身体比较好，还可以参加政治学习。你检查身体后，可以订个三年计划，学一点自然科学知识，学一点本事。你写的书(指《我的前半生》)基本上是要同旧社会宣战，这是不容易的事，你创造了历史上的一个新的例子，但基础还不巩固。改造思想，第一要有客观环境，第二要靠主观努力。现在民族平等了，各民族共同发展。满汉要团结得更好。你要努力学习，搞出点成绩来，这对你个人有好处，对人民有贡献，对满族也有好处。你学得还不够，要努力学习。清朝的八旗制度后来腐败了，实际上是削弱了自己。清朝被打败了，满族倒复兴了。你们家族要帮助他，一个家庭也有左、中、右，你的书最后未定稿，还要改得完善一些。这是旧社会的一面镜子。这本书改好了，就站得住了。另外是谈对祖国大好形势的认识，因为溥仪也参观了好些地方。

谈完以后，周总理就留我们吃饭，在政协的餐厅。周总理专门让做的都是他家乡的淮扬菜，小笼蒸包子。说：这是我家乡的，你们都好好地尝一尝。他没怎么吃，让我们吃。还给倒酒。他平易近人，谈笑风生，我也不那么拘谨了。周总理还跟溥仪讲了如何对待困难的问题。那时正是困难时期。还让他谈一谈对新中国有什么感受。

周总理还说，你们那时候清朝的礼节特别多，见着老磕头。现在谁见着我给我磕头的话，我觉着都是骂我的。他举了一个例子，说谭富英的夫人就敢于反抗那些封建的礼节，她就不给她公公请安，赞扬了她。我五姐夫万家熙，是万绳轼他们家里的。周总理说，我的母亲家里姓万，可能还跟你们一家子呢。这么一说，大家都感到特别亲切。

最后，周总理说，本来想让你们到西花厅我家里去，因为家里还在修房，所以今天就在这儿了。邓大姐身体有点不舒服，以后到家里去，邓大姐还要见见你们呢。

1961 年 1 月 30 日，周总理又通知我们到西花厅，并派汽车来接。我这次心情就不那么紧张了。邓大姐非常热情地招待我们。她问我在哪儿工作，我说在小学工作。她说："那咱们还是同行哪！"她在北京实验小学教过一段书。

这次周总理要我们都去，是要商量溥杰的日本籍妻子嵯峨浩是否可以来中国的事，就这件事统一一下思想。那时，嵯峨浩给周总理写信，要求能到中国来，跟他丈夫团聚。溥仪是最不同意的。因为他深受日本关东军的害，恐怕她是日本特务，或是日本什么界派出来的人。我记得总理头一个问的是溥仪。接着就问我。问一个年龄最大的，一个最小的。我说，我觉得日本女子差不多都是从一而终，她既然能够等这么多年，她可能没有别的想法，或许是要跟我二哥团聚。其他人还有些不同的意见。我那几个姐夫，有郑孝胥的孙子，有万绳轼的儿子，分别都提出自己的意见，后来我的姐姐，我四哥夫人，基本上都同意了。周总理先听听大家的意见，然后才说：咱们中国这么大，一个日本的女人咱们还能容不下吗？我想那意思是说，虽然中日还没有建交，但她回来还是可以的。他又跟溥仪做了工作，因为周总理表态了，溥仪没再提自己的看法和意见，没说什么。周总理对溥杰表示，欢迎他的日本籍夫人嵯峨浩回中国来。并建议他给夫人写信，把新中国的情况告诉她，说政府已同意她回来，来后过不惯还可以回去；告诉她中国没有皇族了，是个社会主义国家，现在生活都一样了，没有人高人一头的现象，让她也站在一个平民的立场上，过人与人平等的生活。

这次接见后，是在总理家里吃的饭。那天是除夕前两天，是困难时期。周总理直说是家宴，邓大姐也说这是家宴，他们想尽办法把家里的东西都拿出来。邓大姐还说，今天你看把我们的家底儿都给你们拿出来了。熬的有周总理家乡的紫糯米粥，给我们一人盛了一碗，把总理存的一点白糖都拿出来了。还包了好些饺子，做了菜。周总理还给我们斟酒，茅台酒。我因挺激动的，周总理一让酒，我也就喝了。周总理和邓大姐都没怎么吃饭，净让我们吃，我们一会儿就把一桌饺子、菜都给吃了。邓大姐一看说，不行，赶紧到厨房又端出几盘馒头。那天在周总理那儿，也算是过除夕吧。周总理说，借这个机会，让大家一块儿团聚一下。那时，周总理也困难啊，却对我们的关心无微不至。

1961 年 6 月 10 日，这次，周总理还是在西花厅家里接见我们。此前，嵯峨浩已经接到周总理正式邀请来中国了，她跟她母亲，她妹妹町田干子，她妹妹的女儿户生都来了。周总理让她们到北京参观。我姐姐、姐夫还陪着他们到颐和园、北海公园，看看北京的名胜古迹。

这回人特别多，我七叔载涛，我那几个姐夫等也都去了。与上次一样，也在西花厅门前照相。周总理说因为是满族人，所以给你们请的客人都是满族的。请来的有老舍和他的夫人胡絜青，程砚秋的夫人果素瑛，还有统战部的徐冰部长等。落座后，周总理先讲当前的形势，中日关系、日本侵略中国等。翻译有的时候没把他的话都翻译过来，他挺着急的，说："你把我说的话都翻译过去。"周总理阐明中国共产党的态度是"平等待人，有无相通。地不分南北，人不分肤色，四海之内皆兄弟"，"我们共产党的目的就是要把世界搞得美好，使大家都能活下去，而且过得好。"谈到日本问题时说，日本军国主义从1894年至1945年，损害了中国人民。但这已经过去了，中日两国有近两千年的来往，我们应该向前看，应该努力促进中日两国的友好关系，恢复邦交，发展经济文化交流。谈到民族问题时说：要恢复满族应有的地位，不能歧视他们，民族同化是将来自然发展的必然结果，但不能强制。对嵯峨浩愿意做一个中国人，为促进中日两国友好、恢复邦交而努力的决心，表示欢迎和鼓励。

周总理接见中，我们有心里话都愿意跟他说。周总理也说到溥杰大女儿慧生。她因为要跟日本人结婚，最后就自杀了。周总理说，这个女孩子在抚顺时还给我写过一封信，要求跟溥杰通信。这个女孩子挺勇敢的，以后你给我拿张她的照片来吧，留个纪念。

他们又说到二女儿嫮生，想把她留在中国，但她还愿意回日本，征求周总理的意见。周总理跟溥仪和溥杰说："你一个中国人还可以跟日本人结婚，日本人也可以跟中国人结婚。"翻译译过去这句话以后，嫮生特别感谢周总理，就起来给周总理深鞠了一躬，说我从心里头敬佩你。从那儿以后，周总理又说，以后嫮生可以来去自由，我可以特批她。也跟嵯峨浩说，你来到中国了，以后你愿意回日本的话，我可以特批。嫮生在一本书上写的有些不正确的话，周总理给她提出来，她听周总理的，说回去以后一定要把这本书修改一下。

当时是困难时期，周总理给他们一个特供证，可以到友谊商店去买东西，买油买糖都可以买，他们也都从心里真的特别感激周总理。

那个时期我们都很困难，他们却不困难。周总理让溥杰去友谊商店买东西主要是照顾嵯峨浩，他从来没有借此给我们也从友谊商店带点东西，这点我觉得溥杰还是做得比较好的。

1961 年 6 月中旬，周总理会见越南总理范文同，让溥仪作陪，我们也参加。溥仪在党和国家的政策的感召下，能由一个伪皇帝变成一个中国公民，全世界都没有这样的情况。他现在生活还特别好，周总理想把这个情况介绍一下，让范文同知道这回事。

周总理接见我们，都要问每个人生活有什么困难，让秘书记下来。我的几个姐夫，当时没有工作，后来，都根据他们的具体情况安排了工作。后来周总理特别忙的时候，让习仲勋副总理、徐冰部长、廖承志跟他夫人经普椿招待过我们。这种情况一直到“文化大革命”。

“文化大革命”中，我们家族都不敢互相来往了，都怕谁有事，真是特别紧张。“文化大革命”后期，我们兄弟姐妹见面一问，都没受冲击。听溥杰说，咱们所以都能幸存，没出什么事，主要是周总理的关心。

对于我们这些人来说，周总理就是我们全家的大恩人。我从心里头感谢周总理。虽然周总理逝世了，可是每年看到放周总理的纪录片，全家都看，一边看一边难过好些日子。后来看王铁成演的周总理，觉得演得非常的好，也特别受感动。我买了一本王铁成写的《我演周恩来》那本书，看完了那书，一夜都没睡，我想接着看下去，一看就想着周总理，一边看一边心里头特别难受。我也特别想有机会能够说一说心里头对周总理的崇敬、敬仰和怀念。

雾重庆的文艺斗争——回忆恩来同志

张 颖

全国剧协书记处原书记、外交部新闻司原副司长

1937 年 7 月，日本帝国主义向中国发动全面侵略战争，抗日战争的烽火弥漫全中国。我像当时许多青年学生一样怀着满腔热情从祖国的最南方，投奔到革命圣地——延安。那时我仅是个十来岁的女孩子。1939 年夏天，领导同志突然告诉我，给我分派了新的工作，叫我立刻去杨家岭集合。我一口气跑到了集合处，是山下一列平房，已经有不少男女同志在那里热烈地互相谈话。

不一会儿一位领导同志随着爽朗的笑声走进来，同志们向他涌过去。我还不知道他就是周恩来副主席。一会儿他走近我，笑着问道："你是小广东吧？要把你调到蒋管区工作，怎么样？"那时我心里真难过，委屈得要哭了。"我是从国民党地区来的，我要去前方打仗抗日。"我的话引得恩来同志哈哈大笑起来。他说："哪里都有工作，哪里都是抗日，你慢慢就会懂得的。"于是，1939 年 7 月我被调到重庆第十八集团军办事处。

1940 年 8 月底，恩来同志去苏联治疗臂伤后经延安返回重庆，在红岩八路军办事处工作的同志们都非常高兴，因为他回到红岩使整

个气氛都改变了，大家在生活上好像也活跃起来，所有同志对他都非常尊敬爱戴。恩来同志本人对大家都很亲切，没有一点首长架子。

有一天，我抄完急电，童小鹏不在，我拿着一叠电报到恩来同志处，他很快专心地读完，抬头看见是我，有点惊愕地说："你不是那个小广东吗？"

我点点头。

他问："你在机要科工作？"

我点点头。

他又问："你在延安是哪个学校的？"

我说："是鲁艺的。"

他又问学什么的？我回答戏剧系，又加上一句：我不喜欢演戏，我喜欢文学，但那时候还没有文学系呢。

他又问："你演过戏吗？"

我说演过《农村曲》、《军民进行曲》，都是歌剧。因为我说话带广东口音，只能唱歌。

他突然像想起什么，哈哈大笑起来："你就是《农村曲》里的春姑吧？"

我又点点头。

"那你在延安还是个名角嘛！"他又笑起来。

我挺不好意思地拿回电报回头就跑了。

不久以后我就被调到曾家岩五十号南方局文委，在恩来同志领导下做文化界的统一战线工作。

记得我到文委工作后不到半年，恩来同志有一天和我谈话，问我在重庆文艺界有没有认识的朋友，我说一个也不认识，只是我从延安出来的时候，我的老师陈荒煤交给我一封信，让我转交给叶以群，并说以群是他的好朋友，如果有必要他会给我帮助。我告诉恩来同志，这封信一直还保存在我手中，因为在红岩嘴时，我是不能外出的，所以还一直没有见面并转交那封信。

恩来同志顿时笑了，说你也太老实了，应该向小鹏汇报呀，怎么能把一封信压了一年呢。随即他把叶以群的电话告诉我，让我联系上了就亲自把信送去，并告诉我说，你既然调到文委来工作，就应该尽可能认识文化界的朋友。

叶以群是个非常热情的人，我和他通上电话，他知道我从延安出来，又带了荒煤的信，他很高兴，随即约我到重庆城里的广州大三元酒家饮茶，我答应了，问清地址，在约定时间找到了大三元酒家。

以后在我的工作中，以群给了我许多帮助。由于我已经开始做些对外工作，所以用《新华日报》记者和编辑的名义参加文艺界各种活动，可以采访文艺界人士。从那时候开始，我到全国文协参加有关讨论会，经以群介绍，认识了老舍先生，还有住在张家花园里的臧克家、梅林、史东山、郑君里等许多朋友，以后巴金、冰心到重庆，我也在欢迎他们的茶话会上认识了这两位著名作家。

我在文委工作几个月后，由于很努力，恩来同志和徐冰同志都对我十分关切和信任。恩来同志常常鼓励我说，我们的工作就是要广交朋友，善交朋友，要从交流中产生影响，在交友中宣传党的方针路线，使坚持抗战、团结、民主、进步的思想为人民大众所接受，使进步的队伍更加扩大。他经常教育我们，在国统区，我们不可能发号施令，也不可能去指挥任何人，只能依靠正确的指导思想，依靠每一个共产党员的榜样起作用。

当我在南方局文委工作期间，发生了一件比较重要的事件，那就是 1941 年的“皖南事变”。国民党顽固派要消灭共产党的新四军，掀起第二次反共浪潮，重庆的政治气氛因而非常紧张，国共联合抗日的形势，面临严峻的考验。重庆国民党特务横行，抓捕共产党人和进步人士。文艺界许多知名人士都列入了特务捕杀的黑名单。一时间乌云密布，笼罩整个山城，我们红岩八路军办事处、曾家岩周公馆和《新华日报》等公开机关都有随时被查封的可能。延安党中央多次来电报，催促周恩来返回延安免遭逮捕，但恩来同志从大局出发，认真考虑后决定，南方局不能撤，他本人更必须坚守在重庆，以挽救时局的危机，何况那时有很多进步人士、民主党派人士、教育界文化界人士，在重庆也面临危险；如果他走了，一定引起恐慌，也不符合共产党人的品德。他必须让朋友们离开险境。

那时在重庆公开机关的人员要大量疏散，八路军办事处等原有数百名工作人员，有四分之三都必须离开重庆，大多数人撤回延安，部分没有暴露身份的人可以转入地下。曾家岩周公馆人多时候约三四十人，现在只留下十几个，而且我们还要随时准备，国共分裂我们这些人必成阶下囚，情况十分紧张，而在重庆又必须先把各方进步人士疏散离开险境。就我所亲历有关文艺界人士疏散的情况，恩来同志和南方局花费了很大的精力。当时有数十上百人要疏散；路线也有几条，一是去延安(需要坐军车作为办事处人员或家属，是有危险的)，二是经过敌占区(日本占领区)到达江北根据地，三是去香港，还有一些朋友经由昆明去缅甸以开拓新的阵地。

恩来同志召集南方局文委会议，专门研究每个人不同的情况和条件，建议他们到哪里比较合适，这样的会议常常从夜间开到凌晨，连续好多天都是如此。我记得去延安的有欧阳山、草明、艾青夫妇、罗烽、白朗等。去香港的有司徒慧敏、丁聪、胡风和梅志夫妇、凤子、凌琯如等。去昆明缅甸方向的有光未然、李凌、赵沨等。决定安排以后，大多由恩来同志或徐冰和他们谈话，说清情况，还征求他们的意见。那一阵工作极为紧张忙碌，而我的工作也很紧张，比如他们决定去向之后，我和他们联系具体落实行程。

这一次大疏散很成功，这么多知名人士撤离重庆，无一人遭难，而且使重庆这个陪都突然变得冷落了，死气沉沉。

重庆冬季的雾很大，特别是在晚上，所以日本飞机一般不来轰炸，在1941年冬季，南方局文委在恩来同志倡议和领导下，要使“皖南事变”后重庆一片黑暗沉寂的局面改变。当时，留在重庆的较多的是戏剧家，如能演出话剧，则既能贴近广大人民群众，又比较容易收到政治效果，于是决定开展戏剧演出活动。最为重要的演出活动就是郭沫若的新编历史剧。

恩来同志和郭沫若是老相识了，早在抗战初期，蒋介石任命周恩来为军事委员会政治部副部长，这是表面文章，没有实权，但恩来同志考虑至少可以利用这块招牌来做点实事。政治部中的第三厅专管文化宣传，这是个重要阵地，因为在当时，向全国军民宣传抗日，唤起民众的爱国热情和信心至关重要。这个职务需要一位既受各方人士尊敬，又有号召力，又具有才能的人士才能胜任。恩来同志立刻想到了郭沫若。恩来同志找到郭沫若商量三厅之事，岂料郭沫若回绝说：不愿当国民党的官，即使当了受约束也做不了实事。恩来同志再三说服无效，只得对这位老战友推心置腹说了几句重话：你不当三厅厅长，我当这个副部长毫无意义。我俩掉个位置，我当厅长行不行啊？几经周折，郭沫若终于承当了军委政治部三厅厅长。恩来同志以此为契机，他的才干、胸怀，加上郭沫若的人望，把当时已经聚集在武汉的文化英杰，尽可能请到三厅里来，共同为民族存亡、抵抗侵略而尽力。

这次在重庆，郭老首先修改了他写于20年代的一部剧作《棠棣之花》。当时，在重庆的文艺界朋友都感到戏剧演出能直接与观众交流思想感情，对人民群众有更大的影响力。而历史剧表面上与政治关系不甚密切，国民党的压力也还不算太重。在郭老以极大的热情修改《棠棣之花》的过程中，恩来同志曾经数次到郭老家，鼓励郭老，想方设法给予具体的支持，并对许多进步朋友说，郭老的戏只能成功，不能失败。《棠棣之花》在观音岩抗建堂剧场演出。出乎意外，盛况空前。

在《棠棣之花》第二轮演出的时候，郭老已经开始在写《屈原》剧本了。郭老写《屈原》时如行云流水，一气呵成。很快，恩来同志就看到了剧本，十分赞赏。恩来同志还几次到剧场看《屈原》的彩排，他特别欣赏其中的长篇独白《雷电颂》。他曾经笑着对一位同志说，屈原并没有写过这样的诗词，也不可能写得出来，这是郭老借屈原的口说出自己心中的怨恨，也表达了蒋管区广大人民的愤恨之情，是向国民党压迫人民的控诉，好得很！不久，恩来同志又叫我把饰演屈原的金山约到红岩办事处，共同研究剧本，还让金山给大家朗诵《雷电颂》。金山的朗诵非常动情，全身心投入，有极大的感染力，听到人们都屏住气息。等金山一朗诵完，大家报以热烈的掌声，恩来同志也上前表示祝贺，说他真是表达了郭老的激愤情怀。

《屈原》的演出又一次获得了巨大的成功。随后，郭老又有《虎符》和《孔雀胆》等剧作的问世。另外，阳翰笙的《天国春秋》，夏衍的《法西斯细菌》，曹禺的《北京人》，吴祖光的《风雪夜归人》等演出也很成功。在恩来同志和南方局文化组的领导下，重庆的进步文艺活动蓬勃开展。

我记得就在那个寒冷的冬季，有一天吃午饭时，恩来同志对我说，想请文艺界戏剧界的朋友到曾家岩50号来玩一次，吃顿晚饭。他问我大概要请多少人？我谨慎地回答，大概数十人吧。没想到消息不胫而走，要来者超过了百人。恩来同志表示，来者不拒。还特别提出，他要自己下厨房做他的家乡菜“狮子头”。

那天来了许多朋友，把曾家岩50号挤得满满的。恩来同志给大家敬酒夹菜。大家听说“狮子头”是恩来同志亲自做的，所有的筷子下去，一扫而光。这晚尽欢，人人振奋。多年来，我常常想起这件事，我想这正是几年来我们工作的成效，是对国统区进步文艺队伍的一次检阅吧。

我之所以不避冗繁地叙述这些事情，是因为只有这些具体的实事，才可以说明南方局文化组对国统区文艺工作的领导是毋庸置疑的。这支进步的文艺队伍，是经过恩来同志的辛勤劳动，一点一滴凝聚起来的，是循着党的正确方向前进的。

父亲生前最爱说的一句话：总理是个伟人

舒 乙

中国现代文学馆原馆长、老舍长子

我记得我父亲老舍和周恩来是同一辈人。很多人问周恩来高寿，周恩来一般这么回答，他说："我和老舍、王统照、郑振铎同庚"。

周恩来喜欢同文艺界的人士交朋友，和其中的很多人是生死之交。我父亲与周恩来相识是在武汉。那时抗战刚刚开始，要组织一个文艺界抗战组织。根据现在了解的情况，是周恩来找冯玉祥商量，到底全国统一战线文艺家的组织由谁挑头比较好？周恩来建议不要让郭沫若和茅盾出面。最好另找一个人，这个人党派背景比较弱，但要非常爱国，文学上又很有造诣。冯先生是一个特别热心的人，就推荐了我父亲，说他一个人拎着一个小箱子刚由济南逃出来抗战，而他的家小又留在济南。是否可以请他出来主持这个事情？周恩来欣然同意。1938 年 3 月，在武汉成立了中华文艺界抗敌协会，是现在的文联和作协的前身。

大家一致推荐我父亲担任总负责人，当时不设主席，设立了一个总务部，主要是怕国民党当局派人抢占这个位子。总务部对外代表文联，对内管理会务，大家选举他。从那时候起，由他连任这个职务，一直到抗战结束。

成立大会在武汉总商会举行，周恩来出席并作了一次讲演。讲演非常生动。我父亲对成立大会还有记述，说周恩来讲演时，突然提出他要早一点退席，说是自己的父亲也由乡间逃出来了，今天就到武汉，他要去接他。这件事说明全国的老百姓都受到日本的侵害，全国都处在水深火热之中。据我所知，这是我父亲第一次在自己的文章里写到周恩来。

由那个时候起，我父亲就非常崇拜周恩来，一直到解放后变成他最崇拜的一个人，最喜欢的一个人，提到的次数也最多的一个人。其中一个比较有影响的事情是，周恩来召唤我父亲从美国回国。我父亲 1946 年接受美国国务院的邀请，与曹禺先生到美国讲学去的时候，周恩来还在重庆。我父亲去同周恩来告别同时请示他：我们该不该去？去了注意什么？周恩来搞了一次小型欢送会，请了许多人给他俩送行，还讲了许多话。

我父亲走了以后，国内进行了解放战争。到 1949 年 6 月，解放区和国统区两支文艺大军会合在北平，召开第一次文代会。推选第一次文代会的主要领导人时，周恩来就讲，现在缺一个人，这个人是老舍先生，他在纽约，咱们想办法把他请回来。

在周恩来的授意之下，当时大概有二三十位知名文艺家，都是我父亲的好朋友，就联名写了一封信，邀他回国。这封信通过地下党的关系转到纽约，送到我父亲手里。

我父亲接到这个邀请以后，立刻回国。当时他患有严重的坐骨神经痛，刚刚开刀。他忍痛秘密地赶回来，但没有赶上开国大典。

我父亲 1949 年年底回到北京。1950 年年初，在北京饭店举办了辞旧迎新的作家会议，周总理出席了这次聚会。这次聚会是为了欢迎我父亲归国。当时我父亲就住在北京饭店。周总理还上楼到他的房间去看他，两个人叙旧，非常高兴。周总理说："你现在有了用武之地，你又是北京人了。"

因为我父亲出生于穷人家庭，他对这个新的政权非常喜欢。所以，有一种狂喜的感觉，他立刻投入歌颂新政权的文艺创作中来。1950年他写的第一个剧本《方珍珠》，送给中国青年艺术节去演。紧接着在同一年，他又创作了《龙须沟》。《龙须沟》实际上是周总理点的题，他还告诉人民艺术剧院的李伯钊，你记清了，老舍写的这个剧本，非常生动，为什么穷人喜欢这样一个新的政权，通过故事告诉大家一个浅显的道理。

我父亲愉快地接受了这个任务，很快写出本子。写出以后，周总理非常高兴，他喜欢这个本子，就请焦菊隐出来导演，一批年轻的演员来演。这些演员现在都是有名的演员了。演出以后，效果非常好。

全国开始演这个戏后，周总理就推荐毛主席看这个戏。毛主席一般喜欢看评戏、京戏、梆子戏，看话剧比较少。但周总理还是推荐给他，说这个戏你得看，这个戏好。所以在中南海为毛主席、朱老总等中央领导人专门演了一场。在演出之前，周总理专门把我父亲介绍给毛主席，说这个戏就是他写的。其实我父亲和毛主席在延安见过面的。这个戏最后使我父亲荣获了"人民艺术家"的光荣称号。

周总理是极力支持这个戏的。他建议周扬写一篇文章来表扬我父亲。文章的题目就很有意思，《向老舍同志学习》。事后全国的大文艺家都向老舍先生学习。为什么呢？因为老舍先生的文艺贴近社会主义的生活，贴近老百姓。

这个戏达到了它预期的目的，告诉老百姓，中国共产党为什么能够很快地掌握政权，不仅掌握，而且巩固下来，就因为它替老百姓办事。周总理看到这个价值，就大大地表扬他。

从这以后，周总理经常给我父亲出题："你要写个什么"。这个成了我父亲的口头禅，说，周总理又给我点题了，让我写个什么什么。他差不多一年写两三个，他进入自己的创作旺期。

在“三反”、“五反”时，周总理给他点了一个题，说：你要配合“三反”、“五反”写一个话剧，这个话剧很需要。这个题目很难，一般地讲，写作的时间与所写作的对象，要拉开一定距离，而这个“三反”、“五反”运动刚开始，周总理就给他点题了。所以他写得很苦，大概前后重写了10次。相当于写了10个剧本，整个剧本的手稿大约两打厚，现在《春华秋实》手稿摞起来特别厚，的确相当于写了10个本子，用了10个月，费大劲了。

经过10个月，“三反”、“五反”运动就结束了。周总理就把他叫来，说，我要给你详细地讲讲我党的政策，你再改一遍。我们党已经形成完整的一套周密的政策，这些你还不懂。

周总理非常细致，他事先到剧院把这个戏又看了一遍。看完以后，把导演找来，把主要的演员找来，把次要演员也找来，个别谈话。他问演资本家的演员：“你演这个戏，自己感觉怎么样？别不别扭？”小演员说：“有点别扭”。他就收集了这些反映回来，说，这个人物不行，那个人物不行，那个人物应该怎么改，我们的政策是怎么回事。包括很多细节，穿什么服装，用什么道具，还有音响，他都在行。

有一次，我父亲给人艺写了一个戏叫《女店员》，歌颂在“大跃进”中家庭妇女走出家门离开锅台，到社会上去服务，当了售货员，气象很新。这么一个喜剧，那天正好是三八妇女节，周总理带着财政部长李先念去看，说这个事是你们财政的事。看完以后，很喜欢，说今天得照相。上台照相的时候，他不坐在中间。他说：“今天是三八妇女节，把戏中的几个老太太找来坐在中间。”他跟李先念、导演、编剧全在边上，合了一影。

《茶馆》是一部很有意义的戏，当时是很有争议的，幸亏周总理出来，保了这个戏。因为当时“左”的思想已经出来了，看不上这个戏，觉得这个戏怀旧呀！没有红线呀！没有革命呀！不喜欢。但是演员喜欢得很，观众喜欢得很，文艺界艺术家喜欢得很，就请周总理看。周总理称赞这是一部好戏，尤其是第一幕，第一幕是精品。这个戏的价值在于告诉年轻人，旧社会是多么可怕，这是很好的一堂课，而且写得极其生动，特别好。

这个戏第二度演出的时候，国内形势已经很严峻啦！也是周总理出来，说一句话，改一改还是可以演的。才没有被“枪毙”。

“文革”的时候，这部戏整个被否定了。“文革”初期，我父亲受到严酷的迫害，他 1966 年 8 月 23 日投水自尽了。这个事来得太突然，一天之内发生的事情。

我记得，那天清晨我们就得到这个消息，他失踪了。得到这个消息以后，我和大妹妹给周总理写了一封信，我就在衣服里面套了我父亲的血衣，我要告诉周总理，我父亲受到严酷的摧残，情况非常紧急。我就到接待站去递这个消息，要让周总理很快知道家里发生的大事情。负责接待的人看了以后，说：“你放心，我们立即把这封信转交给周总理。你先回去等我们的消息。”我还没到家，妈妈就接到电话：“信收到了，周总理对这件事表示极大的关注，不要太着急，我们正在想办法找。”当时我正在回来的路上，到家时我父亲已不在人世了。

大概过了一个多月的样子，周总理对当时的秘书长周荣鑫说：“你呀，想办法到老舍夫人家去看一看，看看他家怎么样？有什么困难需要我帮助。你呢，必须代表我去对她表示慰问。”

当时的形势十分严峻，基本上把我父亲打成敌人，家里完全被抄，完全破灭了。周荣鑫没有敢来，不方便。这样，周总理 10 月 1

日在天安门城楼上找到了王昆仑副市长。王昆仑与周总理非常熟，跟我父亲又是好朋友，都是在重庆那个时候的老朋友了。周总理问他："老舍先生不在了，你是否知道？"王昆仑正好是最后一位留下来的北京市领导人，他当时算是一个民主人士，其他的人全部都被整垮了。他说："我知道，我有一些耳闻。"周总理对他说："好，你晚上到我家来，一定来，我要跟你详细谈一谈。"夜里，王昆仑见到我母亲，把这些情况详细说了。他就说："你呀，把你所知道的老舍死的情况，详详细细地、原原本本地告诉我，我对这件事情正在进行调查。我还没有调查清楚，你既然是一个当事人，当然，我希望你把情况真实地告诉我。"

王昆仑曾经到了孔庙，看到过残酷斗争文艺家的情况，但他不敢出面，也无法阻止当时的这种场面。他远远地看见，非常焦急。当时，受伤最重的是我父亲。王昆仑把所看到的情况以及后事的情况都跟周总理讲了，大概给周总理留下深刻的印象。所以，从那以后，我们家就慢慢地感到有一只巨大的手，在后面支撑着这个破碎的家，人员的待遇，包括财产，包括存款，包括我妈妈自己的情况，实际上是周总理在一点一点地保护着我们。

但是，我父亲之死，在周总理的心里留下非常大的阴影。他觉得遗憾，他没有来得及保护我父亲。所以大概在我父亲去世以后的一个礼拜，就有一个很重要的社论出来：《要文斗，不要武斗》。

我父亲之死这件事经常在周总理心中浮现，到他晚年重病的时候，1975 年，他在三〇五医院养病，8 月 23 日这天，他走到北海边上，对着湖水默默沉思了一阵，他突然问旁边的医护人员："你知道今天是什么日子吗？"医护人员想一想是 8 月 23 日，不是什么特别的日子。他说："总理，我不知道今天是什么日子。"周总理说，我来告诉你："今天是老舍先生的祭日，你知道他是怎么死的吗？""有点耳闻，不很清楚。”“我清楚，我告诉你。”他非常详细地讲了我父亲去世的经过。

这些经过，显然是他经过调查得来的。由此可见，我父亲在他心中占据着非常重要的位置。过了几年，周总理去世了，“文革”也结束了，经过邓小平同志批示，我父亲在被迫害的文艺家当中很早得到了平反。因为邓小平同志说过：“像老舍这样有影响、有代表性的人应当珍视，由统战部或北京市委作出结论均可，不可拖延。”

1978 年 6 月，在很隆重的老舍先生骨灰安放仪式上，邓颖超来得最早，她提前半个小时就来了。到了以后，把我妈妈和我们几个孩子召到一起谈话，她讲：我今天是故意提前半个小时来的，为什么？就是因为恩来生前多次提到老舍先生的名字，对老舍先生的死，他表示了非常大的悲痛，他念念不忘这件事。所以我今天来是代表恩来同志来的，如果他活着，他肯定提前来，他肯定对这件事情表示悲痛。她说：他对老舍先生非常尊重，他们俩之间的友谊非常深厚。所以老舍的死是一个重大的损失。他觉得，老舍先生的去世是文学界一个重大的损失，他觉得没有保护好老舍先生，他自己觉得非常内疚。

他们之间这种深厚友谊，我在父亲生前多次谈话当中也能够体会出来，他很爱说的一句话是：“总理是个伟人。”他每次跟周总理谈过话以后，总是召集全家在一起，来讲一遍周总理讲了什么话，周总理对他有什么指示，要他做什么事情，非常兴奋。每次都是这样的，看得出来他是由衷地佩服周总理。

我记得，郭沫若、梅兰芳等入党的事对我父亲影响很大，他也表示了强烈的愿望，要求加入中国共产党。周总理就到我家里来了，跟他长谈了一次，大概有整整一个下午，谈的内容，没有透露出来。但是从那以后，我父亲就不再提入党的事了。

所以，我想周总理跟我父亲之间的友谊不是一般的，的确像周总理对别人说的那样：我跟老舍一般大，我们都属狗的。他用这种比喻来说明他同文艺界的关系。

我父亲的职务很多，有一个职务是中朝友好协会副会长。在抗美援朝时，他同贺老总到朝鲜慰问过志愿军和朝鲜人民军，贺老总是团长，他是副团长。到了那儿，他就被志愿军感动了，就对贺老总说："我要住下来写本小说，写志愿军，你看可以吗？"贺老总说："可以，我要给志愿军司令部打声招呼，让他们照顾你。"他就下了决心，真的写了一部小说，写上甘岭的事，这部小说叫《无名高地》。

那时，朝鲜客人很多，大家都喜欢喝酒。有一次他醉了酒，回来很晚，这件事叫周总理知道了，第二天就批评他。我父亲回来，头一句话就跟我妈妈说："今天被批了一顿，总理批评我了，昨天晚上醉酒，总理批评我了。"从那以后，在外交活动上喝酒他就很小心了。有错，周总理就批评他，周总理对他关心无微不至。

有一次，我父亲有一点感冒，我妈妈就给他一点药吃。后来，被周总理知道了，周总理见了妈妈，严厉地批评她："你怎么敢自己动药，他是国宝，他生了病，你要送他进医院，你不能自己来。"当时我妈妈很委屈，可是周总理还是说："这不行，你第一要报告我，第二要送他进医院，我们大家要很好地保护他，爱护他。"

我觉得，我爸爸在"文革"中忧心忡忡。有一次他自己吐血了，我们把他送到医院去以后，他非常想见周总理，但是他考虑到周总理太忙，情况又非常复杂，他没有说话。他去世后，我们才发现他枕头旁边有一个小学生用的小本子，上面写了一句话："总理你不要来看我。"他实际上很想让周总理来，两个人再进行一次掏心窝的谈话。他绝对把周总理当成最贴心的人。

对我父亲来说，发生了天大的事，最大的事，最难办的事，主心骨都是周总理。当然他最后的信息是没有发出去，周总理不知道，他突然就去世了。他的去世是一个大的悲剧，他跟周总理之间的友情突然断裂，对他来说是重大的悲剧，这悲剧果然压在活下来的周总理身上，导致他重病的时候，他的思绪很容易回到我父亲身上。

我觉得我父亲和周总理之间是生死之交，是值得长久地流传下来。

周总理是历史巨人，也是我父亲的最大知音，是我们一家人的恩人。

对周总理，我什么话都可以说

张瑞芳

著名电影表演艺术家

我想我一生中最幸福的事儿，就是年轻的时候就接触了周恩来总理，这也决定了我的一生，我的道路。我的一举一动，都有他的影子。我觉得他是我们的一个典范，一个时代的楷模。在周总理逝世两周年的时候，我曾经写过一篇东西，题目叫《周总理会怎么讲》。好像就是一种习惯，做一件什么事，我总留着，等见了周总理我向他汇报一下，看看到底对不对，想听听周总理会怎么说，这就是我做事为人的一个准则。我就觉得他是一位很成熟的职业革命家，可是他天真得又像艺术家。我也写过一篇短东西，我就说，周总理总在倾听，那么多人他见面不忘，多长时间以后，谈过什么话，人家名字，他都记得，为什么？因为他是全心全意地在跟谈话的对象交流。谈话时，他非常专注，绝不打断，总是挺体贴对方的，让人见到他恨不得把心里话都讲给他听。

从 1941 年起，我的组织生活就是单线联系，因为白色恐怖，我是整天出头露面的演员。周总理隔一个阶段时间就通知我去，一见面我就把所见所闻都汇报他听，也不知道哪些该讲，哪些不该讲。他听得非常专注。最后，他给我理清思路，指出，你这个阶段在哪些方面比过去提高了认识，或者哪些方面对或好，或这个不应该。我无形之中好像一下子就升华了，思想非常清楚了。记得有一回见面，当时布置党员学习党史，我说，理论书我看不进去，前面看，后边忘，再从头看。从头再看，老开头。他哈哈笑了，问，你想看什么？我说我想看文艺作品，好多都没来得及多看。他说，你看哪，你喜欢看你看哪，你愿意看什么就看吧。我高兴地跳起来，说：可解放了。不然给我布置的那些作业都看不进去怎么办？

20世纪60年代，我们演《红色宣传员》那个戏，在电话里，周总理说，希望你们在生活和工作时学习政治，你要学习活的政治。我说，好，我记得了。为什么我们共产党员，倾听群众的意见，走群众路线是我们最重要的。周总理说，你知道为什么？他解释说：群众最善于从自己最熟悉的角度提出问题。他最熟悉的是他的角度。他跟你谈，马上就三句话不离本行。比如我跟总理谈话，我就谈戏。周总理说，作为领导人，不可能熟悉到那个程度。所以他说倾听群众意见，群众善于从自己最熟悉的角度提出问题。周总理在倾听时，他的眼睛那样专注地看着你，尽管你说得乱七八糟，或者有些东西好像不是那么样的有条理，但他很清楚你在说什么。

其实从物质生活来讲，我最苦的时间是在重庆，可我现在想起来最念念不忘的就是重庆。因为当时有周总理，有那么多在周总理影响下团结在一块的文艺界的前辈们，那些名家们，那些大师们，都团结在一起，搞了好多戏，有很多都是周总理亲自看过剧本的，亲自跟我们商量过角色，这个谁演好，那个谁演好，集中优势兵力，很多东西是我一生都难忘的。

1963年、1964年排戏。我们排《红色宣传员》，是周总理直接抓的。他就问郑君里，江青同志什么意见？郑君里说：江青同志说，你再这样子下去……就这么一句，不说了。郑君里的面容非常痛苦，完了也不说话，皱着眉头。搞了两年多，最后大家散了。回到住处，周总理给我打了个电话，说君里最近怎么样？我在他面前喜欢说点好笑的话，我说，他呀，两头都生病了。怎么？我说：一方面大概心脏病发了，头昏；一方面痔疮也发了，痛苦。周总理就哈哈笑了，说，两头生病，你告诉他，明天有车子来接他，我也有这个毛病，我也有痔疮。北京医院有个医生很好，不用手术，放药就行。他说，你告诉他，明天车来接他，送他去看病。其实我当时就想逗他笑吧，两头有毛病，一方面生病，一方面心情不好，周总理就非常体谅，知道他有难言之隐。1962 年，夏衍提出，我们有些作品生活积累不够，质量不高，不妨将一些名著改编为电影，还是非常有价值的。所以成立了一个改编训练班，在北京。我拍完《李双双》从日本回来，等待周总理召见时，就住在那儿。整天看电影，看苏联的、美国的、英国的，用名著改编的。当时的放映机是很老的，一放就卡壳，有一个可以用，就变成独眼龙了，放完了装片子，咣啷咣啷再放。我到周总理那去，他问，你最近干什么？我说：参加改编训练班，看电影太累了，声音又不好，咣咣咣，图像直跳，来回独眼龙。周总理直好笑，他马上说，我们的放映机还不错，我最近不大看，我眼睛不好，银幕小很累，我现在宁愿看点戏，视野宽一点。他说，拿到你们那去，你们那儿用好啦。结果真派人送来了。大家就直埋怨我，说看你，这下给我们看，他就看不着电影了。过几天他又派人来检查，放映机用得怎么样。这说明周总理也同意我们有些影片用名著改编，觉得这个想法非常好。但很多名著改编的片子到“文革”期间都挨批了。

在那个时候，周总理是很为难，他在脑子里没有那种“左”的东西，他总觉得要兼容并蓄。他的观念是：一切有用的东西，我们都可吸取来，为我们所用，不是说只此一家。“文革”前夕，他还是同意用些名著改编一些东西。

有一次，他打电话问我拍《鲁迅传》的事。我说现在已经放下了，因为当时上海不是提出写十三年，演十三年吗？什么都不要了，只这十三年来的东西才能写。他说《鲁迅传》怎么办，我说《鲁迅传》导演生病了，也不谈了，摄制组解散了。他说，费了那么大的力气，还是不要完全丢掉吧。好几个戏他都问怎么样了？赵丹他们怎么着，听说他们不愉快，什么事不愉快？我说：大概创作上。过去想的都是搞《鲁迅传》，现在一下子让拍十三年，他手里没材料，大概很着急吧。赵丹现在正好到福建去了，拍《落户的喜悦》去了。周总理说，不要完全丢掉。我觉得他对我们文艺界影响实在是太大了，大家都是在他的言传身教下，特别是他以身做则的影响下成长起来的。

有一次谈对戏的看法，谈的是《达吉和她的父亲》。就谈到这个人该不该哭，该不该乐。总理说该哭。赵丹说，我不同意。总理说，我也是一家之言嘛 。大家就到这种程度，真是那样平等。反正总理跟大家谈话，都毫无顾虑，也不怕犯错误，不会犯错误，都能说真话。所以在他面前无所顾虑，感情是那么深厚。他就当你是自己的亲人。这种表现不是谁能硬做出来的。

跟周总理接触，他的身教、言教，处处都是，不是说没大没小，就是觉得真亲，什么话都想说，所有浮上来的思想，都可以和他讲。我觉得跟他谈话，应该说是一种灵魂净化。我感觉跟他谈了以后，总有所得。因为他也不是随便就下结论的，他有时也原谅我们的弱点，看你怎么对待你的弱点。看到你在纠正你自己，他非常鼓励你。赵丹说过，因为老搞运动，到最后总是穿干部服，穿个布鞋。周总理说：你们不要跟我们干部一样，你们不是搞艺术的嘛，你们要美嘛！他特别实事求是，当时政治学习，有时我们也反映，到礼拜六，拍戏拍到那儿非停下来，大家去学文件，学完后再接着拍，谁弄得下去呀？镜头摆弄了一半就走了，这怎么办呢？这样不合适，可是不行啊。后来周总理说，不要这样子。实际上你们是搞艺术的人，不要你们成为搞政治专业的人，了解一下就行了。实际上一个阶段里头你们领导出来把整个重要的环节给大家讲一讲就行了，你们应该用更多的时间去学业务。政治学习嘛，常常有一定的总体的介绍就够了。

周总理就是代表我们民族的、我们革命的传统，我们革命中的创造性。他的很多教诲都值得我们今天重新很好地学习。

没有永久的分离　只有永久的思念

秦 怡

著名电影表演艺术家

我认识周总理时间很长了，那时候很小，大概 19 岁那年就认识了。那时候，我几乎是什么都不知道的一个孩子，在一个朋友家里吃饭，正好我们几个人坐在一起，他们可能认为我一定知道他是哪一位，所以根本就没介绍。饭桌上，连他和主人夫妻两口子，我，还有一个朋友，一共也就 5 个人。饭后我才得知他就是周恩来。我记得那时候周总理就是敞怀大笑，说话很爽朗的。一块吃饭的时候他就问我：

"你在哪里工作啊，还是在学习呀？"

我说："我在工作了。"

他说："噢，你那么小就工作了？"

我说："是的。"

他问："你做什么工作啊？"

我说："我在唱歌，做一个实习演员，有时还在合唱团里唱唱歌。没什么意思，我在那里混混。"

他就问："啊，你唱什么歌？"

我说："我唱的当然是抗战歌曲了。"我还很理直气壮地在那儿讲。

他就说："那还说没意思啊，那是太有意思了！这些歌怎么会没意思啊？你想想看，多少人，千千万万的人都在你们这个歌声之下，鼓舞着走上了前线了，你怎么说没意思啊？你这个小姑娘，你怎么回事？"

我心想：这是谁呀？后来我就说："是，唱的歌是有意思，我没意思，我本来想去念大学了，还想要留学了，去深造。"

他就说："哎，深造嘛，是好的了，当然有机会你还是可以去，但你现在的工作是很有意思的。"

我回家以后越想越不对呀，他怎么会这样和我谈话呢？他好像也有点年纪了，因为我 19 岁，看着他当然就要大一些。我想：这是谁呀？我就打电话给那个请我吃饭的同事。他说："你真的不认识吗？"我说："我真的不认识，那天跟我说话的是谁呀？""哎呀，你怎么不晓得，那是周先生，周恩来先生你都不认识！""噢！"我就吓一跳，我说："我认识他，我在书上什么地方看见过。他怎么这样一点没有架子，他不是一个领导人吗？"

这是我第一次见到周总理的事情，那是 1939 年的春节或是 1940 年。

当时我就想：他是共产党的领导人，怎么这么没有架子呢？后来我们还说了很多话，嘻嘻哈哈。第一次见到周恩来，我就特别感觉他好像都是熟人，好像也像我们这些二十几岁左右的人一样。

因为我早婚，生孩子很早，也没有钱，工作嘛，忙得不得了，一天到晚要演出，我把孩子就搁在奶妈家里养。奶妈并不是什么很好的，她没有奶，为了要钱嘛，她就带过去养。孩子嘛，就一直给塞那些乱七八糟的东西吃，孩子的胃就完全塞坏了，一吃饭就吐，每顿饭都要吐，晚上都吐得一床。我们每天要演出的，演话剧那个时候白天很忙，晚上都忙到很晚。有一天，这个奶妈坐在孙师毅同志的家门口，抱着我那个孩子，那个孩子是奄奄一息了，脖子剩了一层皮，周总理跟一个朋友一起到孙师毅同志那儿去，走到门口。那个朋友跟我很熟的，他对周总理说："胡公，这就是秦怡的孩子，叫斐斐。"周总理就说："是吗，那怎么会这样子的？"那人就把情况讲给他听了，没有奶吃啊，轰炸时生下来的啊，小得不得了，奶妈又不尽心啊……所以身体坏极了，一吃饭经常吐，吃了什么东西都要吐，胃都塞坏了。

不久，这个朋友就来告诉我说："唉，告诉你一件事，你听了以后应该很高兴的。周先生很关心你，他说，这个孩子怎么会是这样，秦怡已经是一个有影响的演员了，怎么孩子都弄成这个样子，你们应该关心关心她呀！"

1957 年 9 月，"亚洲电影周"，正好演《女篮 5 号》，我作为中国电影代表团成员去参加，宴会上，正好坐在周总理的旁边。周总理想都不想就问："秦怡，你的孩子怎么样了？斐斐现在还吐不吐啊？胃好了没有？"我当时愣了，总理怎么知道斐斐呢？那么长时间了，一个普通演员的事，他记得那么清楚，我当时真是眼泪差一点都流出来了。我记得从前有句格言说：你要人家怎样对待你，你就怎样对待人。我觉得周总理心里也不是因为我秦怡啦，演员啦，他对每一个人，他接触过的人，都是关心的。我当时说："哎呀，总理我都快要忘了，现在吐是不吐了，就是胃不好。您怎么还记得这样的事情？"他说："哎呀，她小时候，我到孙师毅那儿去，那个时候多可怜呐！我看了你这个孩子这种样子，皮包骨，我想你每天在剧场演出，一定心里很着急。"

当时我不知道说什么感激的话好。

1942 年夏天，我们在歌乐山那边北碚演出的时候，我一直有甲状腺的毛病，粗脖子，长了瘤，一个朋友介绍我住到歌乐山医院。我不知道周总理因病也住在这个医院。有一天邓大姐忽然来看我，噢！我就觉得奇怪了，没有人知道我住在这个医院。因为种种原因，我准备手术以后，想暂时隐蔽起来。我就问："邓大姐，您怎么知道的？"她说："恩来在前头住着哪！他让我来看看你呀，知道你在这个医院。"医院里的人告诉他的，说是我住在这个医院。我这种无足轻重的人当时有说不出来的那种心情。她说："怎么样啊，你不要着急，不要老是急着要出去演戏，不要看着眼前。恩来他自己要来，他不能来，他现在在病床上，所以他让我来跟你说，一个演员生命长得很哪！你别在这个时候想着演戏。想着演戏，就不想开刀了啊，看得仔细一点，查得好好的，等身体养好了，你将来演的戏不知道可以演多少。"我说："我一定，我一定不怕，一定很好地看这个病，不会只顾着眼前。"因为演员很容易这样，眼前有几个好的戏呀，这种创作欲望来了，就恨不得马上出去演，不愿意在医院里待着。周总理就让邓大姐来看望我，跟我说这个话，亲切得不得了，这种精神的药那是任何东西不能取代的。

有时傍晚的时候，周总理跟邓大姐在后院的石板小路上走走，散散步哇，聊天。我常常就站在一边看，看着他们两位，心里头就涌起一种说不出来的感情。看着他们的身影，我就觉得像是美好的未来在等着我们一样。因为有这么好的人，他们现在管着这么大的事情，做着这样的工作，我们要是跟着这样的人能够走下去的话，那将来肯定是好得不得了。所以我当时心里想，我一定要好好的，我不怕，就是开刀我也不怕，如果能够不开刀就更好了，我就出去好好干。当时真是很奇妙，我说这精神的药，我很快就好了，瘤子就不大长了，比进来时好多了，暂时不要开刀了。周总理、邓大姐又来看我一次，我就出院了。这也是一件我永生难忘的事情。

周总理到上海来，如果有时间，总是来看我们，了解我们的情况，不管是个人的，或者是工作上的。还有一点，我们拍戏，电影厂的戏，每年拍很多，每部戏的样片，几乎只要有时间，他一定看。这实在是太不容易了！心里头没有装着这样一种博大的爱心的话，怎么能够做到？

我1963年拍完了《北国江南》，1964年开始批判阳翰笙。后来就是"文革"，批判我在《北国江南》里扮演的银花。我还好，糊里糊涂的，因为我当时正在拍《浪涛滚滚》，我演的是一个水利工地的党委书记钟叶平。《浪涛滚滚》刚好拍完，整个样片周总理还是来北影看，看得非常仔细，看到我跟那个水利工程局的局长，就是夫妻俩的戏，我演党委书记，跟那个局长吵架的时候，周总理说："精彩！"看完以后他就回过头来说："秦怡，你是不是跟他吵架了？你是真的跟他吵了吗？"我说："是真的，戏里边是真的。""你自己没跟他吵架？"我说："我自己没跟他吵架，戏里边是吵架。""啊！"他说："很真实啊！你们吵得很真实。这说明你们两个这个思想上是有这个矛盾啊。"之后他就来考我："你们水利工地有多少米高啊？是以发电为主还是灌溉为主啊？泥沙问题、采石场啊，这些问题怎么解决的？最困难的问题是什么？"他问了一连串的问题。问完了以后他就笑，说："嗯，还好，你这个书记还好。"我就想，他就是这么关心，就是看看你们是不是深入生活了。

当然这个戏后来他很气的，因为水利部对其中有一段有意见，改嘛，来不及。那个时候，周总理就说："好好的戏，你们就是有意见，你们就是搁在那儿，万一将来拿不出来，你不是浪费了吗？而且这么多人的劳动。"

看完出来后他就问我："怎么样？秦怡，你紧张了吗？报上现在每天一篇一篇的(批评文章)。"我也说的大实话，说："有一点，还好。因为我现在在这个工作里头，我倒好像还好一点，因为每天有工作。"

他说：“嗯，不要老是一副挨批的样子，明天叫他们到国务院来拿一张票，你去看看音乐舞蹈史诗《东方红》，你看了以后，你就不会觉得怎么样，你就不要每天是一副挨批的样子。批评是好事情嘛，批评自我批评这都是很好的，但是你也不用这样挨批评的样子。我知道，我看了你这个戏了，这不是你的事。”他当时就站在那个楼梯口和我这样讲的。

1964 年那时候，我们是糊里糊涂的，也不知道为什么批，也不知道怎么回事，将来要怎样，统统都不知道。可是他当然都知道，已经是不得了的事情来了。可是他还来看我们的样片，还关心我们有没有很好地深入生活，讲了应该怎么样把它改好，他认为这个片子还是不错，应该可以拿出去。后来他还看《李善子》的样片，周总理他一样也不放，每一项工作都是非常重视，对每一个人他也都是非常关心的。

他为什么让我去看《东方红》大歌舞呢？他就因为觉得每天“银花，银花”，我一定是憋着憋着，又不好说，又不好怎么样。在这种情况下，他就具体地来帮助我，使我由衷地感觉到这种帮助是那么有力量，这种爱那么有力量，完全不是什么父母兄妹能够做得到的，根本就是做不到。

看了《东方红》以后确实觉得心胸开阔了，豁然开朗了。为什么呢？自己是 1942 年参加进步团体，50 年代入党，在自己的面前，这么多的革命同志为了党和人民的事业，前仆后继地献出了自己的生命，自己受点批判又有什么了不起啊？马上心胸就开阔了。

为什么人们这么爱戴他？我曾经说过：“没有永久的分离，只有永久的思念。”确实就是如此。好像家人去世我都从来没有这样子，但是现在要是谈周总理，总是心里头激动万分。我常常问自己：世界上还能遇到这样的人吗？还能得到这样的爱吗？还能得到这么多的帮助吗？常常会有这样的想法，真的永远不会忘。

1961 年，国家处在经济困难时期，我们又常在外面劳动，人都是黑瘦黑瘦的，特别黑瘦。那年，我参加访问缅甸代表团。到北京集合，周总理看见我们以后就说：“怎么搞的？怎么啦？上海不给你们饭吃了？”我们说：“不是，不是，我们都吃得挺好的。”周总理说：“怎么一个一个都那么黑瘦！”周总理对每一个人，对所有工作部门的同志都是这样子的，都是关心的。

1961 年我到北京香山参加会议，吃饭时，周总理正好和王莹、我、赵丹坐在一桌上。他说：“秦怡，入党了没有？什么时候入党？”我说：“入了，入了。”他说：“入了就好！你这个人怎么老是不入党？”我说：“入了，入了。”他很高兴。

我以前演过一个《野玫瑰》，那个戏在政治上是不好的。因为我确实那时完全不懂了。后来罢演，我也跟着罢演。

1961 年在紫光阁跳舞的时候，周总理就说：“好的演技不要丢，你看你那时候《野玫瑰》就演得很好。”我听了吓了一跳，说：“一失足成千古恨，好啦，这个污泥永远洗不掉了。坏事只能改正，洗是不能洗的，因为你演过了嘛！”他说：“唉，你说得很好。不过我告诉你，那个戏政治上不好，它那个剧本是不好，你的演技还是很好的。你知道吧，你演了那个戏，你的演技就好像上升了一步了，所以这个演技不要丢。现在你好的演技放在好的作品上，你不就是非常好的吗？”我回来心里想，总理真是不得了，从来没有那种极“左”、极右的样子，听了以后你都不知道如何是好了。

他是一个伟大的人。我在文章中也写了：我认识了一个我爱戴的人，一个我最敬仰的人，一个我永远不会忘记的人。

一个人如果没有经过坎坷的经历，没有经过苦难的历程，就难以产生这样博大的爱心。周总理就是把中国人民的几千年来的苦难的历程放在他的心中，所以他才会对所有的朋友、所有的同志都怀有这样博大的爱心。

永远不忘周总理的教诲

郭兰英

著名歌唱家

记得我第一次见周总理，是 1949 年 8 月，我们准备到布达佩斯去参加世界青年与学生联欢大会文艺节目比赛，那是世界性的。我担任的是独唱，唱的是《妇女自由歌》，后来得了三等奖。

这次出国参赛安排我独唱，我是演歌剧的，不会独唱，独唱是业余的。大家就说你得唱，你不唱不行。我说我不知道该怎么唱，唱什么。我过去唱的都是《黄河大合唱》、《解放军进行曲》、《义勇军进行曲》，还有很多都是合唱的歌。突然让我独唱，一是紧张，再一个更主要的是不知道唱什么。大家说你是不是可以唱你的山西民歌。我说山西民歌倒可以，但是唱哪个歌呢？后来我就想把四个山西民歌连在一起唱。当时审查这个节目，从毛主席到以下的中央领导都参加了审查。

我唱完之后，毛主席说，民歌是来自民间，是从人民生活当中产生出来的，把它填上新词就是一首好歌。周总理很高兴，说："要填新词得赶快填"。他连夜安排作词的同志写歌词。我拿到这个歌的时候，因为我识谱能力非常差，很紧张，我说恐怕完不成这个任务。到那么大的一个地方去，世界各国的优秀演员都在那儿，我这么点儿岁数，才 19 岁，很害怕，就到周总理那儿。周总理看到我说："小鬼，怎么样，能不能完成任务？"我说："我有点害怕，我自己没把握能不能完成任务。"他说："你怕什么嘛！你在前边唱，你有四亿五千万人民给你做后盾，所以你就不要怕了。"当时我们国家确实就是四亿五千万人民。他这么一说，自己心里当时就说："哎呀，总理说话，那我一定要完成。"我们第二天坐火车走，就在火车上背。

比赛的时候，我想到周总理这句话，这么亲切，关心我，帮助我，而且给我指出来，就是使我在演唱当中不要紧张。后来我给学生上课的时候，就举这个例子来鼓励学生。

参赛回来之后我们汇报演出，周总理很高兴。在这个期间跟周总理、邓大姐接触比较多，感觉到自己最幸福，也最自豪。后来就养成了一种骄傲，每一次要翘尾巴的时候，周总理就把我叫到他家里头，剋我一顿。

有一次在人民大会堂，郭沫若同志过来搂着我的脖子说："小兰英，小兰英，我的干女儿哟！"我一下子就把他甩开，说："谁是你的女儿！"他说："我姓郭，你也姓郭，当然是我的干女儿！"我说："你是民主人士，我怎么能够跟你站在一起呢？我怎么能当你的干女儿呢？"这样伤了郭老的心。我当时看见郭老不太高兴。我那个时候由于初生牛犊不怕虎，就那么放肆，犯下了这样一个错。恰恰周总理在后面听到了。他说："兰英，你说什么呢？"我说："他是民主人士，他怎么能要我给他当干女儿呢？"他说："那有什么不好！"周总理说了话了，我不敢说什么了。周总理没再说什么，往里头走了。郭老也没说什么，跟着进去了，我看着郭老是不高兴的。当时自己还认为做的对，我真是幼稚！

后来宴会中间，周总理把我叫到第一桌上去了，我一想就没好事。周总理说："兰英，来，给你干爸爸敬一杯酒。"哎呀，我心里就觉得总理你也说这个话。本来我就不高兴。"哎，你得敬酒，赔不是！"我说："噢！"我就勉强端起来杯去敬酒，但是我也没有叫。周总理说："叫！"我也不叫，怎么说我也不叫。后来郭老哈哈一笑，这就完事了。

我在周总理那儿受了不少的教育，但是由于自己理解能力差，水平也低，所以有些事情还理解不了。

比如，1954年召开第一次全国人民代表大会，在怀仁堂，开会中间休息的时候，周总理跟我说："小兰英啊，你现在还能演，还能唱，将来呢？唱不了啦，演不了啦，你准备怎么办？"当时我就回答不出来。从周总理去世以后，一直到1982年我告别舞台之后，我才有所领悟。他老人家的意思就是说，年岁大了之后，你得要教学生。

跟周总理在一起，有愉快，有高兴的时候，也有担心的时候，也有挨剋的时候，不高兴的时候，有掉眼泪的时候。

我过去有很多周总理的照片，各方面的都有。"文革"期间全都毁了。有些是非常宝贵的，跟周总理在一起的，也有跟邓大姐在一起的。有的时候是在周总理家里吃饭，周总理给我夹饺子放在碗里头。也有的时候周总理回去太晚了，我们等他，回去之后就吃点面条。还有周总理拿着书给我讲道理，要怎么做人，世界观怎样改造。我那个时候还不是党员，周总理就说，你将来一定是个党员，我相信你，能成为一个很好的党员。邓大姐有的时候给我们沏茶倒水。那是非常亲切，非常亲切的，我就等于是他们家的成员之一。有的时候隔那么几天不见周总理，我就打电话，我说："总理怎么了？身体不太舒服？"他说："最近忙，你来吧，来吧。"就让我去。

后来听说周总理病了，我就想去看一看。医院根本不让进。多次交涉不成，实在没有办法，我就把周总理过去爱听的歌录下来，还写了简单的一段话："总理、大姐，我想念你们，我很想见见你们。总理现在到底怎么样？我也不多讲了，您老人家一定很累，不占用您的时间，如果在您身体允许的情况下，您听一听您教育的兰英现在的声音。祝总理早日恢复健康，祝大姐好。"就写了这么几句。后来有一个护士出来说："好、好、好，给我吧！"她就把东西拿过去了。这个带子周总理听了没有，我就不知道了。

周总理去世了，我就感觉好像是天塌下来了。我下了决心，一定要按照周总理生前的指示办事。年岁大了，不能演了，不能唱了，应该退出舞台，让年轻的上来，自己应该培养年轻一代，培养学生，让他们继承我们的民族音乐。

《绣金匾》这个曲子原来是个民歌，陕北民歌，原来也叫《绣金匾》。第五段的词，原来是"三绣解放军，坚决打敌人，消灭反动派，全国享安宁。"1976 年 1 月 8 日周总理去世以后，我的心情很不好，好多朋友都去看我，都在纪念周总理，而且每次都唱这个《绣金匾》。一开始唱并不是这个词。突然有一次在首都体育馆，晚上正式演出，白天彩排的时候，我唱的就是《绣金匾》，当我唱到"三绣解放军，坚决打敌人"这一段的时候，突然在舞台上脑子就跑神了。心想：一绣毛主席，二绣总司令、三应该绣周总理呀！一下子脑子里头就想到了应该是绣总理了。在回去的路上，我坐在车上，就在想这个词儿。下午我就把这个词儿想出来了，就是现在的词："三绣周总理，人民的好总理，鞠躬尽瘁为革命，我们热爱你。"其实是很简单的大白话，都是大家心里头的话。晚上演出的时候，我就唱了。我也没有想到我能够哭成那样。当我的"三绣周总理"一出现的时候，我的声音已经不行了，头一次是哭着唱出来的，都不是唱了。后来每一次唱到那儿都是这样。每一次绣三个伟人的时候，我都是控制不住自己。不是像过去演戏曲是做出来的。你就是做也做不出来，每一次都掉眼泪，不行，到时候我自己就感觉到控制不住，当然这比平时唱是累，但是却抒发了自己的感情。

再一个歌就是《想起周总理纺线线》。这个歌原来是两个工人写的，给我寄来，当然是很好的了。但是我总是感到两段词还不能够完全表达感情，后来我就加了一段，三段词的旋律根据我自己的想象、我自己的感情来处理的。整个的旋律就跟人家的那个不一样了。这两位同志我们很长时间没有联系了，我也觉得抱歉。但我相信他们能够理解我当时的这种感情。

第二段词是我加的。因为我每次到中南海去，一个在周总理家，一个在周总理办公室，所以第二段我就加了"国务院里灯一盏，金光闪闪照枣园，周总理日夜操劳天下事。"有的时候我看见周总理拿个笔，坐在椅子上就睡着了，但是我一进去，一下子把他给惊醒了，我就感到心里头很对不起他，我不应该这个时候来。我一唱到这儿的时候，我就想起他那盏灯，那个曲子唱下来，正合适我这种情绪。

周总理教育我永远为人民歌唱

王 昆

著名歌唱家、东方歌舞团原团长

我 19 岁的时候，在延安见到周总理。因为我的叔叔王鹤寿同志在延安，我的一个六叔王维铮，那时候是洛甫的秘书，也在延安，还有我姑姑也早到了延安，所以我在杨家岭经常看到周总理。那时我只是远远地看，他们说他是周恩来，我知道了。

我第一次和他直接接触，是在延安党校三部彭真同志的窑洞那里。一天，我在晒太阳，邓大姐先出来，跟我聊天，我认识她。她说她在党校学习。我问，学什么啊？她说了学什么。我说你们这么大了，还学习，学什么呀？我不懂事。她说：学路线。我说：路线还不好学？前方找个向导，一带就认识路线了。她就哈哈大笑。她问我是谁，我就告诉她。后来周总理过来了，她说："恩来，你过来，这个小姑娘就是鹤寿的侄女，你看多像啊！"

当然，我印象最深的是演了《白毛女》以后，那是中共七大召开以后。七大的礼堂是我们的化妆室，很简陋。周总理跟邓大姐到后台来看我们，还有好多同志：罗瑞卿、刘澜波、刘澜涛，很多人。我记得很清楚，周总理他们就在我们演员的后边，我们也不大有礼貌，都在那儿，洗脚啊。他跟我们聊天。他说：这个孩子很像张瑞芳。那时我才知道有个张瑞芳。后来一问才知道张瑞芳是跟周总理关系很密切的一个著名演员。

有一次，周总理乘车到鲁艺作报告，我对他说，我要到党校去，到我三叔那儿去。他说：好吧，你坐上来。我们一边走一边聊天。他问我生活情况，演《白毛女》的情况，我印象很深的一句话是："哎呀，你们这么辛苦。"那时候《白毛女》是六幕，二十几场戏。他问：你们有没有什么营养品啊？"那会儿就是吃高粱米、南瓜。我说："我演的时候可以吃两个鸡蛋，让我保养嗓子。"他说："噢，别人有吗？"我说："别人没有。我要不演这个戏的时候也没有。"我记得他当时表示很抱歉，很难过，说："哎呀，现在我们还很困难。"他说："你们现在学了《在延安文艺座谈会上的讲话》没有？"我说："学了。"他说："《在延安文艺座谈会上的讲话》的核心，就是文艺要为人民服务。你是唱歌的，你永远要为人民歌唱。"我就记得这么一句话。所以这个话我一直记到现在，终生就是我的一个目标，是周总理给我的一个非常重要的指示。

进城以后，跟周总理见面就多了，印象最深的是，周总理办事特别雷厉风行，而且抓住重要的问题不放。东方歌舞团成立以后，曾经拍过一个《彩蝶纷飞》电影，里面包括阿依吐拉、崔美善、莫德格玛，其中还有柬埔寨的"百花园中的公主"。它的布景按田雨同志说不太好，比较俗气。有一天在北京饭店举行一个晚会，他就跟周总理说："我可是不同意北影拍的那个关于柬埔寨的舞蹈，一定让柬埔寨很不满意。人家是非常美的，非常好的，我们弄了一点纸的花。"周总理说："噢？是这样。田雨你不好去说，那王昆你来。"他对他的秘书说："你派一辆车给她，你马上去找汪洋，你就说这个电影(因为这个电影马上就要出了)你让他晚一点出，我研究一下，看一下再说。你就说我委托你去的。”当时我有一种非常崇高的使命感，又担心自己不能把这个任务完成好。汪洋当时正在棚里，我就把这话传达给他。周总理办事雷厉风行，又不武断，给我的印象非常深。

在我的心目当中，周总理占了很重要的位置。“文化大革命”当中，周巍峙被叫作法国“特务”，我成了个香港“特务”，原因就是江青说我是“特务”。

“文化大革命”中，我心里最挂记的，最寄予希望的就是周总理。他在那么困难的情况下，几次想到我们，还说：“王昆没有什么问题。”造反派直接给江青写信，说：现在摆在我面前的有两个指示：一个是您说她是“特务”；还有一个周总理的指示，说她没有什么问题，她曾经在延安演《白毛女》，从小到延安，对革命工作有贡献。我们是按您的指示办事的。“文革”10 年当中我对革命之所以没有失去希望，为什么呢？我就觉得有我们这么好的一个周总理。他使我在逆境中看到了希望，也看到他对国家，对我们民族，始终肩负着重任，自己在那儿却忍辱负重。

有一次周巍峙对我说，我昨天晚上做了一个梦，梦见周总理了。我说，我也做了一个梦，梦见周总理了。我们经常在同一个晚上梦见周总理。梦里，就像巴金同志讲的，就像他站在我们面前一样。

20 世纪 50 年代，周总理就常常听我唱歌。我觉得我在演唱上有些不足之处，就很想去学习。但我也知道，民族唱法的学习要非常的慎重，学不好，就会像有的人，没有学好，再也不能歌唱了。苏联来的纳兹洛娃警告过我，你不要去学习。周总理知道以后就跟我说，你学习可以，去，可以，但是你学回来以后一定还是你王昆。你不可以这样，就是你学回来以后，有一天，我们在无线电里一听，哟，这是谁呀？听不清，待会儿再听听，别人告诉我，那是王昆。那完全听不出来了，那是不行的。所以我到音乐学院学习的时候，周总理去视察，还问过我，怎么样。但是因为那个时候也确实幼稚，很年轻，说不上什么来。苏联专家说我是英雄，学我这个俄罗斯唱法，了不起，英雄。可是我自己觉得我唱不了了，唱不了我原来的《白毛女》呀，还有好多民歌我唱不了了，我很苦恼，所以学习两年以后就回来了。

回来以后我给周总理汇报过一次，那是在政协礼堂，有11位女高音跟周总理一块儿联欢。我唱的是我学回来以后的那个唱法，唱了《解放了的时代》、《宝贝》等。周总理那天实际上是不高兴的，往常每次我唱完了包括国宴他总是要跟我握手，每次唱完歌，领导人都来跟我握手、敬酒，周总理总是要陪着的，而且每次都要说一声：谢谢你，唱得很好。那天他没有说，跟别人说话，没有跟我说话。我心里非常难过，唱得好不好，自己是知道的。后来我还是硬着头皮到周总理跟前去，他非常爱护我，就讲："这些不是你的曲目嘛！你唱这干吗？这《宝贝》是刘淑芳的嘛！你还要唱你的民歌嘛！"我说："是！"他说："那你从前那种唱法还会不会？"我说："会的。我马上就可以唱出来。"不久，东方歌舞团在北展举办晚会，我写了一封信给周总理和邓大姐，告诉他们这两天东方歌舞团要演出，我将要唱什么什么歌，请他们选择一个时间来。第二天，周总理办公室就回音，说第二场演出他们来看。他看了以后非常高兴，跟我握手。那时没有那个制度，一定要请首长上去照相，所以没有照相。之后周总理自己绕到后台，后台已经闭了幕了，他找到我，非常高兴，说："咳呀！王昆，你今天唱得非常好！"邓大姐也说："今天听了你唱的歌，我们好像又回到了延安。"这当然是一个非常高的荣誉，他们对延安有一种感情。对我的艺术道路，周总理讲的是理论与实际结合，不光是讲理论。比如说，你学是可以学，只能学好，不能学不好，只能学完还是你，但是比从前好了，不能说变了一个样子，你变成另外一个人了，甚至于还不如另外一个人，那就不行了。

东方歌舞团是周总理亲手培育起来的。东方歌舞团存在这几年，特别是我们刚刚跟很多非洲国家建交的时候起的作用，用陈毅副总理的话讲，就是："你们是没有大使头衔的大使，我们外交官做不到的事情，你们做到了。"周总理给东方歌舞团的指示是：要学好学像。第一是要学好我们中国的，要学习中国的民族民间的歌舞艺术，同时要学好亚洲、非洲、拉丁美洲的歌舞艺术，要去开展我们的人民外交。

我在东方歌舞团的4年当中，感觉周总理大概是领导人中接触东方歌舞团最多的。"文化大革命"开始以前，东方歌舞团已经开始受到冲击了。周总理、陈毅副总理多次到团里讲话，为东方歌舞团说话。当然，现在回忆起来，他们也是很有策略的。比如说，我问陈毅副总理："现在不许扭胯，不许扭腰，那我们学到的非洲舞就是扭胯、扭腰，没有这个就不成非洲舞了。"那时候叫扭肚皮吧。陈老总讲："我就不信，那么大的一个中国，扭两下子肚皮就扭垮了！"性格非常鲜明。周总理就不是，他婉转一点，他也知道是谁对东方歌舞团在发难了，说："你们就还是那么做，尽量地做到我们的人民能够接受，能够美，你们自己去处理这个问题吧，我的意思你们还是要学好也要学像。有些暂时库存起来。"陈毅副总理讲："都给我库存起来，绝对不能丢掉，《采茶舞》、《荷花舞》(那时候也是不大吃得开的)，也要库存起来。你都给我库存起来，都要有用。"

一次，有一个演员给《沙家浜》报幕，周总理一看是一个东方歌舞团的人，很热情地上去，就问东方歌舞团怎么样？他嘱咐：东方歌舞团这个名称很光荣，你们要保持东方歌舞团的光荣。这是周总理给我们最后的一个嘱托。

打倒"四人帮"以后，也是因为历史的原因，把我推到东方歌舞团团长的位置上，主持东方歌舞团工作10年。我在工作当中，无论困难的时候，还是顺利的时候，我常常重温周总理给东方歌舞团讲的那些话。最重要的一点是，我不能有辱周总理对我们的嘱托。东方歌舞团在大家的努力下，又在人民当中，在我们的文艺战线当中，成为一个比较有光彩的很好的一个团体。

周恩来总理与大型舞蹈史诗《东方红》

严良堃
著名音乐指挥家

周恩来总理离开我们快四十年了，但广大人民总是难以忘记他，大家总觉得他还在我们中间。在我们的心目中，周总理既是一个伟大的无产阶级政治家，同时又是一个非常普通的人，每个接触过他的人，都会有一种亲切、熟悉的感觉。这大概是大家不能忘却他的原因吧。见过周总理的每个人，都会告诉你一些有关周总理的动人故事，我也想起了一些周总理和我们文艺界有关的往事。

首先想起的是一件使我很受感动也很受教育的事情。记得那是1960年，在首都剧场举办纪念聂耳、冼星海的音乐会，演出曲目有聂耳的《扬子江的风暴》、冼星海的《黄河大合唱》和《生产大合唱》等。参加演唱演奏的是中央乐团和民族乐团的乐队、合唱队，我担任《黄河大合唱》的指挥。那天总理也来观看了演出。演出很成功，剧场气氛非常热烈。最后由我指挥演员和全场观众共唱一首聂耳的《前进歌》。我仍像前几个节目一样，站在台上对着乐队和合唱队指挥。这时总理站起来了，面向全场观众一边指挥一边高声唱着。全场观众包括演员都非常激动，一边鼓掌一边高声歌唱。我也赶快转过身来，面向观众指挥。这种与人民群众在音乐中交流和由此产生的共鸣深深震动了我，那激动人心的感觉我至今还记忆犹新。我是一个音乐指挥，最早进入音乐界是在抗战期间加入党领导的抗日宣传组织——孩子剧团，后来孩子剧团解散了，我就到国立音乐学院去学习，解放后又到苏联去读研究生。书念得多了，学问也大了，就把自己当成了表演艺术家，过分强调要以精湛的业务、高水平的演出来为人民服务。这当然是需要的，但忽略了非常重要的一点，即音乐表演的主旨是要加强人与人之间的感情交流。这次演出给我留下了深刻的印象，使我更加明确认识了音乐是用来激发人的感情，用来鼓舞人民的。一个好的、真正的音乐家，永远不能忘记人民、脱离人民，一定要在音乐中投入与人民共同的感情。如果只抱着客观的、冷淡的“表演”态度，那只能是一个“艺术匠”，而不能成为艺术家。

周总理有着与人民息息相通的感情，这体现在他整个生活的各个方面，从他和文艺工作者的日常接触中，处处体现他对我们的关心。总理的艺术修养好，爱好广泛，他常作为一名普通观众去观看文艺演出，一点架子也没有。关于这方面的事情非常多，比如他与人艺演员的亲切关系已是众所周知的事情。我讲一件总理关心艺术家的小事。一次总理去看中央歌舞团的演出，演出后照常去后台看望演员，并和大家聊天。大家在总理的身边从来不拘束，就像和一个自己敬重、热爱的长辈在一起。舞蹈演员赵青在交谈时无意中讲到她最近总是腿疼，总理就关心地询问原因，赵青说是因为住的房子是水泥地，比较潮湿，练功后受了凉就腿疼。总理说：“你们为人民提供了这么美好的精神享受，但却因居住条件影响了身体，这哪行啊，应该改善。”大家听了总理的话，都很感谢总理的关心。没想到，第二天国务院办公室就打来电话，询问中央歌舞团有多少舞蹈演员，住多少间宿舍，并说总理已经关照了，从十大建筑材料中抽出一部分铺地板的木材，给团里舞蹈演员的住房都铺上木板地。大家听说了以后都非常感动，一个身居要职、日理万机的国家总理，却把普通文艺工作者生活中的具体小事挂在心上，这是真正的社会主义国家的人民公仆。

总理和艺术界的关系十分融洽，我们这些搞音乐的和他在一起都很随便，甚至很“放肆”。有一次他和文艺工作者一起座谈关于文化艺术民族化的问题，总理在讲话中谈到，我们的文化艺术应该走革命化、民族化、群众化的道路，为工农兵服务；还讲到在这一点上朝鲜做的比我们做得好，他们很注意继承自己的民族传统，注意运用和发展自己的民族乐器；我们也应该重视自己民族的东西，不能只搞“洋的”。说到这里，总理举例说：“比如像小提琴，我们中国老百姓就不一定听得懂。”这时在场的一位音乐家递了一个条子给总理，大意是说，小提琴也可以演奏人民群众喜欢的音乐，像小提琴协奏曲《梁祝》，农民就能听懂，并且很爱听。总理拿到条子，看过后就念给大家听，然后对大家说：“我刚才讲得不够全面，你们是专家，帮助我补充了，这样就全面了，这很好，以后我就不再这样讲了。”这种谦虚、坦荡的胸怀实在令人敬佩，这不是每个身居高位的领导人都能做到的。

我和周总理接触比较多、比较直接的，是在 1964 年至 1965 年排演大型音乐舞蹈史诗《东方红》期间。那时我担任指挥组的组长，并且是导演组的成员。这部作品，仅用了两个多月就编导出来了，由全国 3000 名专业和业余的演员参加演出。音乐舞蹈史诗《东方红》(我们叫它《大歌舞》)，是第一部全面表现我们党领导人民进行革命斗争历史的大型文艺作品，其内容由我们党历史上的重大事件组成，是向建国 15 周年献礼的作品。像这样一部全面总结我们党历史的大型综合文艺作品，对其中重大历史事件应该突出表现哪一段，孰轻孰重，怎样处理，要有比较恰当的把握；艺术上要以融音乐、舞蹈、诗歌为一体的完美形式来表现，既要突出主题，又要有艺术感染力。驾驭、掌握这些事情，既需要很高的政治水平和处理问题的能力，又需要有文学艺术方面较高的造诣。《东方红》演出中的这些具体问题都是由周总理亲自指导、安排的，人们都亲切地把总理称为“总导演”。我与总理以前虽然多有接触，但像这次这样深入到我们的具体工作中，直接指导我们的业务创作，还是第一次，很多事情至今还历历在目。作为高水平“导演”，总理成功地处理了很多棘手的问题，印象最深的是对“八一”南昌起义的处理。周总理是参加并亲自领导南昌起义的重要成员，但他认为秋收起义建立了农村革命根据地，是中国革命军队建设的主流，毛主席的这一建军路线是使中国革命取得胜利的关键，所以在表现建军这一场面时，为了突出秋收起义就没有表现南昌起义。排演好了以后，总理请了陈老总、贺老总等几位老帅来看彩排，看完以后请他们提意见。陈老总发言时说：“总理，我对建军的那一段处理有意见。‘八一’南昌起义你参加了，你谦虚，不写这一段历史。但这是我们党和军队历史中非常重要的一段，不写，就把参加这一斗争的同志都埋没了。我们军旗上写的也是‘八一’嘛。这样处理，我们将领们不服！”当时在场的有领导小组的成员，也包括我们各组的负责人。老总们提出了这么尖锐的批评，大家都很紧张，不知该怎么处理。老总们走了以后，总理马上就和大家商量，说既要接受老总们的意见，又要坚持原则。最后总理提出，在这一场开场前的朗诵词中加上“听，南昌起义的枪声，响起了第一声春雷。看，毛泽东同志领导的秋收起义，点起了最亮的火炬”，然后再开始秋收起义的歌舞场面。这样处理后，又重新请陈老总他们来看。看后，老总们说：“小的意见虽然还有一些，大问题已经解决了，我们看可以演了。”总理处理问题，既有原则，又合情合理。这种工作方法使我们很受教育。当时领导小组的负责人是宣传部长周扬，他多次讲过：“没有总理的亲自指挥，我们是搞不出这个《东方红》的。”

表现我们党的历史，还会遇到各式各样的意见。比如像红军长征途中通过大凉山一场，表现了当地民族兄弟欢迎红军，使红军顺利地通过彝族、藏族地区的情景。红军离开时，他们送自己的子弟参加红军，红军也送给当地的头领一面旗子和几捆步枪。这时有人提出了意见，说这些头领都是奴隶主，是代表奴隶制度的统治阶级，我们怎么能给他们送红旗送枪呢。像这种关系到政治立场的意见，在当时是很有压力的。总理听了稍微想了一下，然后说："当时我们红军面临的局面是很严酷的，我们的损失已经很大了，后面有蒋介石百万军队的围击，没有退路。如果不能通过少数民族地区，红军就只有被消灭，那就没有以后的革命事业了。少数民族头领确实是剥削阶级，但他与我们在反对国民党这一点上是共同的。没有他们的支持，我们就无法到达陕北，那我们什么也干不成，也不会有后来蓬勃抗日的局面和党的事业的发展。"

当时江青正好出来了，对文艺界的事她都要插手，《东方红》当然也不例外。一次她陪一个法国代表团来看演出，看到表现抗日战争中《游击队歌》时，一位法国客人说这段音乐的曲调像法国歌曲。看完演出后，江青就叫来领导小组，要我们把这段内容砍掉。总理当时在欧洲访问，回来后一看，《游击队歌》没有了，换成了《游击军》，总理就问为什么要改，大家说是江青让改的。总理说："曲调像谁并不重要，重要的是看它所起的作用。抗日战争期间，青年们从后方的八路军办事处转向敌占区时，唱着《游击队歌》、打起绑腿就走。这首歌鼓舞了当时的一代热血青年，起到这么大作用的代表作品怎么能砍掉呢？还是恢复。"这样，现在我们看到的《东方红》中表现游击战争场面时，就有了《游击队歌》和《游击军》两段音乐舞蹈表演。

另外还有一个小故事。过雪山草地一场，有个打敌人马队的情节，在一次讨论剧情的会上，孙维世说，邓大姐看过演出后说，记得打马队是在过雪山之前。总理一笑说："小超啊，她那时是在收容队，她搞错了。"大家都随他笑了起来，觉得十分轻松，就像家里人一样。

在总理的直接指导下，这支演员的队伍十分过硬。一次日本"松山芭蕾舞团"来看演出，演出后，总理请客人们到后台去看一看。演出结束仅仅十几分钟，"松山"的客人们以为一定可以在后台看到很多演员，还想着跟熟悉的朋友聊聊天。没想到，到后台一看，后台鸦雀无声，三千多演员已经全部退场，只看到码放得像军营一样整齐的道具。日本客人们赞叹不已。

1964 年 10 月 6 日，毛泽东主席来观看了《东方红》演出，演员们又高兴又激动，合唱队把开场的"东方红"的音都唱跑了。演出后，总理对大家说："大家都不要走，今天毛主席要和大家合影。还有两件大喜事要告诉大家。不过你们可不能跳，三千多人一齐跳，就该把站的台子跳塌了。一件事是我国成功地发射了第一颗原子弹；另一件是苏联修正主义的头子赫鲁晓夫下台了。"大家高兴得直欢呼。那天毛主席和大家一起照了相，照完相，总理亲自向主席介绍了在场的一百多位艺术家，总理对每一位都准确而流利地说出他们的姓名、专业以及工作单位、大概情况等。那是一百多位各行各业的艺术家啊！像这样清晰的头脑和非凡的记忆能力，简直让人折服。介绍完以后，毛主席握着总理的手笑着说道："总理，你好厉害啊！"我觉得，这既是毛主席对周总理成功"导演"了《东方红》的祝贺，也是对他和广大文艺工作者亲密关系的赞许。

周总理指示："煤矿工人不能断酒"

邓玉华

著名歌唱家

记得 1965 年的秋天，在北京饭店的一个晚会上，我和我们团的同志们在那儿演出。当时，敬爱的周总理，还有一些老师们来看我们的演出。那时候全国正在掀起学雷锋的高潮。在学习雷锋之后，又涌现了一批英雄，有一个英雄叫王杰，我就唱了一首歌颂王杰的歌曲，叫《革命熔炉火最红》。唱完以后，周总理就要我们团的一个演员把我叫到他的身边，说："小邓啊，你刚才唱的歌叫什么名字来着？"我说："叫《革命熔炉火最红》。""噢。"他说："这首歌挺好听的，而且这里面有几句歌词还挺好的。"他又问："你能教我唱吗？"我想：哎呀，这首歌挺难唱的，有好多都是借鉴了一些地方戏曲，里面有跺板啊，由慢到快，很难学。后来我想：周总理日理万机，那么忙，哪有时间学呀！但是我看着周总理的眼睛，他非常诚恳，真是想要跟我学。我就问：那您有时间学吗？他说："有！现在马上就学。"接下来，周总理真的就一遍一遍地和我学起了这首歌。当时一边学，他一边说："'为人民服务，愿做一颗永不生锈的螺丝钉。'这句歌词好。""为革命，他比泰山还要重"，还有几句歌词，他当时都一一地说好。我体会，周总理当年虽然在和我学唱歌，实际上是在教我如何做人。周总理自己给我们做出了光辉的榜样，现在依然还深深地鼓励着我，要很好地为煤矿工人服务，为人民服务。

在如何学唱歌上，周总理也给我很多教诲。他几次跟我讲：“你要好好地向王昆、向郭兰英学习，唱好咱们的民族歌曲。”并且说：你还要学习科学唱法。因为当时声乐界总是有什么洋唱法、民族唱法之争。后来对我说：你要学习西洋方法，要唱好民歌。还对我讲，一定要学了唱法之后，不要不会唱中国歌了，要把中国歌唱好。

有一次我们到国务院去演出的时候，周总理就问我们：你们现在到什么地方去了？我们汇报下基层了，说了我们都到什么地方去演出。然后，他就能够说出来当时我们下的那个矿区，它的年产量是多少，产的是什么煤，运到什么地方。他都了如指掌。我们演员都佩服得五体投地，一个普通的矿区，他都能知道得这么详细。

周总理还经常通过我们了解煤矿工人的生活。有时候他问：你们到大食堂去吃饭了吗？以前我们刚刚下基层的时候，都是单开集体伙，他们专门给我们做饭，上大食堂吃饭的机会很少。当时他一问矿区情况，我们都回答不上来。此后，团长就特别注意，每次下基层都要让我们到大食堂去看一看。他又问：工人上井之后，有没有热水洗澡？还问，工人下班之后，他们有什么文化活动？有图书看吗？有什么电影啊？还问：给工人演什么电影啊？后来我们才知道，通过了解演什么电影，演到哪部电影了，等等，就能知道这个地区的文化生活是不是落后，落后到什么程度。

后来听说要解散煤矿文工团，当时我们文工团的人都不希望解散。突然有一天传来好消息，说周总理讲话了，煤矿文工团不解散了。后来，他看了我们团的歌舞晚会，看了我们演的舞剧《宝莲灯》、话剧《兵临城下》。话剧是在东四一个工人俱乐部演出，那个小胡同很狭窄，他都去了。看了演出后，他就讲：这些孩子们还是不错的。因为煤矿工人很辛苦，要有一支这样为他们服务的文工团。虽然咱们国家艺术团体很多，但是他们也顾不过来，不会有专门时间去为煤矿工人演出。在周总理的关怀下，我们这个团就保留下来了。

还有一次印象也是非常深刻的。那是困难时期，我们煤矿文工团到中南海国务院演出。演出完了，那时候有一个习惯，有时候周总理陪演员吃饭。当时他就看着我们这些人，跟旁边的人说，唉呀，这些孩子们的脸色怎么那么难看哪？就问我们，你们吃饭吃得好吗？能吃饱饭吗？大家都知道，那时主食都是定量的，也没有副食，肯定都是吃不好饭，可是我们都不敢跟周总理说实话，就看看，笑一笑。他很能理解人，当时就把秘书叫到他身边说：赶快，去叫人到南海给他们打点鱼，然后晚上做着吃。他还问，你们下基层，煤矿工人们生活得怎么样？他们能不能吃饱饭啊？我们就说，煤矿工人特别喜欢喝酒，他们就怕断了酒。现在有的煤矿已经买不着酒喝了。下井特别潮湿，喝点酒能够暖一暖，把身体的关节热一热，因为很多煤矿工人都有关节炎。他听完以后马上就皱起眉头，就思索，然后就把他身边的领导人叫过来，说：赶快，告诉他们，我，还有我们国务院的这些人，茶可以不喝，酒也可以不喝，但是煤矿工人不能断酒。我们在场的人都激动得落了泪。他也特别激动。那天晚上他陪我们一起吃了饭，真把南海的鱼给打上来了。他说：你们一定要吃饱啊！你们一定要吃饱啊！我们这儿也没有什么好东西，但是今天你们一定要吃饱饭。

我记得最后一次见周总理是在1967年，"文化大革命"中，那时，有一个越南代表团来中国演出，我因为曾经在越南演出过几个月，就叫我去教他们唱中国歌。没想到演出时见到了周总理。他见到我说：小邓啊，好久没听你唱歌了，今天唱一个吧！这次见面让我久久难忘。

说起乒乓球周总理就特别精神

邱钟惠

著名乒乓球运动员、我国第一个女单世界冠军获得者

周总理在世时我见过他 23 次，他的言教身教给我一生留下了用不完的宝贵财富。

乒乓球队最早接触周总理是 1955 年，他来看我们表演，我们是又激动又紧张，摄影灯照着我的眼，看不清。周总理就说：把那个灯关掉，影响运动员的视线。他观察得太仔细了。

1959 年，容国团得到世界男子单打冠军，周总理接见我们，并且和运动员们跳舞，第一个和我跳，一边跳一边问许多问题，记者们拍了照片，他立刻交代：内部可以，不要发表。

1961 年世乒赛，周总理有许多指示，给运动员特供，组织工作做得细，外事上安排得很好。所以世界乒乓球界许多人士提出要在中国举办世乒赛，说第 26 届世乒赛办得漂亮。那都是周总理直接领导的。

26 届世乒赛时周总理不在北京，回来后请我们到他家去，给我们庆功。邓大姐拿出周总理打乒乓球的照片说："看我们老球迷打球的照片。"等了一会儿，周总理回来了，和我们每个人握手、聊天，然

后说："打几盘再吃饭。"

吃饭时我也坐在主桌，周总理说："小邱，你知不知道你和高基安(匈牙利人)比赛的小分？"我说，我没算过。他说："我给你算了，我当时在云南，每天都让秘书打电话，每天问你们比赛的情况，我连小分都要。你的小分胜分是 96 分，高基安的小分是 98 分，你的小分比她还少一点，但是总的局数你赢了。"他就没有往下讲，我特别激动。我觉得他绝不是因为感兴趣才来算这个小分，他是用这个方法来教育我，要不骄不躁。

吃饭的时候，周总理说："你们都是运动员，不能敬酒，所以我给你们敬菜。"把狮子头切成几半，分给我们。

邓大姐还给我们讲了他们的"恋爱史"。邓大姐说："我当时可不是第一个选了你的，也是经过考虑、选择、考验，最后选了你的。"又说："到了结婚那天我才知道你原来是个'酒坛子'，我可不知道你那么能喝酒，结婚那天你喝那么多酒，把我吓坏了，原来你是个'酒坛子'。"

1961 年世乒赛后，周总理宴请日本乒乓球队，问女运动员松崎君代家里父母是做什么职业的，松崎说父亲是开酒店的。周总理说："噢，他有没有品尝过中国的茅台。"松崎说："他没有来过中国。"周总理说："送两瓶茅台给你的父亲，让他品尝一下我们中国最好的酒。"男运动员荻村一智郎说："我也很喜欢中国的茅台。"周总理说："好！也送你两瓶。"松崎一直把周总理送的茅台保存到现在。

1961 年来的那些国家乒乓球队团体现在提起周总理来都翘大姆指，说："周恩来，了不起。"

周总理的记忆力过人，有的事情几年前跟他说过一次，几年以后他还记得；有的人几年前他知道了名字，几年以后他还叫得出这个人的名字。

我们和歌剧院联欢，一个演员叫周恩美。周总理问她："你是不是解放以后起的名字。"她说不是，我一生下来家里就起了。两年后，他还问，那个周恩美怎么样了？

周总理是我们国家太难得的政治家、外交家，接人待物的风度、反应、决策都是出色的。

1975 年 6 月 9 日，田中访问中国时，一个女演员给周总理敬酒，周总理从桌上拿了一朵玫瑰花赠送给这个演员，这个演员激动得不得了，一晚上不停地看，别的演员羡慕得不得了。

周总理关心运动员成长，常调阅训练日记。有一次他讲："你们运动员写的'娃娃文'我都看过了，张莉，你的错别字太多了，有的我给你改了，有的来不及改，我都给你圈上了。"

1975 年 6 月 9 日，贺老总骨灰安放仪式，周总理来了，他在致词中说："我没有把贺龙同志保护好。"他讲不下去了，掉了泪，大家都哭了。他走的时候，我们都很想和他握手，但怎么握？已经看出他的脸色非常不好。

1970 年年底，关于中国队参不参加第 31 届世乒赛的问题，队里有两种意见，争论很大，一种认为不能和"帝修反"打交道；一种认为我们应该开放，广交朋友。后来传达周总理的指示，要给你们出考卷，你们正式讨论，把各种意见充分发表，最后看你们的考卷及格不及格。讨论了差不多整两天，大多数人认为应该去。最后汇报给周总理，他说我们考试合格。后来又传达了毛主席的批示："我队应去。"那次去影响非常好，成绩也不错。

1971 年，美国乒乓球代表团访问中国，这件事在世界上很震动，显示出周总理的战略眼光和胆识。

在接见访华的 5 支乒乓球队的时候，周总理一个队一个队接见，一国一国交谈，还特地问了美国乒乓球运动员科恩（详见本书第 213

页——编者注）。科恩问周总理：“对美国的嬉皮士有什么看法。”他说：“每个国家的青年都追求他们各自的理想和目标，嬉皮士，这是美国青年的追求。”对各国乒乓球队提出许多问题，他回答得都非常好。

美国运动员纽格顿参加过那次5支乒乓球队接见，得到一枚周总理头像的纪念章，每次出国比赛他都戴着，告诉别人：“周恩来，伟大！”松崎每次见到周总理非常激动。周总理安排为他们夫妇治疗不育症，这个过程我全程陪同，后来给治好了。每年邀请他们夫妇来华一次，待遇很高，她说：我确实受之有愧，我没给中国做什么。他们夫妇俩开了个体育用品小商店，就是因为可以来中国。我们每次见面他们都谈到周总理。

1971年周总理在人民大会堂接见乒乓球队，他问有没有女教练，有没有女医生。后来调来友谊医院的一个医生。问到女教练的时候，他问我为什么不能派，我回答说，她的爱人是“苏修特嫌”，就放下了。

“文革”中，我们为了荣高棠出国的事，到中南海西门去，后来周总理教育我们：你们这是帮倒忙。1974年我又在人民大会堂见到周总理，他苍老多了，瘦多了。他为了我们的国家和人民，在那里苦撑着，但他讲话的声音还是那么宏亮。

周总理去世，大家一下子就呆了，都哭了起来，特别难过。与体育界感情最深的是周总理，他永远活在我们心里。

我们常常记起周总理说的：说起乒乓球我就特别有精神，我办公的地方也有乒乓球台。我们才知道他经常打乒乓球。

“用小球推动地球”的周总理

庄则栋

著名乒乓球运动员

我们球队每次出国参加比赛前，周总理都要和政治局部分成员，为乒乓球队的出征送行或饯行。1963 年 3 月，我们将要去捷克斯洛伐克的布拉格，参加在那里举行的第 27 届世乒赛。临出发前，周总理在中南海的武成殿为我们饯行，陈毅、贺龙副总理也参加了宴会。周总理还特意请来中国驻捷克大使仲曦东，介绍给我们乒乓球队。他说：“这位仲大使，今后就是你们的后勤部长，后勤方面的事由他全权负责。如果不习惯吃外国饭，可以由使馆的厨师做中国饭，厨师不够还可以从国内派。”

仲大使热情地说：“有！有！我们全力以赴。这次世乒赛用的球台，我们也购买了几张，摆在使馆里，我们那里就是你们的训练基地。”

周总理又问：“这次去捷克，队里带没带医生？”陈先同志回答：“带了。”他又说：“运动员比赛很辛苦，有伤、有病便于及时治疗，这一条今后要形成一种制度。”周总理风趣地说：“今天，我按照国家招待内宾的标准四菜一汤请你们吃饭。我们国家现在还很困难，虽然经济情况有所好转，但我们还要处处节约。今天的宴请由我工资开销，但粮票你们要交啊！大家不介意吧！我们吃饭的地方是武成殿，古代将军出征要走安定门，打了胜仗从德胜门进，打了败仗不能走德胜门。打了胜仗以后，皇帝要庆贺赐御宴，才能到武成殿吃饭。你们即将出征，我请你们先在这里吃饭，算是对你们胜利的预祝吧！”他停顿了一会儿，又接着说：“对你们的比赛，我提出四点要求：一、友谊胜于比赛；二、战略上藐视，战术上重视；三、胜不骄，败不馁；四、此行必胜必成！”说完周总理用他那炯炯有神的目光向大家巡视一圈，宴会厅里顿时寂静得鸦雀无声。这时，邓大姐见队里有人吸烟，她笑着问道：“你们运动员里有人吸烟吗？我是反对吸烟的！吸烟对身体不好。”她关心而又坦率地说。

周总理笑着反驳说：“请人家吃饭，你别反对吸烟嘛！”

邓大姐说：“在这个问题上，我和总理有分歧。我们俩是行动上一致，都不吸烟，思想上不一致。”周总理则说：“烟酒税大，抽一点儿可以，对国家有好处。”

邓大姐说：“青年时代，我和总理交了6年朋友，一直观察他，别的都好，我竟没有发现他原来是个‘酒坛子’。”这一下把大家都逗乐了。

周总理笑着问：“运动员中有喝酒的吗？”大家回答：“没有。打胜了世界比赛，高兴祝贺一下，喝上一点儿，平时大家都不喝。”

“还是不喝为好。打了胜仗，庆祝一下喝上一点儿也没关系。”邓大姐用手一指周总理，对大家说：“可别像他，是个‘酒坛子’。”大家又都哈哈笑了起来。

1971年4月，在日本名古屋发生了那起难忘的历史事件。第31届世界乒乓球锦标赛期间，我们中国代表团住在日方特意安排的藤久观光饭店，并为我们提供两辆大巴士汽车作为交通工具。一天，我们从饭店乘车去体育馆参加比赛，一个美国运动员错上了我们这辆车，这时车门关上，车子开动了，他站在门口，有点不知所措。我本来坐在车的后面，想起来日本前，周总理一再地提出要执行“友谊第一，比赛第二”的方针，对人民讲友谊，是中国的传统文化，做敌对国家人民的工作才真正体现“友谊第一”的方针。想到这里，我从手提包里选出一块杭州西湖织锦作为礼物，从后排走到翻译面前，请他帮我同那个美国运动员攀谈。后来知道他的名字叫科恩。

第二天，日本的《朝日新闻》、《读卖新闻》、《每日新闻》等报刊，都在头版以显著的位置登载了我与科恩握手、交谈的照片。有的还加了横栏标题：《中美接近》，由此轰动了名古屋，轰动了日本。这就是后来被称为“乒乓外交”的开端。

1971 年 7 月中旬，周恩来总理在人民大会堂作形势报告，体育界的代表坐在最后一排。当周总理谈到第 31 届世乒赛后邀请美国乒乓球队访华时，突然问：“庄则栋同志来了没有？”这种场面我当时都不敢回答，还是体育界的同行们说：“来了！来了！”周总理听到声音来自后面，就说：“到前排来坐！乒乓球队的同志们都到前排来坐！来，让我们鼓掌，对他们表示热烈的欢迎！”我和乒乓球队的同志们，在人们的鼓掌声中从最后一排走到了第一排，我们看见第一排是空着的，就都坐下了，心里咚咚直跳。我们看到周总理和中央领导同志坐在主席台上，离我们很近。

周总理对我说：“这次美国乒乓球队第一次来中国访问，小庄，让你和乒乓球队的同志们去美国访问，你敢不敢去？”

“总理，我和同志们都敢去！”

周总理笑着说：“好嘛！应当是礼尚往来嘛！”

从人民大会堂回来，我和同志们都沉浸在兴奋、幸福之中，因为不久的将来我们要访问和我们为敌 22 年的美利坚合众国。那是什么感觉和滋味！

不久，周总理在人民大会堂接见日中友好访华团，赵正洪、宋中和我参加了会见。外宾走后，周总理对赵正洪同志说："你们参加第31届世乒赛的代表团的总结报告，庄则栋和徐寅生写的总结我都看了。庄则栋写的'友谊第一，比赛第二'的总结最好，水平很高，我们准备推荐这篇文章。"

从此以后，人们把这行动称为"乒乓外交"。

大约在10月下旬，体委领导通知我，去北京体育学院外宾招待室，陪同前来我国秘密访问的美国总统国家安全事务助理基辛格博士参观北京体育学院。当钟师统院长把我介绍给基辛格博士时，基辛格同我热情地握手说："感谢你为美、中两国人民的友谊所做的贡献。"他又幽默地说："没有你在第31届世乒赛所做的努力，我也不会这么快飞到你们国家来。"

后来我才知道，基辛格博士的访华和以后的几次访华，是为安排美国总统尼克松1972年2月的访华做准备。

1971年12月28日，周总理在人民大会堂接见美国友好访华团，我和体委的领导同志也应邀出席。在客人没来之前，周总理开门见山，亲切地对我说："小庄，明年4月中国乒乓球代表团应美国的邀请首次访美，这个代表团的团长你来当！"我一听紧张极了，连连摇着头说："总理，我水平低，当不了团长！"

周总理听了笑着说："年轻人出去锻炼锻炼，犯点儿错误也没关系，我看你行，团长就你来当。我再给你配备两个得力的副团长，你们出国前的准备和具体事宜，由李德生同志负责。"

我见周总理这么信任我，态度坚决，想得非常周到，令我敬佩和感动。我不安而又愉快地点头表示同意。

没过多久，周总理又在人民大会堂召集访美代表团的领导和有关方面的人士开会。在座的有李德生、王猛、外交部的钱大镛，还有刚从体委五七干校回来的李梦华和我等人。会上，周总理说："今天，访美代表团的领导正式组成，小庄当团长，李梦华、钱大镛担任副团长，李梦华担任代表团的党组书记，小庄、钱大镛担任副书记……代表团组成后，协调各方面的关系以及各方面的准备工作，由李德生同志负责领导，今后送、迎代表团都由李德生同志出面。"

这次会后，访美的乒乓球代表团很快就组成了，在李德生同志的亲切关怀下，准备工作在顺利地进行着。在几个月中，我看了一些美国的历史、政治、经济、文化等方面的资料，这对我是一次很好的学习机会。

1972 年 2 月美国总统尼克松首次访华，我也到机场迎接。当我看到尼克松总统夫妇走下飞机，主动伸出手来，和前来迎接的周总理的手握到一起时，我热血沸腾，心潮澎湃。这不光是中美关系的改善，而且标志着一个新的时代的开始。

当天晚上，周总理在人民大会堂举行盛大宴会欢迎尼克松总统及其一行。当尼克松总统和周总理步入宴会厅时，响起了掌声。尼克松总统在周总理的陪同下，由外交部礼宾司司长韩叙一一将前来参加宴会的中国方面的人员介绍给尼克松总统。尼克松总统走到我面前时，韩叙同志给他作了简单的介绍，周总理在旁补充说："他就是即将访问贵国的乒乓球代表团团长。"

尼克松总统高兴地握着我的手说："到了华盛顿，我在白宫见你们。"

"谢谢！"我回答说。

有人对我说："小庄，你真行，这次把乒乓球打到美国去了！"

我真挚地说："我只会打乒乓球，不时地打下网，打出界。从地球这边，打到地球那边的是毛主席、周总理、尼克松总统。"

1973 年 11 月，在北京举行亚非拉乒乓球友好邀请赛前，周总理对我说：“小庄，你要掌握政策，柬埔寨和越南不要碰，伊朗和伊拉克不要碰，在中国相碰，他们会弃权的，影响不好。”我回答说：“团体赛我们可以用技术手法避开政治上的问题，可是单打，一个国家 9 个人，第一轮碰不着，第二轮、第三轮……怎么办？单打碰不着，双打怎么办？”周总理说：“你把每天的比赛情况写出不超过两页的纸给我，我和你一起把这个关。”我知道周总理日理万机，就把每天的赛况压缩在一张纸送上。送到第四次时，周总理批示：“胜之不武，让之有德。”由于准备充分，并没有出现比赛前所担心的问题。

1973 年前后，周总理送给蒋经国先生一幅书法作品“只可顺守，不可逆取”。

这两幅作品的内容也正是周总理一生光辉形象的写照。

中国乒乓球队从胜利不断走向胜利，真正的掌舵人是我们敬爱的总理——周恩来。

给晚年周总理治病的亲身经历

吴阶平

全国人大常委会原副委员长、著名泌尿科专家

我跟敬爱的周总理接触时间很长，越接触时间长，越觉得跟他接触就是受教育，我受周总理的教育实在太深了。我想先从看病问题说起。

周总理患膀胱肿瘤，是在常规检查时发现的，不是他有什么病状才检查的。接着，我们就赶紧加强检查，比较快就得到了证实。后来得到中央批准，要跟他讲这个事情。我很明白，周总理是相信科学的，是相信我们的，估计他接受治疗不会有什么大的困难，但是我不知道他还会说什么。实际上，我跟他说了这个检查结果，他一点也没有什么震动。他说："我一定配合你们。"这句话在我的意料之中。可是，他在这句话后头还有一句话："你们也要配合我"。这句话是在我意料之外的。我完全理解，他这是要医疗、工作两不误，医疗工作的安排要不影响他的工作，他是处处以工作为第一的。我马上就回答："我们一定这么做。"可是我有个考虑，尽管膀胱肿瘤还不算是最坏的肿瘤，但毕竟它还是比较严重的，实际上最终一定要影响工作的，也就是说根本不能工作的，我也不希望有那一天，所以说到这儿就完

了。后来，我们安排治疗，差不多都是适应他的时间，他是从工作岗位上抽时间来治疗。比如说，1973 年 3 月 9 日我给他做治疗的，为什么呢？因为他 3 月 8 日去参加中联部、外交部举办的庆祝三八妇女节招待会，然后回到医院，3 月 9 日做治疗。他 1974 年 6 月 1 日又开始到医院治疗，为什么呢？因为他是 5 月 31 日刚刚和马来西亚总理拉扎克签订了两国建交问题的协定。可以说没有一次不是从工作岗位上抽出时间来做治疗的。1974 年，已经知道他还有一个肠肿瘤的问题，已经决定要治疗了。可是那个时候毛主席在湖南，四届人大的安排在即，周总理不得不延缓治疗，与王洪文到长沙去见毛主席。回到了医院后，还继续工作，不仅看文件，批文件，还要见外宾。我记得，他住院以后，1974 年，一直到 1975 年 9 月，大概他最后一次见的是罗马尼亚的外宾，其间他见了 60 多次外宾，不要说内宾了。他接受治疗，是以工作为主的，一直到最后离开我们。

他办事非常认真，一切都是从革命的利益出发，从国家的利益出发，认真到不可想象的程度。比如说，我们向周总理报告其他人的病况，上至国家领导人，各方面的高级干部，一直到工人、农民，他都是很关心的。他派我们去看王进喜，王进喜患癌症，住进医院了。我们回来以后给他汇报。我们知道，给周总理汇报工作，按一般的汇报方法是不行的。他完全是一种听的态度，非常认真，比我们想得细，想得周到。他要问你，你为什么说他是这个病，问你的根据，很细，他要弄得很清楚的。空手去汇报，那是不行的。我们去汇报那叫一个行列，带的东西多了，图谱、标本、X 线片、显微镜，什么都得带。因为你说到哪儿，他就叫你拿出证据来。模型行不行，合不合比例，他处处在动脑子，很快会发现问题。去时都要充分准备，一定要实事求是地汇报。汇报我们认为这个病有多大的把握，还应该做什么检查，应该怎么治疗，治疗前途如何，他一样一样地问。问到后来啊，我们都感觉周总理是医学专家。比如说，这个病是什么病，应该怎样治疗。他就问：不是谁谁谁也是这个病嘛？你们怎么说是那样治疗呢？他就要问你为什么这两个人治疗不同？最根本的是他对人的关怀，对国家事业的关怀，对国家前途的关怀，因此他一丝不苟，非常认真，考虑得细。那么，会不会被他问倒呢？他问你，你说不出来了，就被问倒了。问倒不要紧，他也不责怪你。我们就知道哪天不被周总理问倒，几乎是不可能的事。他问倒我们，并不是吹毛求疵。他想得比我们深，比我们深得多。比如说，有一次派我们到邻国去为一个领导人治病，说回来要汇报。当时病人已经病入膏肓，随时要出问题，生命不可能再挽回了。去那儿坐专机需要 24 小时，回来就要报告。先说口头报告，飞机上接到通知，要书面报告。我就要去了解情况，搞清楚了再回来。我事先都得考虑得很周到，怎么能在短短的时间里把资料收集完全。为此，我事先通知当地使馆，请当地的医疗组带全资料到那儿等我。到了当地直接去使馆，简单说一下，马上决定由几个医生赶紧整理资料，然后自己看，回来后我就给周总理汇报，我在病报上写道："除非出现奇迹，随时可以发生问题。"他看后就让我去口头再汇报。问，按你说就是没办法了？我说，随时就要出问题的。他问，他病在哪儿最主要？当然他知道，是肺部。他问，带的肺部的 X 片子上都有什么变化？我说有什么什么变化，同时又说了一句，那片子照得不好。因为我的确自己看的片子。他问，为什么照得不好？就这一句，比如我回答不出来，也可以说是情理之中的。而我恰恰看了照得不好，当时又问为什么照得不好。据说那个地方也是极"左"路线，说照得好的技术员政治条件不够。来照的这个技术员哪，政治条件是好的，但技术差一些。他说："噢，这么一回事。"他又问："什么机器照的？"这句话完全出我意料。我说："我不知道。"好！这就把我问住了。他又问："你看见那机器没有？"我说："我没看见。"这不又问住了。他也没怪我。因为事实上我是没看见。他说："好，你回去休息吧。"几个钟头后他又叫我了。他说，你再去，带一拨医疗组的人去。到了机场我们碰头，我一看哪，有个放射科技术员，我也是熟悉的。我一看放射科技术员，就明白周总理为什么问那句话。你说那儿的技术员不是政治条件好、技术不行吗？我派个政治条件好技术又好的去。如果这个技术员懂这个设备，知道是个什么型的机器，知道是要什么条件的，他就可以准备得更充分。所以他当时问我是什么机器，不是要问住我，而是要知道派一个懂得这个机器的技术员去。你看这个多深呀！像这种事情可以说常常有。比如说，我们经常按要求去了解病人的病况，写病报，周总理看完一般都要批示，同意，或阅、已阅等。他每次看病报也是非常感动人的。给周总理的病报并不都是印出来的，有不少手写的，他就用红笔逐字逐个标点符号都看一遍，哪个地方错了，就给你改好。有一次，我在一个病报上写了一句：病人今日体温 37.8 度。我写病报应该说已经是有锻炼了。周总理在病报旁边括了一个括弧，加写了"昨日 37.2 度"一句。这句话对我的教育意义是很大的。因为你说 37.8 度，这是一个当时的情况，看不出一个趋向，是往好了走，还是往坏了走。他加写一个"昨日 37.2 度"，那就说明今天高了。所以我就觉得我这病报没写好，我应该写"昨日 37.2 度，今日 37.8 度"。所以凡事都要细想，都要去考虑，不是一读而过。这是周总理的一贯的主张。

他的调查研究很深入，可以说是无与伦比。比如说，周总理召开一些工作会议，我们偶尔也在旁边。有这么一种情况：他到了，他就先看，问参加会议的谁谁谁怎么没到？有的人呢是有事来晚了，有的是秘书就没考虑到要找他来。他说，不行，请他马上来，一定要来。他真是细致啊！这时，他就不急着开会，他很忙，他在那儿先办别的事情，批文，批这个，批那个，大家等着，可以等上半个钟头，等这个人来了才开会。在对一个问题要作决定以前，他一定在关键性问题上问一些真正了解情况的人，或者是科学技术上的专家，或者是这方面的专家，他说：哎，你说说什么意见？那人一说他的意见，我们就明白了，他的确是个关键人物。他调查研究不是说我调查研究，而是你们找来个人我调查。他知道谁是最懂得，要是这个人没来，他一定要等他来。他在病中还时时刻刻关心群众的一些事情。比如，他听说云南个旧这个地方患肺癌的比较多，马上就把我们肿瘤医院的院长李冰同志找来，说："你们知道什么情况，赶紧去调查研究。"他是一刻都不停留，马上就过问。他有时进手术室之前，想到什么事情，马上就要先把那个事情问清楚，说清楚。那时候国家做肿瘤地区分布的调查，画一个肿瘤地区分布图。这个图也是世界上创造性的工作，国际上很重视。因为咱们国家大，不同的地区有不同的病，比如说，在北方患食道癌的病人较多，在南方，在广州、广西等地患鼻咽癌的人较多，分图上都表现出来了。这项工作是通过调查 800 余万人得出的结果。而参与这个工作的医务人员，间接的和直接的近 200 万人，规模很大，时间很长。周总理很赞许这个事情，立刻要他们做一个沙盘，并把这个沙盘摆到他的病房里。沙盘上什么地区有什么病，一目了然。他对这些事情的关心是无微不至的。

周总理患病以后呢，我们有的领导就安排，在 301 医院对这个病赶紧做一些研究。当时我们医疗组的同志就定期去看。周总理很清楚，马上说："你不要去。"不让我去，让其他外地两个同志去，回来以后我们一起商议。因为我一去就泄了密了。别人会问，怎么我来看膀胱肿瘤的研究工作呢？他想得非常细，我们都想不到的。他就是从总的方面，从政治上来考虑问题。

过了几个月，医院里说发现一个好办法，用樨树碱，是一个抗癌药，中国有抗癌药，一种从樨树木来的，但是这个药用了以后有很多副作用，包括白血球降低了，包括尿血。周总理也知道这个药，因为20世纪70年代初期他让我们去治疗过一个病人，是食道癌，用了这种药，副作用很大，所以他不愿意用。我们也知道不是不能用，因为不见得有好处，但是也可以考虑用。周总理说不愿用，我们也同意了。后来，叶帅就对我有意见，说我不相信中药。其实它也不是中药。中医当然我也不懂，但是我也接触很多。后来有一天，周总理把我叫去，当着我面，跟叶帅说：不是吴阶平不同意，吴阶平是同意的。是我不同意，是我自己不同意。这是来解脱我，不要因为这种事情让我有思想包袱，他对人的关心是没法儿说的。

我受周总理的教育是很多很多的，有的可以说是周总理给我的一些特殊的教育。比如说，1956年1月14日，周总理在怀仁堂作《关于知识分子问题的报告》，报告时间很长。报告说到知识分子思想的改造，是通过三条途径：一条途径是社会实践，一条途径是业务实践，一条途径是理论学习。我是1948年12月从美国回来的，回来以后，很快参加了一个学习班，学习《实践论》、《矛盾论》，学习了社会发展简史，引起我思想很大变化。我对周总理说："您说的是社会实践，我有体会，您说的理论学习我也有体会，可是我在业务学习里头却没有……"他马上头一抬，说："噢，那你说说你的业务实践是怎么回事？"我就稍微讲了讲我的医疗工作，说我从美国回来以后，当时国内对我的工作最重要的评价，就是对肾结核病有研究。肾结核病是国内当时一种常见病。我说我怎么怎么发现一个什么问题。周总理听我说完了就哈哈大笑。他说，你为什么研究肾结核啊？我说，因为那是个常见病呐，病人最多啊。他说，你们过去作研究是这么作吗？我说，过去总是文献上作什么研究我们就跟着作，跟着洋人屁股后头，所以常常从文献到文献，文献里头做什么，我也做点或者补充一点，或者重复一点，根本与自己没关系，为研究而研究，不是为解决具体问题。他说，那你不是跟你原来作研究不同？他说，所以你是从实际出发的，你是从国家的需要出发的，从病人的利益出发的，那你不是得到了吗？那你思想上不是有了变化了吗？这句话实际上就使我开了窍，他说你已经得到了，可你没有体会。

1969年4月召开中共九大之后，周总理说，你是九大代表，我也是九大代表，你知道吗？八大的时候有个二次会议，所以开完九大你不要以为就没你的事了，你还得关心群众的事情，还得密切联系群众，还得做这个事情。八大有个二次会议，九大也许还有，有没有没关系，可是你还得关心群众，这么办吧，咱们俩来抓个点。这年的5月，北京礼花厂为庆祝“十一”国庆生产礼花时发生大爆炸，青年女工王世芬冒险去拉电闸，避免了一场更大的事故，自己却被大面积烧伤。周总理看到这个报道。1958年“大跃进”时，上海有个邱财康，烧伤89%，救活了。王世芬烧伤99%，大面积三度烧伤。报道说，休克关、感染关都过了，抢救效果好。他说，你去跑，跑完回来跟我汇报情况，咱俩来分析，然后你再去跑。我想，1969年，“文化大革命”相当紧张，周总理日理万机，哪有这个时间。但他作了这个指示嘛，我就王世芬烧伤的事去了解情况。回来后我就给他汇报，说明烧伤的严重程度等。他说：她现在这么严重，成为新闻人物，新闻记者去谁能挡住？这是头一条哪，新闻记者老去干扰，她怎么能够好好恢复呢？第二条，她营养跟得上跟不上？那时候她的呼吸道、食管上都有烧伤了，烧得太厉害了，营养跟得上跟不上？第三条，那时候是6月，天气热了，她怎么度过这个夏天？他这句话我懂。因为他从抢救邱财康就知道了，等到烧伤厉害的时候，虽然邱财康面积只有39%，已经就有一个夏天不好过的问题。人在夏天热的时候就出汗，出汗就是挥发，实际上是挥发热。人被烧伤以后，尤其是三度烧伤，把皮都烧坏了，就不会出汗了，所以她就不好过。周总理懂得这个道理，那就是说得给她准备空调，这个他都想得非常细致。所以要控制新闻工作者，要保证她营养，要考虑她怎么度过夏天。然后我再去跑，回来再给他汇报，而汇报呢，也不能细说，他看到的问题比我们医生看到的医疗问题还准，有的问题准到不可想象的程度。比如说，我是泌尿科医生，那泌尿科问题我应该想得很清楚了，可泌尿科医生并没治过这种严重烧伤的泌尿问题，还不知道有些什么问题，我们的思想有很大的片面性、主观性。果然他问，王世芬泌尿系统有问题没有？我说，现在还没什么问题。而过了一段时间她泌尿系统出问题了。因为尿撒出来就沉淀了，尿壶里头就有尿碱了。因为她老躺着，尿在身体中也会沉淀，也可能有尿碱，就更容易得结石，果然她就出了结石。这些问题，使我知道，说是业务问题，可业务是离不开辩证唯物主义的，它总有道理嘛，怎么来认识？要很好地从全局来考虑，从全身来考虑。这件事使我就感觉到，在“文化大革命”这么忙的时候，周总理忽然想起让我去了解王世芬的病情，我想，就是因为当时我问了周总理从业务上怎么提高思想这个问题，他可能是在帮助我进一步认识这个问题。要不然他那时候不会下功夫来跟我谈这个事情。所以说周总理对人的教育呀是有办法的，一言一行都是教育。

周总理是在 1976 年 1 月 8 日去世的。1 月 7 日晚上 11 点多钟，弥留之际，他抬起头看见了我，说了这么几句话：“吴大夫，我这没什么事，需要你的人很多，你去吧。”这是他最后一句话。这时候，他一心想的还是别人。

周总理关心别人，总是想着别人。北京饭店有一位朱师傅，一直为周总理理发。知道周总理病了，就老要给周总理理发、刮刮胡子，周总理就不让他来。他说，不要让朱师傅看到我这个样子，他会太难受的。周总理没病以前，那大概是 20 世纪 60 年代的早期，在北京饭店旧楼，有次周总理去理发，朱师傅不小心一下划破了一点，朱师傅很紧张。他对朱师傅说：不是你的事，我一咳嗽，这就怪我。朱师傅后来在周总理身后为他刮的脸，当时他真是痛哭流涕呀！周总理一天的生活，尤其到了人民大会堂办公，到夜里 2 点多钟才回西花厅。回家以后床上有个架子，躺在床上垫着批文件，看材料，又得两个钟头左右，可能到 4 点钟左右才睡觉。睡觉起来 10 点钟、11 点钟。到卫生间就是办公，有的事在卫生间就要处理了。

膀胱癌的特点就是容易复发。1974 年 5 月，周总理出血很厉害，那样要输血了。可他绝不同意，说是毛主席接见外宾需要他去参加的，先打个招呼今天需要什么治疗，能够调整一下时间。结果有一次正在那输着血，忽然毛主席在那见外宾了，周总理也不准许我们说正在输血，拔掉针头就去参加。所以他考虑自己的身体完全是第二位的问题，工作是第一位的问题。

周总理的病一次一次老复发，老复发我们就很担心，老复发就说明长癌的趋势在那儿。1975 年夏天，他忽然得了带状疱疹，俗话叫缠腰龙，一般都半边，它是根据神经来的。他得了一个头部的神经的带状疱疹，这是很痛苦的。从前以为带状疱疹叫作终生免疫，得了一次就不得了，其实这是不对的，得了一次还可能再得的，而且体力健康不好了才得这个病，使健康状况更加下降。他故去以后多年慢慢研究才知道，得了这个病以后对促进癌的发展是很严重的。所以在 1975 年的夏天以后他情况就不好了，9 月那次泌尿科的手术后就不能做了，细胞变了，主要靠放射治疗，不能靠手术了。他的身体是全面的崩溃，抵抗力一点都没有了。身体抵抗力一点都没有，这当然和他长期工作担子重、精神上受折磨，尤其是受“四人帮”的折磨都有关系。

周总理总是说：把我推上这个历史舞台，我得用一切精力来把工作做好。所以一辈子都是贯彻这么一个主导思想，从来没考虑过自己。有一个材料介绍，周总理故去以后，联合国那时的秘书长是瓦尔德海姆，奥地利人，马上就提出下半旗致哀。有的国家就提意见，说过去我们这些国家领导人故去，你们也没有下半旗，那是不是今后我们国家领导人故去你也下半旗？他说，你们告诉我，以前或者以后，有没有谁说他身后一分钱没有，什么都没有，一切都为了国家，你们国家要有，我也给你下半旗。没有人说话了。

重病中的周总理半夜打给我的一个电话

钱嘉东

周恩来总理秘书，我国常驻联合国日内瓦代表团大使

周总理的一生是为党、为革命、为国家、为人民忘我工作，忘我奋斗的一生。在他身体健康的时候，这一点大家都有目共睹。就是在他得了重病，住了医院之后，只要条件许可，他还是坚持工作。在重病和多次大手术的情况下，按理说已经没有条件再照管工作了，但凡涉及国家利益、人民利益的事情，只要他注意到了，发现了，他也一样关心和过问。

举一个例子，1974 年 10 月的一天，那天我正好不值班，住在外交部宿舍。当时，他进医院已经有 4 个月了，这期间他做了两次大手术。这天夜里两点钟，我已经睡觉了，忽然间，传达室的李大爷跑上来敲我的门，说有电话，我匆匆忙忙赶下去。一接电话，原来是周总理打来的。我赶紧跟李大爷要了一张小纸条，他给了我一支笔。我知道周总理这个时候打电话来，一定有什么重要的事要交代。在微弱的灯光底下，我一面接电话，一面非常潦草地记下几个字，把他的意思记下来了。他交代了一件什么事呢？就是他在《参考消息》上看到一篇文章，文章讲到世界的粮食问题。有些西方人说现在世界的粮食面临

严重的危机，世界可供粮食储备只能满足 26 天的需要。报道中间也讲到中国，并提到当年的苏联，提到中国跟苏联两次在国际市场上大量地购进粮食，哄抬粮价，指责我们对粮食问题好像有点不负责任的样子，一味依赖世界市场来解决粮食问题。他看了之后，把这个情况告诉我。他说，看来这个情况是不真实的，我们应该了解一下，以防不测。他交代我到李先念同志那里去报告，要他指示有关部门把情况收集上来。他具体讲道：1972 年、1973 年、1974 年，这 3 年我们一共进口了多少粮食，而且要分门别类，其中直接进口了多少，转口进口多少，价格又怎么样。他还要求把我们出口的情况也同样地分门别类地统计出来。他说，根据他的印象，我们也出口了大米，我们出口主要是第三世界国家，其中最主要的就是供应越南。我们应该在适当的场合据理进行驳斥。他要我告诉李先念同志，要把材料收集上来，一方面报给李先念同志，同时也报一份给他。

李大爷从来没有碰到过这个情况，所以他一直坐在传达室里头，目瞪口呆地看着我，他简直不能相信在这样深更半夜的时候，一国的总理还跟他的秘书打电话，交代事情。第二天，我就报告了李先念同志，材料也都收集上来了。根据周总理这个指示，李先念同志布置有关单位写成发言稿。正好在这之后不久，联合国召开了一次世界粮食会议，我们的代表就在这个会上介绍了中国进出口粮食的情况，说明在过去 3 年之内，我们进口了多少，主要是小麦。同时我们也出口了多少，主要是大米。这大米主要是供应第三世界国家的，国际市场上大米是最紧张的粮食，而恰恰是我们提供给了世界粮食市场。同时说明了中国是一个负责任的国家，我们绝不会依靠世界的粮食来解决我们自己的吃饭问题。这个讲话在世界上起到很重要的作用。

由此可见，周总理当时抓这个问题确实是抓到了要点上。这个问题一直持续到现在还在进行。这场澄清我们在粮食立场上的斗争，可以说从周总理那时就开始了。人们说周总理是全心全意为人民服务，鞠躬尽瘁，死而后已。这个半夜电话再次表明，周总理是我们的光辉榜样。

再举个例子，1975 年 4 月，周总理的病情更重了，在这段时间，他对外宾的要求接见几乎都满足。尽管大家也都看见，他那时已经消瘦了许多，身体明显不如以前了，但是只要有可能，他还是接见外宾。据统计他前前后后在医院一年多的时间里，一共接见了 60 多批外宾。1975 年 4 月，又有一个外宾到中国来访问，就是突尼斯总理，可实在不巧，周总理这个时候正好刚动过手术没有几天，在床上还不能起来。但又不能直截了当地说出这个情况，所以就通过外交部反复跟突尼斯总理说明情况，请他原谅。但突尼斯总理觉得也很为难，因为别的外宾来了都受到周总理的接见，而唯独他来没有得到周总理接见，他回去很难向国内交代。据有的同志告诉我，突尼斯大使向外交部反复提出要求时几乎要跪下来。这个情况后来还是向周总理反映了，他决定还是会见他。突尼斯总理去了医院，他一进周总理的房间，看见他还躺在病床上，手术后保留在身上的那些仪器都还在原来的地方，也就是说他身上还插着好多管子。他一看简直不知所措了，也没多说话，匆匆见了一面就回去了。事后他再三地表示道歉，感激之情难以言表。周总理在这段时间里凡是见外宾都是登了报纸的，而且附有照片，唯独这次会见外宾没有登报，也没有照片，这件事情也可以说是世界上绝无仅有的。但是对周总理来讲，对国家有利，对人民有利，他就奋不顾身，这充分反映出周总理高尚的品德和伟大的人格。

在“文化大革命”中，被周总理拟写的总理保护的人不少，这大家都知道，我讲的是还有一张保护干部的名单。这件事涉及了章士钊。他过去当过北大的教授，后来在北洋政府期间担任过司法总长和教育总长，国共和谈他也参加了。新中国成立以后，他是我们政协的常务委员。他跟毛主席早年就认识，解放以后，他们两人之间有书信往来，毛主席还请他吃过饭。1966 年 6 月 29 日晚上，一批北大的红卫兵冲到章士钊家里抄家，把他的东西翻得一塌糊涂，还拿走了一些书籍。章士钊写信给毛主席，要求给予归还，毛主席当天就批了："送总理酌处，应当予以保护。"周总理接到这封信之后，马上派人找到有关人员，严厉地批评了他们的行动，要他们把抄走的东西原封不动地送还给章士钊。他觉得这样还不保险，又跟三〇五医院联系，要他们把章士钊接到医院里去住，一是休息，二是保护。他还派了人去警卫章士钊的住处。他联想到章士钊的遭遇还有可能发生在其他高级民主人士身上。因此草拟了一张保护干部的名单，开列了 13 位高级民主人士，其中第一位是宋庆龄，下面是章士钊、郭沫若、程潜、何香凝、傅作义、张治中、邵力子、沙千里、张奚若、李宗仁……在这张名单底下，他还写了一些别的名字，包括国家的副主席，包括人大的副委员长，包括政协的副主席，包括国务院的副总理，还有高等法院的院长，检察院的检察长，还有各部的一些负责同志，写明都应该采取行动，予以保护。他开了这张名单之后，又通过各种渠道，采取各种方式贯彻实施，包括他自己直接跟红卫兵谈，现在还回忆得起来的，是他跟那些红卫兵讲宋庆龄的情况。那时候宋庆龄有时在上海住，有时在北京住，因为两地都出现了一些冲击行动，所以他极力出来制止，给他们介绍宋庆龄是怎样的一个人物。

我们在总理办公室工作，他对纪律要求是十分严格的。在周总理那里，凡是中央领导同志之间的亲启件，秘书都不动，而真正是由周总理"亲启"。他写给其他中央领导的亲启件，也是自己封口，不让秘书们代办。有时候，我们收到的文件、信件太多，来不及细看，"咔嚓"一剪刀剪下去，才发现是亲启件。怎么办？赶紧跟周总理说明白，周总理也不责怪我们，只是让我们以后注意。

1967 年周总理去武汉处理“7·20”事件，不记得是周家鼎还是谁跟去的。一开始，我都不知道周总理去了哪里。碰巧，陈老总有事要找周总理，就来问我。我说，“总理不在”。陈老总问，“去哪儿啦？”我说不知道。陈老总觉得很奇怪：你是周总理身边的人都不知总理去哪儿了？其实，我是真不知道。陈老总见状，也不好再问下去，咕哝了一声，就回去了。

我们常说总理日理万机，废寝忘食，这一点也不夸张。周总理通常一天的工作时间大概是 18 小时。剩下来的 6 小时，也可以说是在休息，但是，是否休息好，就难说了。他办公也何尝只是在办公室。他是见缝插针，卧室、饭厅、卫生间、汽车上，随处都在办公。有时，连理发时也办公。至于碰到特殊情况，那就完全没有准了。通常情况下，周总理一般总要到天亮才睡觉，有时候是早上 8 点，有时候 9 点。周总理规定，他的办公室 24 小时不能离人。因此，他休息的时候，电话不断地来，文件也不断地来。他一起床，不管是在睡房、在卫生间、在刮胡子，第一件事就是把秘书找去，了解在他休息的那一段时间里，发生了什么重大事情。听完了情况，就安排当天的活动日程，交代他要干什么，见什么人，开什么会，有什么通知，有哪些单位参加，准备什么材料，都详细地告诉你。等一切交代好了，他也洗漱完毕，就来到办公室。大家在照片和影视中见过的那个长条桌，就在他的办公室。长条桌上面摆满了各种文件，尤其是在“文化大革命”那一阶段，文件一直摆到了尽头，只剩下他座位前面的一小块地方。他办公在这一小块地方，吃早饭也在这一小块地方。吃早饭的时候，周总理还要找秘书进去念当天的参考要闻，一边吃，一边听。

周总理的晚饭，对他来讲是午饭，第二顿饭，常常不是在家里吃的。有时，国务院开会没完，他就和大家一起吃大锅饭。到了晚上，多半是中央开会，或接见群众。等回到家里，往往已是半夜万籁俱寂的时候。1968年后，外事活动日渐频繁。周总理去机场接外宾，或去大会堂会谈或参加宴会，常带着外事秘书一块儿去。他也不放过坐车这一段时间，总是问这问那，或是让你汇报情况。他对秘书交代过两条：第一，如果国内和国际上发生了大事，不管他睡了没睡，一律要马上报告，睡着了，就叫醒；第二，如果毛主席那里找，不论什么时候，都要叫醒他。毛主席的生活与周总理不同步，也无规律。他非常照顾主席，有时去找毛主席，总先打听毛主席睡了没有，睡了几个小时了，估计什么时候可起来。有时候，毛主席没睡，找周总理，只要毛主席找，他哪怕吃了安眠药，也要赶去。

批文件，凡他改过的东西，出手之前必定再看一遍。有时发出去了，还要追回来再改。一坐到办公桌前，几个钟头就过去了。离开办公桌前，他有个习惯，不是桌子上摊了一摊子东西，让秘书收拾，而是自己清理，把已经处理和尚未处理的文件分开放在一定的地方。他对他面前那一小片地方有些什么东西，是心中有数的。

临睡前，他还要抱着一摞材料在床上看，有时候想起什么，就叫秘书进去交代。因为他的卧室在最尽头，秘书要小跑步穿过院子赶过去，以免他久等。

在住院期间，他还是照样阅批文件。1975年，他要动一次大手术，他把纪东和我找了来，要我们清理他在医院办公桌上的文件。我们向他汇报了文件的内容。他一件一件作了交代。离开时，我们祝他手术顺利。他同我们握了手，镇定自若地说："不一定，两种可能。"对工作负责到底，把自己的生死置之度外，这正是他毕生的一贯的革命精神。

他心中只有人民，唯独没有自己

成元功

周恩来总理卫士长

我在周总理身边工作了二十多年，深深感受到他那无私忘我地为党和人民工作的革命精神，亲眼目睹了西花厅不灭的灯光。

1955 年亚非会议的成功，当然要归功于周总理的伟大外交才能。可是很少人知道，在万隆会议的整整一个星期时间里，总理总共才休息了 13 个小时，每天的睡眠不足两小时。这是我一分一秒计数的。他在会上那个扭转大局、闻名世界的“我们是来求团结的，不是来吵架的”、“求同存异”的补充发言，就是利用中午休息时间亲自临时起草的，每写出一页马上交给翻译译成外文。那么复杂的局面，那么紧促的时间，没有超人的才智固然不成，没有不辞劳苦的精神也不行。

总理的一生，是处处关心他人的一生。他关心同事、关心部属、关心身边的每个普通工作人员，更是时时刻刻想着广大人民大众，唯独没有他自己。

在西花厅站岗的警卫战士，当总理进出路过时都要立正敬礼。总理见了后特意交代，以后在西花厅站岗见了他不必敬礼。他说：在这里都是家里人，没有首长。

在北戴河期间，有一天深夜突然下起了雨，总理让邓大姐把雨衣找出来，给外面站岗的警卫战士送去穿上。如果他心里不是时时装着别人，像这样的小事怎么能想得到啊！

人们都知道总理走路非常快，可他有时深夜回来，见值班的工作人员打盹或睡着了，马上就把脚步放得又轻又慢，关门时也小心翼翼注意不出声响。总理深夜办公常常通宵达旦，我们值班人员到后半夜三四点钟有时实在熬不住，难免会打个盹。有一次晚上我值班，给总理送完茶没事了便坐在沙发上，不知怎的就睡着了。正好总理出来上厕所碰上了，他就从门旁衣架上取下他的大衣悄悄给我盖上。

我们西花厅的工作人员成立了一个互助会，每人每月交 1 元钱作为基金，谁家里一时有了困难，就可以用这笔钱救急。如果有谁离开了或调走了，再如数扣还给他。这事被总理知道了，他交了 12 元钱也参加了。此外，警卫战士家里遭遇水灾或有其他困难，他和邓大姐还另外拿出自己的工资来救济。

总理曾到过陕西、云南和广东一些有温泉的地方，每次都要问地方领导：当地居民是否能洗得上温泉，有没有洗澡的地方。不记得是在昆明还是别处得知，当地的温泉给干部疗养院占了，群众无处洗澡，总理很生气，严肃地批评说：都知道洗温泉好，能治病，可人民群众祖祖辈辈生活在这个地方，却洗不上温泉，他们会怎么想？后来在广东从化又遇到这种情况，地方的同志给他解释，因为经费不足才没修建。总理回到住处后，让秘书送去 200 元钱，转告说，一定要给群众修建洗澡的地方，这点钱仅仅是他和邓大姐的一点心意。管理局的同志不好收，送了回来，总理又派人给送去，并让转告他们，下次他还要来检查，看看到底修了没修。

总理国务活动繁忙，又经常出访。出国访问，按规定外交部都发制装费，但自从实行工资制度后，总理都不准领，不用公款制装。他穿的那套中山装，看着笔挺的，那都是补了又补的，只是补丁都是我们拿到裁缝店补得平整些，几乎看不出来。比如钮扣眼破了，就从另一边衣襟里边拆一块下来换上。

三年困难时期总理那条洗脸毛巾用得中间已破成丝网了，就从中间剪断，将两端对在一起缝起来，又接着用。

1963 年亚非十四国之行到了开罗，总理的内衣都较破损，不便交给宾馆洗，我们随访人员太忙也没时间自己洗，只好请我驻埃及使馆的同志帮忙，还得叮嘱他们洗时不要太用力，否则会搓破。使馆同志一看总理的衣服太旧，又有补丁，很有意见，找到我们批评说：我们这么一个六七亿人口的大国的总理出来，就给穿这样的衣服，太不像话了！……我们只好向他们解释：是总理不准许给他制装买新衣服。在马里访问时，大使赖亚力的夫人看到总理穿这样的破旧衣服，边洗边流眼泪。

总理夏天常常穿的那双皮凉鞋，就是现在历史博物馆的那双，是 1954 年做的。那次总理参加日内瓦会议期间访问了印度，然后回到广州，正是最热的时候。7 月份，广州举行舞会，总理每跳一会儿都出一身热汗。于是，何谦秘书就将自己买的香港衫给总理穿，他感到很好，但脚上穿双黑皮鞋不协调，我们就又劝他做双皮凉鞋。这回总理听了，回家后做了两件短袖衫，做了这双皮凉鞋，天气太热就穿上办公。这就是人们熟悉的总理夏天的形象。可很少有人知道，总理就这么一双凉鞋，一穿 20 多年，直到他逝世，中间换过鞋底，但就是不肯添双新的。

总理因私事乘车外出都是自己付钱，比如乘车去北京饭店理发从来是自己付钱，即使有时是因公顺路到北京饭店理发，这段路的车费也要自己付。看戏也是这样，除了有关部门邀请审查的戏，自己去看都让我们去买票，而且特意吩咐，排队买票，不许张扬，买到什么座位就是什么座位。为不影响群众看戏，往往只带一个人去，要等灯光转暗时才悄悄入座。

总理经常在各部门讲话或作报告，有很多次是在报刊上发表的，但总理从来不让收稿费。就有那么一次，好像是在一次文艺座谈会上的讲话，事后报社给寄来了一笔稿费，有位同志收下了，存进银行。过了几年以后，那位同志把钱交到了总理处，总理指示将款全部退回。可是已经过了好几年，机构已经变动了，无处可退，大家为难了。还是办公室主任童小鹏出了个主意，说，这样吧，就作为咱们办公室的文体活动经费，以后就用这笔钱买了一些文化用品和体育器材作为公用。

1962 年困难时期，我们跟总理出差到东北去。行前总理专门交代注意事项，就是几个不准：不准吃肉、不准吃蛋——困难时期肉蛋供应很紧张；当然更不准吃山珍海味了，连油炸的东西也不准吃，因为太费油，那时油也是定量供应的。此外不许摆水果，不许摆糖，摆了要撤回去。还嘱咐要带上茶和苏打饼干，因为总理有夜间办公的习惯，又不想给地方打麻烦，所以夜里就着茶吃点饼干就完事了。

后来我们到了长春，找到管理员把总理的这些要求对他讲了。可他们硬是不听，以为不过是说说算了，所以还是超了些标准。结果邓大姐亲自出面，把管理员找来，她把各项要求亲笔逐一写下，强调一切要按标准。那位老厨师激动得不知说什么好。他说：我当了这么多年厨师，做了这么多年的菜，没少为大官掌勺，还没见过像总理这样这不准吃，那不准做的。

三年困难时期，供应情况好一些的要数杭州，肉菜、水果都还买得到。有一次总理去杭州参加中央会议，临离开的前一天，杭州市交际处的同志提了一筐菜让我们给带上。我们说：这可不行，总理对此有严格规定，不能收。他们说：这是替你们买的呀，有发票，你们给钱不就成了。我们说，那也不行，总理不会答应的。第二天登机，我发现机上放了两筐菜，就找到送行的交际处的同志问怎么回事。他们说：这不是给总理的，是叫你们带到北京给中央领导同志的，有发票，到时候付钱好了。于是两筐菜就带回北京送到了供应处。供应处给每个首长家分了一份，都是收钱的。我们领回来，炊事员给做了，吃饭时总理看到了非常生气，他饭也不吃了，说："把成元功给我叫来！"问我这菜是哪儿来的，是不是杭州给带回来的。我把事情原原本本地给总理说了。总理说：我和你们讲了多少次了，不许往回带东西，为什么就是不听？我回答说：这不是专带给我们的，是带给中央首长的，供应处付了钱，我们分到一份也是付了钱的。总理一听更火了，说："付了钱也不行！我问你：北京的老百姓能不能吃到这样的菜？"我说："当然吃不到。""我能吃得到，群众吃不到，他们会怎么说？以后你们办任何事情都要和我本人联系起来，都要和我担负的职务联系起来，都要和政治影响联系起来。我们自己制定出的规矩自己不遵守，让下边人遵守、别人遵守，那不成了'只许州官放火不许百姓点灯'了吗？这和国民党还有什么区别？"总理的这次批评非常严厉，使我终身难忘。

1958年7月中旬，那是报喜不报忧的"大跃进"年代，总理专门为此到上海做了详细的调查了解。在上钢一厂和三厂，他穿着工作服，戴着安全帽，冒着暑热，在炼钢炉旁与炼钢工人做了长时间的交谈。他还爬上吊车，向女司机仔细询问了解。总理总是要亲自掌握第一手的情况。他对工人同志说："今天你是师傅，我是来向你学习的。"他还到了厂里的幼儿园、食堂，看望和问候老师、炊事员和孩子们，回来后亲自做详细的记录。厂里为总理准备了丰盛的晚餐，总理不吃，他自己到食堂要了一副碗筷排队买饭，工人们让他先买，他笑着谢绝了，排到他跟前，花五分钱买了个大白菜，二分钱买了个馒头，一分钱买了一碗汤，跟工人一起吃，非常高兴。

也是在这一年，总理去广东视察，天气太热，长了满身的痱子。在新会的葵扇厂，他对工人们用电烙铁在扇面上印绘山水画，用下脚料做葵扇牙签，很感兴趣，赞扬他们综合利用搞得好。看到工人们在暑热天气里辛苦劳动，总理很不安，一边看，一边给工人扇扇子。直到他临终前，始终使用新会生产的葵扇牙签。

总理病重时，念念不忘的有两件他引为遗憾的事情。

1954 年秋天，去武汉勘察长江大桥，总理和各部委领导一起去。要开专列，总理不同意。到后第一天听专家汇报，第二天去现场查看，又登摆渡到江对面，等了很久。到了江对面，总理看下游有个索桥，桥上面吊了一个大竹筐。总理问那是做什么用的，安全有没有保证？他也要坐上竹筐亲自检查。我们就急了，不让他坐。总理说："工人能坐，我为什么不能坐。你们今天不让我坐，我今后还能有机会吗？"但大家就是不让他坐，争执不下，后来还是一个专家说："安全是没有问题，但是万一发生故障，工人自己能排除，总理您不会。"因为竹筐只能坐一个人。总理最后说："你们就是不让我坐就是了，我理解你们的心情。"他病重时还念念不忘这件事，说这是他的终生遗憾。

西藏自治区成立，总理做了许多工作，他自己要去。9 月 9 日这天是他定的，这是先头部队进城的日子。总理还说：好日子好天气，方便群众参加庆祝活动。我们去打了前站，头两天因高原空气稀薄反应比较大，有的同志还住了医院。因各种原因总理后来还是没有去成，这也是他自认为一生中的一件憾事。

枫丹海棠红——忆总理与大姐的深情厚爱

赵 炜

周恩来、邓颖超秘书，全国政协原副秘书长

邓大姐跟我们讲，他和周总理中学时代都在天津度过，但互不相识，因为不在一个学校，邓大姐在直隶女子师范，周总理在南开学校。那时男女分校，封建得很，没有机会接触。但周总理在学生界较有名气，她已听人说过这个名字。是五四爱国运动使他们走到一起并相识相知的。

周总理1919年4月从日本回到天津，随即投入五四运动的洪流中。后来一起开会、办刊物、组织觉悟社，两人的接触渐渐多了起来，彼此都有好感。但是这种好感，在两人心中都是朦胧的，谁都没有表露过。直到新中国成立几十年后，有一次说起往事，越谈越高兴的周总理情不自禁地回忆起他对大姐的第一印象："有次在天津集会，最先站出来讲话的，是一个两只大眼睛很引人注意的女孩子。"可见，这双眼睛在他年轻的心底留下了不可磨灭的印象。

五四运动那年，周总理21岁，邓大姐才15岁，是觉悟社年纪最小的成员，大家都把她视为小妹妹，有时称她"小超"，但叫得不多。很多人都曾问过我，叫邓大姐为"小超"是在什么时间？我曾经问过邓大姐，她说还是在上海搞地下工作的时候，同志们都称她“小超”。到了抗战结束后，大家才逐渐称她为“大姐”，后来一直叫下来了。周总理“小超”、“大姐”两种称呼都用。

周总理1920年11月赴法国勤工俭学。他在留学期间有时和邓大姐通信。邓大姐记得，是在1923年的一次来信中，周总理首次向她表露了爱慕之情。大概因为表露得比较含蓄吧，邓大姐并未领会这是在表示爱情。另外，邓大姐也知道周总理在法国有一个女朋友，很不错的，所以接到这封信后也没往这方面多想。后来周总理接二连三地来信，明确提出了问题要她回答。邓大姐是独女，这桩大事要和妈妈商量。妈妈说：“别着急，等他回来以后看看再说。你们俩现在一个在国外，一个在国内，着什么急呀？”于是就拖了两个月。这期间，周总理频频来信，恳切催问，邓大姐终于报以肯定的答复。就这样，通过鸿雁传书，双方的爱情关系在1923年就确定下来了。邓大姐还记得李维汉同志也曾给她捎来过周总理的情书。那时，他们通信中还常常谈到国家、民族的命运，人民大众的疾苦，等等，探讨“中华腾飞”之路。

1924年，周总理回国到广州从事党的领导工作，他同邓大姐已经有5年没见面了。邓大姐在天津，因形势关系，不能留在天津工作，党组织把她调到广州。他们结婚时，非常简单，没有举行任何仪式，废除了一切旧习俗。婚后约定，两人不在同一单位工作。这个原则，他们一直坚持了下来，事实证明这是很明智的。夫妻在一起工作，事情反而难办，一些关系很难处理好。

从那以后，在半个多世纪的革命生涯中，他们始终不渝地保持着战友情谊和夫妻恩爱。我就讲几件新中国成立后亲身见闻的小事吧。

周总理和邓大姐在政治上互相爱护、互相严格要求。中共九大后，江青、叶群都进了政治局。论资历，论能力，论贡献，论人望，邓大姐哪一点在她们之下？有人就提出，对邓大姐也应有适当安排。1974年，要开四届人大了，毛主席批准邓大姐担任全国人大副委员长。但这个批示被周总理压了下来。这是出于对大姐的爱护，也是对党风的维护。邓大姐从来不追求权势，不打着周总理的名义办事。她处处谨慎，避免给周总理招来麻烦。直到周总理去世以后，在1976年11月全国人大常委会通过邓大姐出任副委员长时，她才知道毛主席早就有过批示。她对周总理的这种做法，十分理解和支持。

他们之间在政治上互相爱护和严格要求，还表现为遵守党的纪律和组织原则，保护党和国家的机密。周总理平时办理各种公事，并不跟邓大姐讲。邓大姐也自觉地不过问。她不进秘书办公室的门，连周总理办公室的门也轻易不进。夫妻俩平时也聊一聊国家大事、周围情况，或是谈书评戏的，但从不涉及党和国家机密。周总理逝世后，有些人来找邓大姐问这问那，邓大姐说不知道。人家还挺奇怪：你邓大姐怎么不知道？其实邓大姐真是不知道啊。很多事，周总理可以同有关的秘书说，但是不对邓大姐说。

生活上他们也是相互关心、互相体贴、互相照顾。邓大姐很长一段时间身体不大好，仍然尽力安排好总理的家族生活，主动承担起照顾周家亲属的任务。周总理和邓大姐从新中国成立后就开始用他们工资的节余部分来补助周家的亲属，直到周总理去世后多年，邓大姐一直管着他们。除了寄钱外，她还接济来北京治病的周家亲属，直到其病故为止。邓大姐在接济周家亲属这个问题上，从不让周总理操心，总是慷慨解囊。邓大姐说过，这是为国家减轻负担，要是不安排好他们的生活，也会给周总理带来不好的影响。邓大姐安排好周家亲属的生活，也就解除了周总理的后顾之忧啊。所以周总理和邓大姐没有什么积蓄。

周总理的客人很多，来谈话的、开会的。周总理常留客人吃饭。

这时他就爱说："别走了，一块儿吃饭吧，今天我请客。"一次，邓大姐就开玩笑地说："怎么老是说你请客呀？你一个月有多少钱呀？你们是吃我的，别以为是吃你的。不信咱们分开算一算。"结果一个月的账算下来，周总理的工资扣掉房租、水电和各种开支后，真剩不下多少钱。全靠邓大姐垫着。从此以后，周总理请客如常，但总忘不了向人家说明一句："今天是大姐请你们的客。"

1962年，邓大姐患子宫囊肿，入医院动手术。周总理每天要么抽空去医院探视，要么托人打电话问候情况。邓大姐要出院了，那天周总理来到我们值班室，说担心门口那个高台阶，以邓大姐手术后的孱弱之躯，迈上迈下恐于刀口不利，问我们可否帮助抬一下邓大姐。我们连忙准备了一把藤椅，当邓大姐在门前下车后，就用藤椅把她给抬过了台阶。这件事反映出周总理的感情十分细腻，对邓大姐体贴入微。

平时周总理和邓大姐感情深不深呢？我给你们举个例子：当周总理出国的时候，邓大姐从不陪同，到外地，邓大姐也很少同去。周总理回来时，她都是站在客厅的门口，等着周总理。有时候我看着邓大姐好像迎接什么高贵的客人似的，把衣服整理得干干净净，就站在那里迎接。见到周总理呀，你别看老夫老妻的，有一次还拥抱。那时候看见他们拥抱，我们就笑。他们感情特别深。周总理外出，到国外，说实在，邓大姐成天提心吊胆，尤其是到了国外，她知道周总理政治任务相当重，她绝不能干扰他，但她绝对要给他一些温暖。周总理到日内瓦开会的时候，她想方设法送上周总理喜爱的西花厅门前的海棠花，寄托她的思念之情。反过来周总理又托秘书、托卫士长把日内瓦的花带回来给邓大姐，实际这是在互传他们俩的情和爱。在西花厅邓大姐的办公室里有一个镜框挂在墙上，保存得很好，就是把两边的花瓣存放在那里。就是说，不论走到天涯海角，他们俩的情和爱，始终串在一块儿。

在日常生活中，夫妻吵架是司空见惯的事。有人因此问过我，周总理和邓大姐吵过架没有？我来到他们身旁几十年，就看见过一次，周总理和邓大姐两个人发生不愉快，为什么？我不清楚。当时我正好进门，周总理出来很严肃、不高兴的样子，周总理就跟我说一句："赵炜，你要陪陪大姐啊！"我一看这个情况，就猜测可能老俩口发生了口角。

周总理当时急急忙忙要出去开会。我进去以后看邓大姐站在饭桌前，也挺不高兴的，后来我就跟邓大姐聊天。那天晚上我说："大姐，我老早就想聊聊你妈妈了，她是个伟大的母亲，我想知道你妈妈对你的爱，对你的培养。"她说："好，我给你讲吧。"讲的当中，邓大姐也不生气了。我觉得他们不像我们一吵架，别别扭扭的，应该说是一对恩爱夫妻那种有些不同的意见。

1975 年的 11 月初，周总理让人打电话来，点名要我以后陪着邓大姐去医院。大概他老是看着邓大姐一个人来来去去，放心不下，这也是对邓大姐的关心和照顾。但第二天邓大姐还是一个人去了医院，不让我陪。周总理就问为什么赵炜没陪来，又让人打电话嘱咐以后让我陪着。

周总理病重住院后，第一次陪邓大姐去医院时，我一路琢磨：我大约有一个月未见周总理了。这次见面，头一句话说什么好呢？叫声总理吧，怕他不愿意听。他曾经说过：我在病中，不做事了，不能叫总理。问一声您好吧，又怕他说：好什么，生病了。左思右想，找不出合适的话。眼看该下车了，我只好把心事告诉了邓大姐。邓大姐说，你就叫一声总理，但见面后千万别哭。她已经估计到我见到周总理后这一个月来病情急剧发展，悲痛的心情一定难以控制，所以这样嘱咐我。说实在的，我当时又想见到周总理他老人家，心中得到点安慰，又怕见到他久病不起的那个样子，心里太难过了。

走进周总理的病房，我就叫了声总理。他冲我伸出手来，我当时没打算握手，虽然我已经洗过手，怕手凉影响病人。就说，刚从外边来，不用握手吧。周总理说：还是握手吧。他从被子里伸出手来，握住我的手说：“赵炜！你要照顾好大姐！”我点点头，热泪夺眶而出。周总理病成这个样子，心里还是惦念着别人，惦念着邓大姐。我差点哭出声来。邓大姐见到我这个样子，忙拽拽我的后衣襟。我努力控制着自己，跑到外边走廊里才痛哭起来。我知道自己以前不愿意想、不敢想的事就要发生了！

周总理去世的时候，邓大姐每天送一个鲜花花圈。当时北京是没有鲜花的，是从广州运来的。邓大姐自己掏钱。广州不让付钱的，邓大姐说，必须我拿钱。这也说明邓大姐对周总理的一片衷心的爱。邓大姐说，这是用我的工资，最后我花在恩来同志身上的，我应该这样做，我不能让公家来掏这个钱。你就看，两位老人家的爱是多么深沉。

把所有的生命归还世界

高振普

周恩来总理卫士、中央警卫局原副局长

周总理 1976 年 1 月 8 日去世后，我们整理了他和邓大姐两人的工资收入和支出账目。收入只有单一的工资和工资节余部分存入银行所得利息，别无其他收入。而支出部分的项目有这样几项：伙食费、党费、房租水电费、订阅报纸费、零用杂费(购买生活用品)，特支：补助亲属和工作人员、捐赠费。

从有记载的 1958 年算起，至 1976 年，两人共收入 161442.00 元，用于补亲属的 36645.51 元，补助工作人员和好友的共 10218.67 元，合计 46864.18 元，占两人收入的近三分之一。

这说明两位老人对有困难的亲属和身边工作人员的关心和爱护。我可以举例说明这一点：

给周总理开车多年的司机钟步云同志，因克什米尔公主号飞机失事遇难，多年来，周总理和邓大姐都关心着他的家人，在得知他的女儿要结婚后，邓大姐托我们给送去 300 元钱和至亲的祝贺。在 60 年代，300 元可不是个小数了。

再如：总理办公室有位公务员同志，儿女较多，妻子有病，负债

170 元人民币。党支部知道后，研究对他的补助。那个时候，要一次性由公家补助这个数目有点多，准备一年内分两次补助，支部党员正在开会研究，邓大姐推门进来，问开什么会，支部书记和我们都没想到邓大姐会进来，一下子给问呆了。邓大姐说你们还对我保密啊！当邓大姐听完讨论补助的情况后，说：你们不要讨论了，拿我和恩来的钱一次性补助他，减轻这位同志的思想负担，也给公家节省开支。

邓大姐这样做，她一直有这样一个指导思想，那就是亲属和工作人员有困难，用他们的钱去补助，就减少了国家的负担。

周总理的工资月收入 404.80 元，邓大姐的工资月收入 342.70 元，合计 747.50 元，每月都会有节余，由我们将节余的钱存入银行，当存够 5000 元了，邓大姐就让把钱上缴，作为党费。共上缴 3 次，最后一次不够 5000 元，只有 3000 元，邓大姐也叫上交了。最后，总理、大姐的两人收入的结余，连同购买的国库券，共计 5100 多块钱。

周总理、邓大姐这么为别人着想，为人民着想，为国家着想是一贯的，直至生命的最后。

就拿为周总理选购骨灰盒的事来说吧！

周总理去世后，治丧办公室的同志请邓大姐为周总理选骨灰盒，邓大姐就派我和张树迎同志（总理卫士长）代表她去选，我俩和治丧办的同志去了八宝山，八宝山的负责同志拿来两个样品，我们选中了其中花纹较好的，但不是最贵的，经仔细检查，发现盒的表面有一处摔了一块，于是又换了一个同样的，只是盒盖不好打开，要求再换一个，他们说同样的只有两个，我们就决定用后来这个。回来向邓大姐报告，她说：你们定了就可以了，我就不看了。人死了，装一下骨灰，没必要那么讲究。

给周总理用过的这个骨灰盒，邓大姐把它要来，保存在家里——西花厅。在那 16 年中，每年的清明节和秋高气爽的天气，我们工作人员都会把这骨灰盒拿出来晾一晾，擦拭擦拭，再包好存放在一个玻璃盒内。

1992年7月11日，邓大姐去世，第二天，我们拿出骨灰盒，保存得很好，像新的一样，就用这个盒子装上邓大姐的骨灰，供人们吊唁。7月17日晚上，我们把这装有邓大姐的骨灰盒，从吊唁大厅取回，安放在邓大姐的卧室，让她老人家在家住一晚上。第二天，7月18日，起灵赴天津，遵照邓大姐的遗嘱，把她的骨灰撒向海河。天津市党、政、军、民举行了隆重的迎送仪式，表示对邓大姐的深情悼念，也是对周总理的追思。1976年我撒周总理的骨灰时，可没有这个场面，当时的政治气候不同于今天，“四人帮”对周总理的丧事活动一压再压，全国人民把对周总理的感情压在心里。今天，人们不受任何压制，放开胸怀，表达对两位的深厚感情。

邓大姐的骨灰就是用原有的骨灰盒装着上船的，撒放骨灰时是从盒里取出来，用手一点一点撒向海河。我一边撒着邓大姐的骨灰，一边想着当年撒周总理骨灰的情况：我和张树迎二人，还有长期在周总理办公室任副主任的罗青长同志，和时任中央组织部长的郭玉峰，乘一架撒放农药的飞机，没再惊动任何人，无声无息地把总理的骨灰撒掉。

1976年1月15日，我亲手撒了周总理的骨灰，16年后的1992年7月18日，我又与赵炜同志亲手撒了邓大姐的骨灰。对我来讲，这是我一生的荣幸，也很光荣吧，能为这两位不平凡的老人做最后一件事情，是得到了两位老人生前的认可。当然，应该看到这也是责任。

邓大姐在周总理去世后的这16年中，她不止一次地对赵炜和我讲，她死后就用总理的骨灰盒，不要买新的，为国家省点钱。还说，她用完以后，别人还可以用，你们俩还可以用。我俩当时就说，真到你用完的那一天，这个骨灰盒会收藏起来，我们哪有资格去用它。邓大姐曾说过，那有什么，节约国家的钱嘛。人死了，什么都不知道了，都是给活着的人看的。丧事应从简，要改革，去除旧习，包括告别仪式放的乐曲，也要改一改，不要总是那么悲伤。

今天，两位伟人用过的骨灰盒已由天津周恩来邓颖超纪念馆保管起来。

忍辱负重　严于律己

纪　东

周恩来总理秘书、武警指挥学院原副院长

1971年九一三事件后，纪登奎同志曾两次问我：“小纪，总理在林彪叛逃后曾对国务院的几位领导说，‘中央的问题还没有解决，我难啊！’总理说这句话的时候，眼睛里闪着泪光。你对这个问题怎么理解？”

我说：“还有几个人呗。”

他又问：“还有什么？”

我没有回答，只是笑了笑。他也笑了笑，说了句：“总理是不容易啊！”其实，我知道他要听什么，他也知道我明白，但那时候，谁也没有明说。

周总理在长期的革命生涯中，为了党和人民的利益，毫无保留地奉献了一切。白色恐怖，出生入死；枪林弹雨，指挥若定；国共统战，深入虎穴；建国兴邦，经天纬地；河决地裂，赴汤蹈火；国际交往，纵横捭阖……老人家什么时候怕过死？什么时候叫过难？然而，在“文革”的特殊时期，他说出了“难”字，其实，又何止一个“难”字了得！

在周总理身边工作过的人，对他在工作和政治生活中，在身体和精神上的“苦”和“难”是深有体会的。这种“苦”和“难”可以归结为四个方面：一是累，二是气，三是忧，四是愤。

他的“累”，是因为中央日常具体工作毛主席平时很少管，林彪根本不过问，而大量的事情由总理一人承担。包括每周都要召开的几次政治局会议，也由他主持，然后向毛主席和林彪写出报告。林彪叛逃后，毛主席明确中央的日常工作由周总理主持；军委的工作由叶帅主持，重大问题向总理报告；国务院的工作由李先念副总理主持。但实际上总理的工作一点也没有减少，反而更忙更累了。由于身体长期超负荷透支运转，他的病情不断加重，又不能及时治疗，不断便血，身体日渐虚弱，有时深夜开会回来，两条腿迈得是那样的沉重。直到1975年12月31日——也就是在他去世的前7天的中午12时，他躺在病床上，才用微弱的声音对我们真正说出了“我累了”这句话。他的累不仅是身体上的，更多的是精神上的，那种来自多方面的、心上的“累”，才是最累的，是一般人难以承受甚至难以想象的。

他的“气”，主要来自林彪、“四人帮”两个集团的人发难、捣乱，找茬儿、诬陷。林彪很少参加政治局日常工作会议，叶群大多是会议没有结束就离开。等会议结束，已是深夜时分，她就给总理办公室打电话，问这问那，一打就是好长时间，让总理去卫生间的时间都没有。林彪叛逃之后，“四人帮”更加张狂，不仅加快了夺权的步伐，还对总理百般刁难，有意地与总理斗气。江青等人，遇到对他们不利的工作能推就推，不能推就拖。文字改革本来是张春桥分管的工作，他说不懂，硬是把文件给周总理退了回来。江青想见的外宾，中央不安排她接见，她非见不可；安排她见的，她却称病不见。他们从精神上折磨，在工作上施压，妄图把总理置于死地而后快。

他的“忧”，主要是为国家的前途担忧，为党的团结担忧，为国民经济到了崩溃的边缘担忧，也为保护老干部担忧。他既要保护没被打倒的同志不被打倒，不但要提醒他们如何“避险”，有时还亲自到现场坐镇保护；又要为已被打倒的同志寻找机会、创造条件，把他们“解放”出来工作。那时，总理对“文化大革命”的狂潮什么时候能结束心里也没底，对国家什么时候能消停下来也没法预测，工作不知怎么干才好。有时候也只好摇头、叹气而已。

他的“愤”，表现在对林彪、江青一伙进行的多种形式的斗争中。他曾批评陈伯达无组织无纪律；他曾指责江青诬陷护士害她，是胡闹；他曾把批极“左”的材料愤愤地摔在地上；在林彪座机飞越我国边境，至死不回头后，他狠狠地扣下话机，说林彪是叛徒……

就是在这种苦和难的情况下，身体的衰弱、精神的痛苦，在同时折磨着他。但他还是努力地工作着，顽强地支撑着。甚至在受到极不公正的批判的时候，还写信给有关部门，“建议”和“希望”他们尽快对某个国家发生的事变提出应对方案。作为总理，这本来是他职权范围内的事，但由于他处在被错误批判的情况下，他的权力暂时被剥夺了，可他又不忍心看着这些事不管。当时周总理还得把给毛主席的报告和王洪文一起联名签署上报，就是这样，他仍然坚守不懈，决不放弃手中人民给予的权力。放弃工作、放弃权力，是“四人帮”巴不得的事情。

当时的中联部部长耿飚曾经回忆过这样一件事：1974年“一·二五”批林批孔动员大会后的一个傍晚，他来到中南海西花厅周总理办公室，向周总理谈起中联部运动的情况，认为有人无中生有，借题发挥，江青在“一·二五”大会上点了他的名，他想辞职不干了。周总理听后说：“耿飚同志，我送你三句话。第一，人家要打倒你，不论怎么打，你自己不要倒；第二，人家赶你，不管他怎样赶，你自己不要走；第三，人家整你，不管他怎样整，你自己不要死。”这几句话让耿飚豁然开朗。实际上，这也是周总理自己心声的表露。

作为国家的总理、政治局常委和十大后党的副主席，他所处的特殊位置，让他集党政军日常工作于一身。在当时的情况下，他对上必须服从，对几种力量必须平衡。在不同的时期，他有时候只能在“屈就”中去抗争。为了不在斗争中“崩盘”，有时就得忍，在忍中去寻找时机。林彪叛逃后，“四人帮”更加猖狂，公开向总理发难。这中间，还有党内一些别有用心的人，如康生等，当面一套、背后一套，他们的狡诈和诡秘也很难防范。鉴于党和人民利益所系，斗争和大局的需要，他不得不巧妙、策略地周旋，有时也还不得不痛苦、违心地选择。这才是总理说不出的“苦”和“难”。

在“文革”中，周总理既要注意多种力量的平衡，又要同他们进行多种形式的斗争，还要灵活、策略地执行毛主席的想法和指示，又要尽力维持国家政务和经济工作的正常运转，让老百姓能够吃饭穿衣，生产生活，真是费尽了心血，倾尽了智慧，有时真是左右为难。就是这样，还不知什么时候，就要受到“四人帮”的攻击和毛主席因误信“四人帮”的诬告而对他的批评。

有人曾问我，毛主席和周总理还有其他领导人，平时相互往来是不是很经常、很随意，像串门、走亲戚一样？我到周总理身边工作后，感觉到毛主席与周总理之间的联系沟通，大体上有这么几种方式：一是写信，书面来往，这是最主要的方式；二是通过联络员传话，这种情况也不少；三是周总理同毛主席处通电话(或写信)，事先预约；四是利用陪毛主席会见外宾的机会报告请示一些事情；五是在毛主席召集会议或约见的时候。据了解情况的同志讲，以往毛主席召开会议，周总理都提前到一会儿，后来就逐渐变成政治局委员到齐后，总理在前面和大家一起进去了。这样，领导人之间就不像战争年代那样可以随时进行交流了。当然，这与进城后，工作环境、工作分工和工作方式、工作时间、生活习惯都发生了变化有关。加之，后来几年毛主席身体也不太好，所以，总理见主席不像一般人想象的那么随便了。1974年底，重病的周总理坐飞机到长沙向毛主席汇报四届人大人事安排，两人长谈到深夜，这是难得的，也是少有的。我们听说后，感到非常惊讶和兴奋，两位老人家能这样促膝长谈太好了。当时，我们心里真的好像松了一口气似的。

我们感到，周总理有时候对毛主席的批评也弄不清是什么原因。毛主席事先也没有和总理谈，像“大事不讨论，小事天天送”、“政治局不议政，军委不议军”等，总理开始也是一头雾水。我看到总理有时真无奈，真不知怎么做才好，怎么做才对。有一次周总理给主席写了一封信，信中说，在接待一位国家元首时，有些事情没有安排好，以后注意，等等。32开的一页纸，就是几句话，说的完全是工作程序上的问题。毛主席在上面用红铅笔批示：这是技术问题，要注意政治。我觉察总理看了这个批示，也有点莫名其妙。

周总理的这种“苦”和“难”的处境，高层领导都能感觉得到，只是谁也不愿说，不便说，也不能说。总理当然更不会说，也无处说，再苦再难，他也只能忍着，只能一个人独自承受。在那左右为难、苦撑危局的日子里，不是亲身经历、亲眼所见，根本无法想象总理在精神和身体上付出了多么大的代价，政治上又冒着多么大的风险。相忍为党，相忍为国，这个“忍”字的含义是多重的，意蕴是深刻的。

我曾经偶然看到了周总理为排解内心苦闷、艰难情感的一个侧面。

那是1970年夏天庐山会议之前。一天下午，周总理正在休息，我到他的办公室整理文件，无意中看到办公桌上一张32开的白纸上，周总理用铅笔写的几句戏文：

不公与不干（西厢记）

做天难做二月天，

蚕要暖和参要寒。
种菜哥哥要落雨，
采桑娘子要晴干。

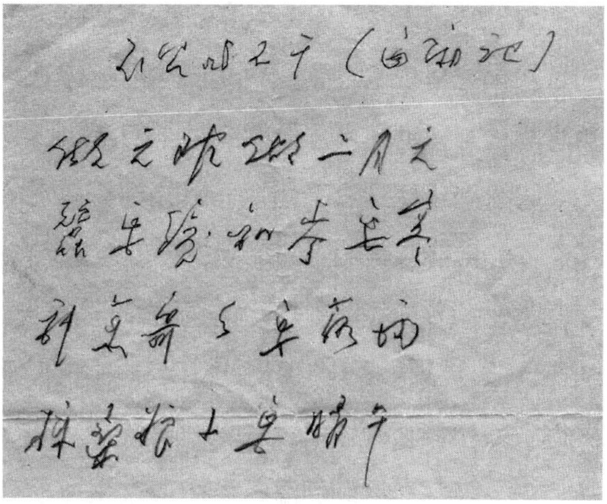

周恩来写下的《不公与不干》手迹

读着它，我眼睛禁不住湿润了。那时独自站在周总理办公室里的心情，至今仍记忆犹新。对我来说，那是一件刻骨铭心的事。

其实，在“文革”的特殊情况下，周总理有多条道路可以选择：一是唯命是从，完全按照毛主席关于“文化大革命”的指示，不折不扣地执行，对“文革”推波助澜；二是公开与毛主席抗争，阻止、抵制“文革”的发生、发展和错误；三是随波趋势，与林彪、江青两个反革命集团同流合污；四是消极怠工，少做工作，减少精神和身体的压力；五是退避三舍，养病治病，安度晚年；六是舍身忘我，把这个国家带出浩劫。选择前五条中的任何一条路，都能够很好地“保”住他自己的身体、地位和名誉，但带来的却是更多人的厄运、党和国家更深重的灾难。几十年党内斗争锤炼和自我严格修养形成的崇高人格和坚强党性，使总理毫不犹豫、义无反顾地选择了最难走的一条路。周总理曾经说过：“我不下地狱，谁下地狱；我不入苦海，谁入苦海？”在“文革”期间，他在“地狱”和“苦海”中“履薄冰”、“临深渊”，承受着无比的煎熬。为此，他历尽了艰辛，倾注了智慧，耗干了心力，也摧垮了身体。即使是在受到最不公正的抨击时，在毛主席连续批评，政治局会议严肃批判，“四人帮”疯狂围攻的艰难时刻，他也不逃避，不退缩，而是忍辱负重，坚持斗争。我同意有的人说的：“文革”中，多亏了有周总理站在毛主席身旁支撑着共和国的大厦，这是中国人民的幸运。

周总理是个严于律己、勇于做自我批评并善于纠正错误的人。他的自我批评精神来自于他对党的事业的忠诚，来自于对人民利益高度负责的精神，也来自于他切实具体的自我修养。

我在周总理身边工作期间，感到周总理的自我批评精神有很多特点，都非常值得我们学习。

一是，为了国家利益，亲自赔礼道歉。

1973 年 3 月 8 日，周总理出席中联部、外交部举办的庆祝三八国际妇女节招待会，向到会的各国专家及其家属讲话。“文化大革命”以来，由于极“左”思潮泛滥，外国专家工作受到严重干扰，一些专家和亲属受到不公正、不礼貌、非同志式的待遇。周总理在讲话中对这些情况逐个举例说明。表示：“这个责任我们要负。作为政府的负责人，我负更多的责任。”他当场向在座的一些专家赔礼道歉。对于已经回国的专家，周总理提出：如果他(她)们愿意回来，中国政府将诚恳欢迎他(她)们，以弥补当时我们未照顾好他(她)们的过失。在说到今后外国专家工作时，周总理说：“遵照毛主席最近批评的不敢同外国人交往的错误倾向，有关部门要努力克服保守、排外的观念，增进与外国朋友的友好往来。”

泱泱大国总理，不顾自己位高权重，当众赔礼道歉，在场的各国专家无不深受感动，这番情真意切的话，温暖了很多受伤的心，从而挽回了极“左”思潮给国家造成的不良影响。

二是，在严肃的政治问题面前，敢于承担责任，解脱做具体工作同志的精神压力。

1971 年九一三事件后，周总理抓住机遇，在各个领域、各条战线展开批判林彪极“左”思潮的斗争，取得了显著成效。那段时间，我们也感到他的精神很好，心情舒畅。但好景不长，由于批判林彪集团的极“左”思潮，实际上也批判了江青反革命集团，并会最终导致对毛主席的“文化大革命”理论和实践的否定。所以周总理批判极“左”思潮的行动，不仅江青集团是极力反对的，毛主席也不能容忍。1972 年年底，毛主席明确表示：“林彪路线实质是极右，要少批林彪的极左思潮。”从此，总理的厄运接踵而至。

1973 年 6 月 16 日至 25 日，苏共中央总书记勃列日涅夫访问美国，同美国总统尼克松举行会谈，双方签署了一系列文件。

周总理一直关注着这次会谈。会谈还没有结束时，周总理让外交部长姬鹏飞好好研究这件事情。在姬外长的指示下，外交部美大司写了一篇题为《对尼克松—勃列日涅夫会谈的初步看法》的文章，刊登在 6 月 25 日出版的外交部新闻司的内部刊物第 153 期《新情况》上。文章认为美苏会谈“欺骗性更大”，指出：“美苏两家欺骗不了世界人民，要想主宰世界也做不到。”

周总理看后，表扬了这篇文章，对外交部说：“《新情况》153 期这篇文章写得不错。”外交部的同志高兴地说：“受到总理这样的表扬可不多。”但是，事态的发展急转直下。毛主席看了《新情况》153 期后，很生气，严厉批评了这篇文章关于美苏会谈“欺骗性更大”、“美苏主宰世界的气氛更浓”的观点。

对于毛主席的尖锐批评的原因，周总理心里是清楚的。但他仍然本着顾全大局、委曲求全、相忍为党的精神，遵从毛主席的意见，作了检讨，并主动承担了责任。

7 月 3 日，周总理获悉毛主席的严厉批评后，致信外交部：“这个错误主要责任在我，这个观点是我同意的，是我让你们写的。我看了文章，我同意了。这个事情你们没有责任，如果错了，这个责任我来承担。”信中还诚恳地写道：“望你们也应以此为鉴，发扬钻研商讨的积极性。有时也可以要求我召集短小的会来交换意见。不要怕我忙，为大事而撇小事，应该学习主席的工作方式。”

随后，周总理召集外交部负责人研究起草了《〈新情况〉153 号错误何在？》的文章，送交毛主席和部分政治局委员传阅。并在附信中写道：“关于错误的检讨，我当另写报告。”毛主席审阅后，批示：“检讨不要写了。”

根据毛主席的要求，周总理又将《〈新情况〉153 号错误何在？》等文章发到各驻外使馆，中央和各省、市、自治区党政军机关等单位。至此，这件事才算告一段落。

在那个年代，与毛主席观点相悖，后果可想而知。也只有周总理主动承担责任，作出检讨，才能为外交部的同志们减轻巨大的精神压力和沉重的思想负担。

三是，不管谁批准的，不对都可以改。

周总理对自己说过的意见、看法，作过的批示，一旦发现不全面、不正确，不管是在什么场合什么情况下作出的决定，都会立即纠正。1970 年，国防科委给总理写了一份报告，有个试验生产项目，根据国际上的有关规定和外界的反应，准备停止。在一次研究核试验的专门会议上，国防科委的同志向周总理汇报情况。碍于周总理曾经批准过这个项目，不好直说需要停止生产，绕来绕去好几分钟也不提出明确意见。当时我在会场，当初请示试验生产的那份报告也是我送给周总理批阅的。我看出了国防科委几位领导的矛盾心理，就凑在周总理的耳边说：“总理，试验生产这个项目的报告是您批准同意了的。”总理听后，马上明白了国防科委同志的意见。他既严肃又亲切并郑重地说：“当着我的面，你们不要不好意思提出来，不管谁批准的，不对的都可以改。我批准过的，不对的也可以改嘛！”

周总理是伟大的人，也是平凡的人，“他是把伟大和平凡结合得完美的人”。人们为他的伟大而骄傲，也为他的平凡而感动。人们会记住他经天纬地的丰功伟绩，也会记住他对普通百姓的点滴关爱。

他和群众一起坐公共汽车体验生活；他在地震灾区下车亲自指挥车辆，疏导交通；他在黄河岸边和船工一起踏着纤夫的号子前行……他始终践行着自己《修养要则》中许下的诺言：“永远不与群众脱离，向群众学习，并帮助他们！”

一滴水，可以映照太阳的光辉。这里记述的仅仅是我亲身经历的几件小事。

周总理曾多次告诫国务院机关的同志：不要有衙门作风，要认真倾听群众的呼声，关心群众的疾苦，并说：“封建王朝的衙门口还挂着一面鼓，老百姓可以击鼓鸣冤，何况我们是人民的公仆呢！”他嘱咐身边的工作人员，对下边的同志态度要和蔼，不要盛气凌人。他曾用看到的一个例子教育我们：“一次，我到石家庄地区检查工作，看到一个地方的墙上写着‘书记出巡，地动山摇’的标语。”周总理边说边比画着字的大小：“如果我们的干部作风都是这个样子，怎么得了啊！”我听周总理说完，便笑着说：“按照这种逻辑，周总理您出巡的时候就该‘天翻地覆’了。”这本来是我想让周总理放松一下心情，随意说的玩笑话。可周总理没有笑，他沉思了一下说：“干部一出门，就前呼后拥，怎么能不脱离群众？这样做就把主人和公仆搞颠倒了。”

周总理是这样教育我们的，他自己更是这样做的。

在总理办公桌旁的茶几上，有一部直拨的外线电话，经常有不知姓名的人因为拨错号码打进来。周总理每次接到这样的电话，他总是非常和蔼而耐心地告诉对方：“你是不是把电话号码拨错了？……也可能是串线了，请你重拨一下吧。”然后他轻轻地放下话机，又重新投入工作。

在我们秘书值班室，也有一部外线直拨电话。在“文革”中，这部电话一直对外联系，号码是公开的，因此有很多人知道这部电话的号码，经常有人打进电话来，让我们向周总理反映情况，请求解决问题。为了减少干扰，我们就想换个号码。周总理知道后，不同意这样做，并说：“改了号码，群众再有什么事怎么找我啊？”于是，这部电话一直保留下来了，始终没有改号。

为了方便群众交通，保证行人安全，1969 年 12 月 28 日周总理对北京市的交通作出批示：东西长安街、市区环行路和主要街道，以及五棵松向北至西郊机场岔口，都应将快慢车道标志加粗、标清，使之醒目；此外，人行横道标志也应清晰明了，长安街中间的“安全岛”也要恢复起来。没有平时的关心、留心，谁会为普通行人的方便和安全提出这么详尽具体的意见呢！

周总理对群众交通安全的关心，也表现在对自己坐车的具体要求上。一次我随周总理从大会堂开完会回中南海，那天正下着雨，他对司机杨金明说：“车子别开得太快，行人看到会紧张。有的路段有积水，别溅到骑自行车人的身上，弄湿了他们的衣服。”

北京西郊玉泉路口，有一个因附近栽有五棵松而得名的汽车站，叫“五棵松”。有一天，我随周总理从西山回西花厅，经过玉泉路时车速较慢，周总理指着外面的松树问：“你看，五棵松怎么只剩三棵了啊？”

我摇摇头，说：“不知道。”

周总理说：“以前这里就有五棵松树嘛，应该补上两棵。这里有个汽车站，外地人到北京，一看只有三棵松树，就会莫名其妙，补上两棵，才名副其实。外地人一看就知道这是‘五棵松’车站了。”后来有关单位真的补栽了两棵松树。从此，人们又看到有五棵苍翠挺拔的松树，屹立在玉泉路口。

1974 年 6 月的一天，周总理刚动完手术，就起身翻看我们给他挑选送阅的文件资料。在这些资料里周总理看到一封群众来信。这封信反映，山西省一个山区的食盐比城市贵一分钱。山区农民的生活本来就十分困难，盐比城里还贵，这怎么行？周总理深知这一分钱对山区农民的分量，并且关系到城乡物价政策。他躺在病床上，立即给李先念副总理打电话："无论如何要想办法解决这个问题，一定要让山区群众吃上盐。"

这几件事情，都很平凡细小，却都与普通老百姓的切身利益紧密相关。但正是这些平凡的小事，映照出一个伟大的周总理，一个把伟大蕴含在平凡之中的周总理。正如他自己所说的，"不能把我同群众分开"，"我是你们中间的一个"。他把满腔的关爱、真诚，具体地给予了人民；他也得到了人民发自内心、久远真诚的热爱！

在给周总理做警卫的日子里

韩福裕

周恩来总理卫士

1949年的夏天，正在开政协筹备会的时候，我当时在中央207师。中央机关到我们所在的部队，给周恩来选调两个警卫员，我是被选上的两个人之一。

我当时在部队当排长，调到周总理身边以后就当卫士。开始在南海，就是丰泽园那个地方住，现在毛主席故居的南房，叫松寿斋。1949年11月搬到了西花厅。

当时卫士中有一个卫士长，就是成元功同志，另外一个卫士就是张树迎同志。一个卫士长，两个卫士，一个人24小时，倒班，当然还有其他警卫同志。

我一到周总理身边的时候，一般同志所讲的可能都有点紧张，我倒不紧张。因为我在部队的时候，喜欢看报纸、看书，对周总理很崇敬。当时只有一个担心，就是怕完不成任务。当时下决心，要用热血和生命来保护他的安全和健康。

在他身边工作期间，我还是努力尽责的。但是很遗憾，就是时间不长，因为发生了两个事情：第一个事情是当时开始镇压反革命运动，这个时候我突然接到我的一个姐姐的来信，说我的姐夫因历史反革命被捕了。我很震惊，你瞧，我们是带枪的，是在领袖身边，不仅在周总理身边，还在其他一些领导人中间活动。我想当时我们被调来的时候，当然都是出身、成分都好，社会关系清楚、个人历史清白的。但是发生了这么个事情，我就做了精神准备了：调离。我接到这封信以后，马上就交给了何谦同志，他是警卫秘书。我就说，情况如此，我不知道更多的情况。

有一天，周总理吃完晚饭之后在院子里散步，他就问我：韩福裕，你这个亲戚是怎么个情况？我就简单给他讲一下，我说这个姐夫1949年青岛解放以后，经过人介绍才认识我的这个姐姐的，他们就结婚了，当时他是铁路上的一个干部，还是共产党员，现在说是历史反革命。我见过一面。我说，我就知道这么些情况。后来周总理说：不要背包袱，安心工作。

之后，我没有调出去。据说周总理跟他们这么说：韩福裕同志在我们这儿工作，他姐夫对他可能有影响，但他是我们党的干部，有我们党组织对他的帮助教育，我们应该相信我们自己的同志，相信我们党的影响。这样，我还继续在那里做警卫工作。这点对我感动很大，这是政治上最大的信任！能继续在领袖身边，我就更加努力，更加全心全意。中国有那么句话"士为知己者死"，确实我觉得人取得信任以后会更加倍地努力。

另外一件事，1951年，因为周总理太忙，我们两个20岁左右的小伙子围着他转都不行。我们可以24小时下来，可以睡觉去，他呢？那时候他一般都是只休息四五个小时，五六个小时的样子，就得叫醒，每次都得叫醒。因为他的工作，他的吃饭、睡觉，完全被打乱了。有一天，正好跟他出去，他在开会，突然，我肚子疼得直不起腰来。何谦同志马上把我送到医院，一检查说是肠梗阻，可能是长了什么东西，需要马上开刀，这样就做了剖腹手术，肠子结扣的地方解开以后就缝上了。当时年轻嘛，不到十几天就出院了。

回来以后，周总理、邓大姐非常关心我，让我在他们的灶上吃饭，因为我们当时都是大食堂，基本上一个礼拜只吃到两顿细粮，其他都是粗粮，什么高粱米呀，玉米面呀。肠胃病要求吃半流食，邓大姐把给她的牛奶，让我吃。我吃了个把月吧，自己觉得好了，就回到大食堂吃饭。

但是，过了三四个月，肠子又梗阻。这次是肠黏连，手术的后遗症。这次手术后，医生说，以后还会犯。此后又梗阻，采取保守疗法。这样，我感到我占着个编制，又不能坚持工作，因为周总理对自己要求非常严格，他身边的工作人数是受限制的。所以，我就跟何谦同志提出来，是不是调我到传达室，做点力所能及的工作，跟周总理这么出去跑我不放心，怕照顾不好首长。何谦同意了。他跟周总理去汇报。据他回来讲，周总理批评了他，说：你怎么能这么考虑问题啊？韩福裕同志是在我这里工作得的病，他现在在我这儿占编制，不能工作，他到别的地方占编制也不能工作。还说，他在这儿得病你们都了解他，都了解这个情况，他不舒服休息一下，大家都可以理解，都能照顾他。到了新单位人家都不了解，把一个病号调给别人，怎么能这么考虑问题？说，他不能跟我出去，可以给我管生活嘛！所以从1953年以后，即“三反”以后，我就给周总理管了一段伙食采购。

周总理还是很关心我的病情的。有一次，他在跟军委卫生部的傅连暲部长谈工作的时候说，我身边有个青年同志得了肠黏连，有没有什么治疗的好办法。傅连璋说：北京医院请来了一个苏联专家，外科专家。苏联专家给我检查了以后，说没有什么办法，建议做泥疗。听说东北鞍山汤岗子疗养院可以做泥疗，周总理就批准我去那里疗养了两个多月，病情得到缓解，我继续在周总理身边工作。

1954年，总理到日内瓦开会去了，邓大姐到南方疗养了，我就完全没事情干了。我就跟警卫局的领导提出是不是调我回局里干一点工作。经领导同意，把我调回了警卫局。所以我在周总理身边工作实际上只有5个年头。

到了警卫局，在西华门值班，也是三个人倒班。刚上班病又犯了，到医院去抢救。这次没做手术，保守治疗，洗胃灌肠。后来又照顾我到家属招待所工作。我年轻，不愿做招待家属的工作，又要求走。1957年，中央机关大精简，这时领导找我谈，因我自己要求调走，两个地方让我挑：一个是西北兰州，一个是东北吉林。我说我去东北，因为我在东北参军，东北虽然冷，我不怕。这样就决定走了。临走前当然应该给周总理、邓大姐他们打个招呼。见了他们我说：我要调走了，家属、孩子都同意，都一块儿走。周总理没说什么。但是不久警卫局就找我谈话，说：韩福裕，你这个病现在还很难完全好，你要调到东北，那里医疗条件可不如北京，万一犯病，抢救不及时，有生命危险。你是不是到修建部门搞党的工作。回家一商议，家里说咱们都没想到，还是组织上考虑得周到，于是就同意了。之后，让我到中南海修建处当支部书记。事后我才知道，是周总理给他们打的招呼。所以，我觉得总理关心人，爱护人，体贴入微。在他身边工作非常幸福。

我离开了周总理，但没有离开中南海，一直就在中南海修建处当总支书记。虽不能经常去看周总理，但节假日可以去看望他们，感觉确实比亲人还亲。

在周总理身边工作，时常能够得到他的谆谆教诲。我举两个小例子。一个是西花厅，那个檐头原来画的是个佛教的万字，佛教的万字是逆时针转的，希特勒的纳粹党的党徽是顺时针转，一般人都不注意，我们以前没有这个知识。周总理走到那儿就看出来了，说这个是咱们佛教的万字，但是咱们西花厅经常接待外宾，有些国家对希特勒纳粹非常地痛恨，怕他们有时候误会，所以他告诉修建部门，让他们换成现在的花瓣似的东西。而且特别嘱咐，这个地方换，其他的庙不要换，担心他们一阵风到处都改，就是在这个地方容易引起误会。

周总理前客厅是接见外宾的，后客厅是见内宾、亲属的。一次，大概是 1955 年以后，加拿大一位友好人士文幼章来访，他在重庆时候跟周总理很熟。周总理为了表示亲近，老朋友嘛，决定要在后客厅接待他。在前客厅接待外宾都是国务院招待科招待人员来，茶具等他们都带来，都是完整的。在后客厅接待由我们负责，这时候打电话叫招待科带一套茶具过来，放在茶几上。周总理从办公室到卫生间这么一走，一会儿工夫，我跟着他，周总理马上就站住了，说，“哎，怎么这个用的日本茶具呀？”那个茶碗扣着，碗底的英文是日本制造，我们不识英文都不知道，他马上就发现了。他说：“叫你们科长来，你们好不好意思，在中华人民共和国总理的家里接待外宾，用的是日本茶具，这会是什么影响？中国是一个生产茶叶大国，也是生产茶具、瓷器的大国，景德镇就叫瓷都，而且英文的中国叫 CHINA，就是瓷器的音译。”我们马上换成了咱们中国景德镇生产的茶具。

另外，周总理对哨兵做好警卫工作也很关心。一次，半夜他出来散步，哨兵在院子里站岗，站在路灯下。周总理就告诉他：“等我回来以后，你把这个灯关了，你要站在暗处去。你们搞警卫，坏人从外面进来了，你在明处，在灯下边，人家先发现了你，就会躲过你。你要是站在暗处，他跳墙进来就能够发现。”并让告诉他们连长，以后注意。周总理非常细致，非常敏锐，一般人习以为常或熟视无睹的事情，他都能发现问题，及时纠正。

有一次，在丰泽园，周总理进门，看见哨兵带着个黑袖箍，周总理问，什么人故去了？哨兵说，是他父亲死了。周总理说：噢，老人故去了，你不要难过。但是你在执勤岗位上的时候不要戴黑纱，回去以后可以戴。你上岗时候不要戴，否则容易引起误会，你回去把这个情况报告你们连长。像这些所谓“小事”，都反映周总理敏锐的观察力，高度的智慧。

周总理和邓大姐是模范夫妇，被全党公认。那时邓大姐任全国妇联副主席。有些干部进城以后离弃原来的妻子，好多人都写信给周总理和邓大姐，告状或申诉，他们都关心得非常具体。周总理既给男同志做工作，又给女同志做工作。有这么一对夫妇，他们都是老干部，周总理和邓大姐跟他们都很熟。这位女同志有点老传统，留着分头，穿着布底毛边鞋，穿着列宁装，不修饰，不打扮。他的老伴跟他闹点儿意见。周总理知道以后就做思想工作。“三反”、“五反”中，这位女同志上去揭发他的老伴时说，我留起头发来和穿皮鞋，不是为了你，是周总理叫我照顾你的面子。我听了以后觉得，周总理的工作做得这么细，就是为了他们夫妇和好，让她注意打扮点，互相照顾点，老梳那种分头干什么啊？

还有一个例子。周总理有一位炊事员王诗书，四川广元人，是位红军，长征以后和家里就失去联系。1950 年中央组织老解放区慰问团，给西花厅办公室一个名额，周总理就建议让王世秋去。王世秋先到了县里，县里知道他的妻子已经招夫养子了。他有一儿一女，他出来这么多年又没消息，没法养，她就又找了一个男的来家，叫招夫养子。因此，县里就没让他回家，把他的妻子和儿子、女儿都接到县招待所来看他。她说：你要能回来，我就把他撵走，或者我跟你上北京去。老王说，都不行，我也不能回来，你也不可能上北京。我不同意你把这个人撵走，不能让后边这三个孩子再没有爹妈。我已经很感谢他，感谢你。回北京以后老王就非常的蔫，周总理就问我妻子霍英华：老王怎么样？并说：你们帮助他找个对象，他也不出去接触人，你们给帮个忙。1953年我们就帮他找到一个保姆，结婚了。周总理跟何谦他们说，老王要结婚。老王的爱人是个家庭妇女，还有些亲戚，你告诉大灶食堂开两桌饭。因为到西花厅他们灶上不方便，外人进不来，大灶食堂办两桌饭招待一下。最后老王结婚是在大灶上办的。周总理的关心是非常具体、细致的。

周总理逝世时我在顺义。早晨起来，我带着半导体，听新闻广播，一听哀乐，一听"周恩来同志"这五个字，我这心就像被电击了一样，眼泪就控制不住了。我就跟工作队的公社书记说，我要回北京，大约一个礼拜左右，有点急事，我请假时，他还没起床。我骑着自行车，顶着风，40分钟从顺义骑到东直门，回到家。回来以后我就赶紧洗了个澡，理了个发，我说周总理喜欢卫生、整洁，不喜欢邋邋遢遢的，我说我要去向他遗体告别，晚上就去了。

看到周总理躺在那里，确实控制不住，我看周总理那个枕巾还是旧的，我真想还去再叫他，因为我们叫他起床时都是推那个枕头，不喊他，就是轻轻晃荡那个枕头，"总理，总理"，他醒了以后我就告诉他，现在几点了，就是他起床的那个时间。我告诉自己，要控制自己，不要在这里出洋相，所以我就不断地给他鞠躬。我出来以后碰见金山和孙新世在排队。金山正好有病，我就搀着金山，又随同转了一圈，又向周总理告别一次。第二天我对工作人员说，中南海西花厅工作人员很少了，有什么任务，外面需要我干的，你们打电话告诉我。结果他们告诉我说，你跟英华负责接待家属吧。周总理外地的侄子周尔辉他们来了，住在西安门的家属招待所，让我们负责安排。1月12日，在劳动人民文化宫举行吊唁，我跟英华陪着他们家属一块坐车去了。去了以后，我们向周总理的骨灰盒深深地三鞠躬。我出来以后看到认得的警卫局的东方，我说：英华，你负责把家属送回去吧，我还想再回去给周总理守会儿灵。何谦也说，我也想再回去。我去跟警卫同志说：你去找一下东方。他出来了，他是警卫局的参谋长，我们认识。我说，我们想再守会儿灵。他就把工作证给我们，我们两个就又回去。1 月 12 日、13 日、14 日，我们整整在那儿站了 3 天，也没喝水，也没动。成元功当时还没回来，他是 1 月 13 日以后才从江西赶回来，接下来成元功也参加了。

1 月 14 日下午 5 点来钟，邓大姐来了，张树迎把周总理骨灰盒请下来，交给了邓大姐。邓大姐抱着骨灰盒就说了一声："我怀里抱的是恩来同志的骨灰，向全体同志们表示感谢。"全场那个哭啊！哇哇哇哇地哭。然后邓大姐抱着骨灰盒走下劳动人民文化宫太庙那个台阶，上了汽车，车子出去到了人民大会堂，她又自己捧着骨灰盒走上那个台阶，放在台湾厅。台湾厅里头放周总理骨灰盒的地方，上面有四盆水仙花。我当时就感觉水仙这个碧绿的叶子，高挺的茎，白花黄蕊，发出幽幽的清香，我觉得这真是和周总理的形象和人格一样。

从这以后，我自己也买水仙，也泡水仙。周总理逝世 20 多年来，我一直是精心地养水仙，一家人都帮着换水，来表达我们对周总理的怀念和敬爱。

石油工人的心声

马德仁

大庆石油管理局原副局长

周总理来过大庆三次，我见了三次，这是我一生中最大的幸福和光荣。

我感受最深的是，总理一到大庆，首先是到基层看望工人。总理第一次来大庆是 1962 年 6 月，当时正在搞石油大会战，大庆人无论干部群众，都是革命加拼命。没有住处，就住牛棚、干打垒。吃的东西少，每天只有 5 两粮食，就挖野菜哄住肚皮。总理是 21 号上午来大庆，下午就到了我们 1202 钻井队工地。下车后，总理挨个和我们握手，亲切问候。当时我是 1202 队队长，总理就问了我一些事情，问得很细：队上有几名干部、几名工人、最大和最小的年龄是多少、一年能打多少口井等等。当他听说我们共有 41 人，争取每年打 41 口井的时候，又问："你们队上现在井架又不能停，工人回家怎么办？"我汇报说："在大庆油田有家的，就是打完一口井，轮流回一天；家没有在这里的，就在冬天不能打井的时候放假一个半月左右，回家看看。"总理又问："国家现在很困难，粮食不够用，你们真的能吃饱不？"我说："吃饱了。为啥呢，我们是钻井队呀，咱们大庆领导对我们很照顾，配发的粮食多些，一个工人一月有28斤粮。”总理问：“28斤粮够吃了吗？”我说：“还可以，不行的话我们可以挖点野菜。这地方有黄花菜，有苜蓿菜，我们到野外采些黄花菜就可以了。”听了我们的汇报，总理当场吩咐陪同的领导：钻井工人要补助一点菜，补助一点洋白菜。

总理还登上了钻台。当班的工人一个个都满手油污泥浆，见总理要和自己握手，赶紧在衣服上擦了又擦。总理却不管这些，上前就握住钻工的手：“没关系，我也当过工人。”他亲切地和围在身边的工人拉起家常，问大家“多大年纪了？”“当了几年钻井工人？”“老家在哪里？”“冬天野外钻井冷不冷，穿的工服暖不暖，爱人接来没有？”他没有一点架子，就像一位和我们重逢的工友，一面询问，一面认真倾听大家的意见，不时满意地点头，发出爽朗的笑声。当他听说国产钻机性能还不错时，非常高兴，鼓励我们再接再厉，要多打井、打好井。总理和我们聊天时，一位柴油机司机因为坚守岗位不能过来，总理发现后，就从司钻操作处一个很窄的地方挤了过去，然后紧紧握住司机满是油污和老茧的手。我想，总理这个握手的细节，无声胜过有声，清楚地反映出一个大国总理对一名普通工人发自内心的关爱和尊重。

离开我们钻井队，总理还看望了1203钻井队、北二注水站等基层单位。陪同人员示意总理时间不短了，总理说：“来一次不容易，多看看高兴啊！”于是，总理又看了附近的职工宿舍和食堂。在食堂，总理拿起锅盖，用勺子搅搅锅里的红高粱米粥，还亲口尝了另一口锅里的黄花菜汤。总理对炊事员陈玉珍说：“你们很辛苦啊！”陈玉珍回答说不辛苦。总理说：“艰苦是一个事实，说不艰苦是假的。人家卡着我们脖子要债，现在确实存在困难。但我们只要坚持艰苦奋斗，自力更生，将来一定会好起来的。”

大庆人当时的住房极为简陋，就是挖个大土坑，上面盖上苇席和油毡，就成了一家人住的“地窝子”。那次总理从食堂出来，看见附近有位家属从地窝子里出来倒垃圾，总理就走了过去。大家劝总理不要下地窝子，那位叫杨德群的家属也对总理说，里面又黑又暗，首长别进去了。总理说：“你们能住，我就能进。”周总理弯腰走进了地窝子，看看躺在土炕上幼小的孩子，动情地说：“同志们现在生活得确实很艰苦，但将来一定会好起来！”

在这次视察中，总理充分肯定了大庆艰苦奋斗、自力更生的创业精神，肯定了大庆注重科学的办事态度。他说，像大庆这样的矿区，不搞集中的大城市，分散建设居民点，家属组织起来参加农副业生产，可以做到工农结合、城乡结合，对生产、生活都有好处。以后，总理又把它概括为“工农结合、城乡结合，有利生产、方便生活”，形成了大庆矿区建设的指导方针。

大庆人没有辜负总理的期望。1963 年，大庆原油产量达到 430 多万吨，为实现我国石油基本自给做出了贡献，总理也第二次来到了大庆。这一次，总理没有到我们钻井队，但我却有幸接到通知，与许多同志一起和总理照了相，留下了一张无比珍贵的合影。

这一回，1203 钻井队的工人李清明最激动了，为什么呢，因为总理上一次来他就见过总理，不过他怎么也没想到的是，总理这次来，一下车就认出了他，大步走过来和他握手，甚至说出了他的姓：“你是李……”李清明马上回答：“我叫李清明。”总理笑了，大声说：“李清明同志你好！”在场的人都激动不已。大家激动的原因，当然不仅仅是因为总理有超凡的记忆力。总理健步登上钻台，温暖的手伸向每一个当班的工人。当班的柴油机司机要找东西擦手，总理说：“不用擦！你们很辛苦，整天和油、泥打交道，这是你们的光荣啊！”

总理所到之处，与工人们都像久别重逢的老朋友一样亲切交谈，详细询问大家的各种情况，尤其是职工的生活，问得最多最细。这次视察后不久，一大批文化艺术界的名人受总理的鼓励，陆续来到大庆，深入生活搞创作。名导演孙维世等同志在大庆创作了反映家属精神风貌的话剧《初升的太阳》，1965年冬在国务院小礼堂作了汇报演出。总理看了话剧，上台祝贺，还亲自打拍子指挥全场观众高唱《大庆家属闹革命》等歌曲。

1966年5月3日，总理第三次来到大庆，是乘直升机来的。总理就住在一间简陋的办公室里，吃的是高粱米芸豆饭、玉米粥和大庆自产的萝卜、土豆，还有白菜加粉条做的大盆烩菜。大家都有意见，觉得不应该让总理吃这么简单的饭菜。领导解释说，总理有言在先：顿顿要有粗粮，餐餐不上酒，菜要吃大庆自产的。

这一次，总理又看望了我们1202钻井队。油田领导给总理汇报说，我们1202和1205两个钻井队决心要每个队一年打井5万米，超过苏联的功勋队。总理很高兴，详细询问了两个队的情况，说："他们两个队，每个队如果一年打5万米，国务院要奖励他们。"总理随后上了钻台，详细了解钻井情况。王进喜同志手扶刹把给总理表演了起钻、下钻和接钻杆的操作。从钻井台上下来，总理再一次郑重地对油田领导说："今年这两个队要打上5万米，国务院要奖励他们，你要给职工讲。"离开井场时，总理又一次握住王进喜和张云清两位井队队长的手，说："你们这两个队，今年每个队如果打上5万米，要告诉我。"总理的关怀成为无比强大的动力，这两个队当年真的都超过了5万米，双双打出了10万米的当时全国纪录。这两个队由王进喜带队到北京向总理作了汇报，并应邀登上天安门城楼参加了国庆观礼。

令人难以相信的是，总理干工作比我们还拼命。他第三次来大庆待了28个小时，只睡了两个小时的觉。这不是我说的，一位当时全程陪同的油田领导，很有心地整理了一个时间表，记录了总理当时的实际工作情况。那天总理是12点30分到大庆的，然后就风尘仆仆一直忙碌，离开我们井队后，晚上 7 点 30 分吃的晚饭。稍事休息，晚上 9 点 30 分至 11 点 20 分，听石油部副部长兼大庆党委书记和指挥徐今强同志汇报大庆全面工作，然后开座谈会。到了午夜 12 点，劳累一天的总理没有休息，又找康世恩等同志谈话。一直谈到凌晨 1 点 30 分，总理还是没有休息，在康世恩、徐今强的陪同下，到油田指挥部生产会议室看生产模型、技术革新产品和油田建设图表，听取油田建设规划汇报。直到凌晨两点 10 分，总理才离开会议室。

凌晨 3 点，总理的房间才熄了灯光。可是，仅仅两个小时后的早晨 5 点，总理又起床了，开始阅看北京发来的电报、文件。此后直到离开大庆，除了吃饭，总理一直都在工作。看到这份关于总理的工作的时间表，当时我就流泪了。

我们敬爱的周总理一共来大庆三次，视察了 29 个基层单位，同数万名工人、干部和家属见面，同许多人亲切握手、交谈。总理第三次来大庆，是在第二天下午 16 点 30 离开的。此后，大庆一直盼啊盼啊，一直盼到 1976 年，敬爱的周总理再也没能来大庆。也许，总理第一次来大庆后就从来没有离开过。因为我知道，在大庆人心中，总理永远和我们在一起，总理永远活在我们心中！

周总理与邢台地震

徐 信

中国人民解放军原副总参谋长

1966 年 3 月 8 日，河北邢台地区发生 6.8 级强烈地震，这是新中国成立后第一次在人口稠密地区发生的强震，损失相当严重。

我当时是六十三军副军长兼参谋长。那天早晨 5 点来钟，床铺一阵乱晃，我惊醒了，意识到是地震。震后不到一小时，我们军就组织了救灾指挥部，并用无线电台和上级建立了通信联系。当时震中在哪里并不清楚，我和军部一些指战员乘一辆吉普、一辆大卡车从石家庄出发，边走边侦察，后来才弄清震中是邢台地区隆尧县。情况基本查清后，部队便展开了抗灾救灾。

第二天，军长给我打电话，说周总理到了石家庄，要看灾区现场。我说：总理最好不要到现场，余震太频繁，房子都震了个破破烂烂，总理来了安全没有保障。

总理不这么想。他赶到石家庄后，听完地委和部队的汇报已经是晚上 8 点。总理提出要连夜赶到震中隆尧。大家都劝总理在石家庄休息一夜，明天再去。总理说：“我坐飞机来的，坐车去就行了，用不着地下跑，也累不着。”阎达开同志说：“余震不断，不安全。”总理说：

“那么多群众都不怕不安全，我们还能怕不安全吗？地震没有什么了不起的，今夜一定要去。”张双英同志说：“就是担心总理太累了。”总理说：“我还不觉得累，你怎么知道我累了呢？咱们就这样定了。”晚上8点半，总理登上了火车。

那天晚上，我和几位领导同志一起，到冯村火车站迎接总理。我们开了6辆吉普车去的，天下着小雨，总理下车后就直奔设在隆尧县委的救灾指挥部。当时已经断电，有人提着马灯为总理引路。救灾指挥部的房子在地震后已经有些危险，我们劝总理不要进去，说已经支了个帐篷，可以在帐篷里给他汇报。总理问：“你们在哪里办公？”我说：“我们就在这个房子里边。”总理说：“你们不怕，我怕？”

总理健步走进指挥部，在一个破沙发上坐下，马上就问：受灾面积多大？多少人口受灾？伤亡人数多少？倒塌多少房屋？现正采取什么措施？抢救工作怎么样？我和蔡长元、刘倚、冯世英、张彪等同志都一一作了回答。汇报中，又来了余震，房屋摇动，门窗乱响。房子已经不坚固了，一震，墙上的白灰就一个劲掉，到处都是，尘土飞扬，总理和我们身上都是土。大家都站起来了，请总理赶紧出去避一下。总理坐在那里没动，不慌不忙地说：“不要紧，大家要沉住气。这座楼是新盖的，它要是倒了，群众的小屋不都得平了？还是继续谈吧。”看到总理镇定自若，大家的紧张情绪很快就消失了。

这天夜里，总理和我们一起分析了灾情，对抗震救灾工作作了全面部署。总理说：“地震灾害是既成事实，我们下一步的工作，主要是怎样领导群众克服灾害的问题。今后的工作方针是不是这样提出：自力更生，奋发图强，重建家园，发展生产。”大家都表示赞成，这几句话也成为了抗震救灾的行动纲领。

总理思维敏捷，指挥果断，当场提出几条具体指示：第一，要在一星期内把秩序恢复起来，帮助群众把死者掩埋好，伤员安置好，帮助群众搭好棚子，把基本的生活恢复起来，争取尽快转入正常的生产救灾工作。第二，他要求加强对受灾社队的领导。受灾严重的社队基层干部死伤过多的，从周围轻灾区抽调一些干部去充实，代理职务，帮助工作，轮流受教育。要发挥地方干部的积极性，提倡学习焦裕禄、王杰，把工作做好。第三，他指示由军队和地方组织统一的救灾指挥部，凡是参加救灾的党政军、各部分成员和医疗卫生工作，都由救灾部队统一指挥。救灾总指挥部设在石家庄驻军机关，由36军军长挂帅，地方党政机关派相关领导参加。前方指挥部设在隆尧，我成了前方指挥部指挥员。

总理提醒我们：要提高警惕，防止再来地震，造成更大损失。他说：查了县志，这里在一千二百年以前已有过大地震，我们的祖先只给我们留下了记录，没有留下经验。这次地震付出了很大代价，这些代价不能白费！我们还可以只留下记录吗？不能！必须从中取得经验，并且要求我们转告科学工作队伍，研究出地震发生的规律来。

会议一直到晚上11点多钟才结束。总理说，第二天他要到现场去看。我和大家都劝他不用去，我说："隆尧这儿已经是现场了啊！"总理说："我要去。每一个村我都要看。"离开指挥部时，总理要求我们：当晚到明天下午之前，要把受灾情况、人员伤亡、房屋损坏和群众需要什么统计好。他说："明天下午我还来，要给我汇报。"

第二天下午，总理乘直升机来到灾情最严重的震中白家寨。在白家寨村头，总理面对2000多名群众，站在一个方木箱子上讲话，鼓励大家团结起来战胜天灾。讲话结束时，总理带头喊口号："奋发图强！自力更生！重建家园！发展生产！"总理喊一句，老百姓跟着喊一句。2000多名群众含着热泪望着总理，那场面令人终身难忘。总理在白家寨访问了7户受灾群众。他是下午2点多钟到的，中午饭也没顾上吃，视察完白家寨，就在帐篷里休息了一会。有人拿来一个大黑碗，在水桶里盛了一碗水递给总理，总理接过来一饮而尽。

4月1日，周总理第三次来邢台地震重灾区视察慰问，一天时间，马不停蹄跑了五个村庄。第一个点是何寨，那时风很大，也很冷，三月份又下了雪，风冷得刺骨。负责安排的同志为了保护总理健康，安排总理背着风讲话。总理一到现场就皱了眉头，问："为什么这么办？"有人讲："总理你迎风讲，很费劲。"我也在一旁说："群众迎风听，可以听得清楚些。"总理说："不能，赶快掉过来。这么多的群众，叫群众迎风怎么能行呢！我一个人对风讲没有关系。"结果大家按照总理的要求，把群众掉过位置，总理站在卡车上迎风讲话。

这天总理在不同的点讲了七场话，嗓子都讲哑了。讲哑了，还是讲。除了讲话，总理还要到村子里去看，看房子到底坍塌到什么程度，群众今后的生活怎么办，下一步的生产怎么安排。总理连续视察了5个村庄之后天快黑了，就乘直升飞机到我们一个师的驻地视察，然后听取党政军各方面的汇报。汇报进行两三个小时后，总理桌上原先倒的那碗水已经凉了，公务员又给总理倒了一碗热水。总理说："有一碗水为什么还要倒一碗水，浪费！"阎同茂师长请示总理在这里吃晚饭，总理说："好，但不要另做，战士吃什么我吃什么。两个馒头、大锅菜就可以了，越简单越好。"阎师长安排炊事员杀了一只鸡给总理吃，总理知道后当场批评了他。总理的军事秘书周家鼎对阎师长说："总理生活俭仆，饮食简单。吃面条、烙饼、大葱就行，如果做点菠菜、豆腐，总理就高兴了。"这天直到晚上10点多总理才吃晚饭，吃的是菠菜、豆腐和面条。吃饭时，部队的工作人员要给总理盛面条，总理接过碗说："来，我自己盛。"总理的言传身教，让我们格外感动。

周总理在视察中指示我们部队：你们这一段抗震救灾的工作做得不错，这一段工作结束了，部队不能回京。别的师可以走，邢台的这个师要组织宣传队，到邢台地区所有的县，所有的村，所有的人家，要到每一个村，每一户，家家都去做宣传。宣传什么，就是宣传如何对待这个震情，中国人要有中国人的骨气。受了灾，不要畏难，我们要挺起腰杆子来，自己重建家园。

视察中，总理还为祖国未来的地震工作制定了战略部署。总理说："这次地震，代价极大，必须找出规律，总结出经验。""我国历史上有不少地震记载，但没有对地震现象的观察和研究的经验，这次地震我们付出的代价很重，损失很大，不能依然停止在只有记录而没有经验的地步。虽然地震现象的规律问题是国际间都没有解决的问题，但我们应当发扬独创精神，努力突破科学难题。这次地震给了我们很多观察地震的条件，要很好地利用这样的条件"总理的指示，为地震工作指明了努力方向。在他的关怀下，大批科技人员奔赴地震现场，在实践中经受锻炼，积累经验，地震队伍不断成长壮大。今天，遍布全国各地的地震观测网，就是当年周总理制定的战略方针结出的硕果。

在邢台地震28年后，有位记者要编写一本关于邢台地震的书，让我题词。我写了几句话："邢台大地震，震灾重如山，人民好总理，关怀能胜天，军民情意重，团结渡难关"。这是我当年的亲身感受，前两句是写的灾情，后两句是写的抗震救灾，重建家园，是周总理英明决策、亲切关切的结果。今天，邢台地震已经过去了30多年，每当回想起当时的日日夜夜，我都忘不了周总理那亲切的音容笑貌。

敬爱的周总理，邢台地区千百万老百姓记着你，滏阳河水记着你，华北大地记着你。地震，是人类之祸；拥有您这样的好总理，是中华儿女之福！

周总理的教导是中国民航的工作灵魂

阎志祥

中国民航总局原副局长

徐柏龄

周总理专机驾驶员、中国国际航空公司原总裁

沈元康

中国民航总局原副局长

鲍培德

中国民航总局原副局长

1957 年 10 月 5 日，周总理在中国民航局的一个报告上批示了三句话："保证安全第一，改善服务工作，争取飞行正常。"可以说，这是新中国民航建立至今的指导方针和工作灵魂。一直到今天，虽然总理已经离开我们这么多年，我们现在总还是在想着他的这个谆谆教导，好像总理就是我们民航的最高局长。

总理这三句话非常非常实在，而且非常科学和准确：安全第一，永远是民航的主题、主旋律，总理就是强调要唯安全第一；民航是个服务行业，改善服务工作，那就是要用什么态度对待乘客、对待群众；争取飞行正常，同样是那么的科学和实际，因为我们在飞行时经

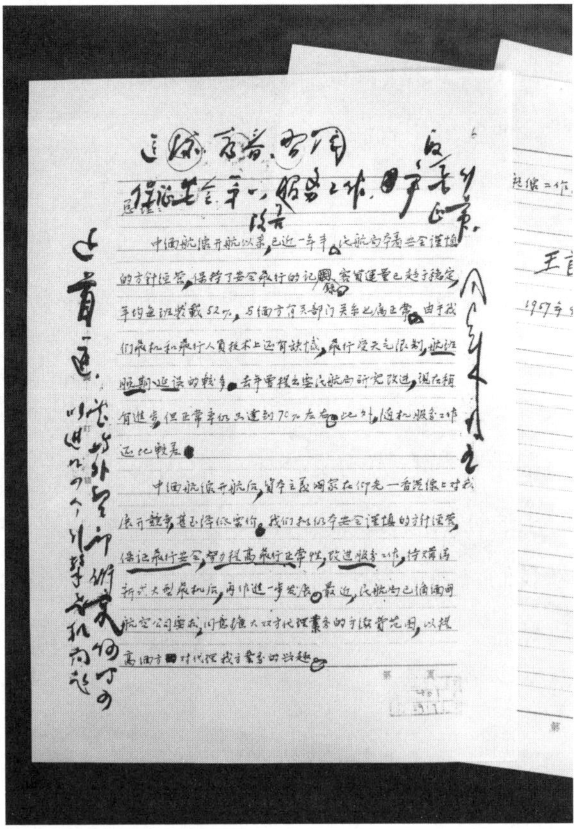

周恩来关于民航工作的批示

常遇到天气不好的情况，如果低于安全标准，我们绝不能勉强去飞，所以总理告诫我们的是“争取”飞行正常。曾经有人对这三句话提出过不同意见，我们报告了总理，总理说。我说的这个安全第一是有前提的：与服务和飞行正常相比，安全始终是第一位的。

几十年来的实践证明，总理的指示完全正确，我们中国民航始终要把旅客的生命与安全放在第一位，同时要千方百计提高服务质量，力争飞行正常。总理的这三句话，今天仍然是我们民航总局总的指导思想的纲，我们把它叫作“三句话，十八个字，一严二抓。”

1964 年以前，国家领导人出访都是租用国外的飞机，总理当时就说，什么时候我能坐我们自己的民航飞机出国？他明确指示我们：中国民航要准备飞出去！在总理的支持、鼓励和民航广大干部和职工的共同努力下，1965 年总理访问非洲时，第一次坐上了民航专机，总理非常高兴。当时使用的飞机是伊尔 18，只能上升到九千米，在气流不稳定的情况下，颠簸得很厉害。总理一直鼓励和安慰机组人员，当经过苏丹喀土穆上空时，飞机上下摇摆，出现险情，总理就给大家讲故事，稳定大家的情绪。出访回来后，总理跟机组人员说，这次任务完成得不错，我们自己不是也飞得很好嘛！当我们的民航稍微有些进步，他就给了我们那么多的鼓励。

总理还不断地为我们“飞出去”创造条件。1973 年 8 月 2 日，他再次指示：“飞出去才能打开局面！”反复嘱咐我们，要在人员训练、规章制度、改善机场条件、通信导航、空中管制、飞机维修、外事交涉、服务设施、治安保卫等十二个方面进行准备，并责成余秋里约集有关部门开会研究，分工限期完成，逐一上报审批。在周总理具体、明确的指示和强有力的支持下，中国民航终于在 1974 年 10 月，先后开辟了通往欧洲、西亚和日本的四条国际航线。我们终于能飞出去了！当我们看到机身上周总理亲手题写的“中国民航”四个大字和五星红旗标志的飞机升上高空，飞往他国时，无不百感交集，激动的心情难于言表。

周总理预见到我们的首都机场不能适应中国民航发展的要求，亲自提议和批准扩建首都机场，并把它列为国家的重点建设项目。在审查候机楼设计时，他提出“经济、适用、朴素、明朗”的具体要求。他在重病中，还亲自指示谷牧同志抓这项工作。由于周总理的关怀和指导，首都机场的扩建工程从设计到施工进度、工程质量都很好。

周总理还要求我们，“飞出去”进入国际航空活动后，一定要树立一种新的风气，凡事更要认真负责，做到一丝不苟。1973 年 9 月 9 日夜间，一架外国民航班机在首都机场起飞后不久，一台发动机出了故障，要求返航。由于层层请示，飞机在空中延误了 33 分钟。就为这件事，周总理于 9 月 10 日凌晨 1 时至 4 时 30 分，亲自召集所有有关人员开会。他十分严肃地查问每个环节和每一级领导，对每一个同志的对话，一一当面查证，发现有内外十三个环节层层请示，却得不到及时处理。他严厉地批评：“简直是官僚主义！不负责任的官僚主义！这不仅是关系飞行安全的重大问题，也是关系到国际影响的重大问题！不要说延误 33 分钟，有时即使是延误 33 秒钟，也会造成不堪设想的严重后果！”会议开了三个半小时。大家都极为愧疚地听取周总理的批评，受到了一次终生难忘的深刻教育。周总理这种认真负责、一丝不苟的精神，强烈地感染了全体同志，自此以后，大家对每一条国际航线，每一次国际飞行，都更加高度重视，认真准备，严格要求。

基辛格秘密访华，乘坐巴基斯坦的飞机，巴基斯坦总统叶海亚·汗请我们派三位领航员去，总理采纳了他的意见。总理把我们几个人接到人民大会堂亲自下达任务，要求绝对保密，确保安全，并派伊尔 18 专机把我们送过去。第二天试航，当晚，总统请我们吃饭。当介绍到我是周总理专机飞行员时，叶海亚·汗很高兴，他对周总理非常敬重。他说：“我们巴基斯坦人民非常想念周总理，以后周总理如果坐你驾驶的飞机，访问欧洲，访问非洲，经过巴基斯坦的话，你一定要告诉周总理，降落拉瓦尔品第，巴基斯坦人民想念他。”这一席话对我们教育很深。第二天，负责总理安全的秘书先上飞机，然后国务秘书陪基辛格上飞机。我们第一次见面有些尴尬，局面还是基辛格先打开的。他说了个笑话：他离开住处时连警卫员都不知道，都没想到他已飞往中国，执行这次历史性的任务。基辛格看到有我们领航也很高兴。一直到公报发表，大家才知道怎么回事。

尼克松访华时，派黑格先到北京做准备工作，他提出尼克松在我国国内访问时要坐美国飞机，周总理当即严辞婉拒，说：我陪尼克松坐中国飞机，让他的专机跟着。我们体会，在原则问题上，周总理是绝不妥协的。后来，我们的飞行技术和服务工作都让尼克松非常满意，他对这次飞行留下了美好的印象，对总理更是非常敬佩。

总理待人接物非常谦虚，对别的国家处处体现友好，特别是对小国。1971年3月5日我们送总理去越南，因早晨大雾，延误了38分钟。在飞行途中总理把我们叫去，说越南领导人在机场等，我们的飞机能不能提前一点到。总理非常尊重对方，同时又很体谅我们技术人员，完全是采取一种商量的态度。他还对越南大使表示歉意，因为服务员送水，第一杯放到了总理面前，总理随即把杯子放到越南大使面前。大使走后，总理耐心地教育机组人员，要注重细节，先照顾贵宾。

1961年庐山会议，会后送总理去南昌。我们知道他爱吃花生米，在交际处要了一斤，为这件事他严肃地批评了我们。

三年困难时期，有一次总理因事提前赶到机场吃早点，吃完后让卫士留下钱和粮票。在飞机上他只要一杯茶水，喝完了还不让倒掉，添点水再喝。吃饭剩下的雪里蕻毛豆卫士让带了回去，他发现后特地让人交来钱。还有一次给总理带上一些陈皮梅，邓大姐原封不动地让机组带回，说："飞机上的东西只能在飞机上吃。"

总理外出执行任务，只要我们机组跟随总理，总理住在什么地方，我们就住在什么地方。每一次飞行，总理都要来到驾驶舱问我们生活得怎么样，每一次离开时，都要嘱咐我们好好休息，嘱咐随行人员好好照顾机组。只要见一次面，他就能记住机组人员的姓名。他在飞机上还同机组人员讲当年和邓大姐的恋爱故事，要我们25岁后再找对象，要考察两年，考察思想人品。他还说过，要我们把乘务队建设成红色娘子军。

1970年总理去广州，上飞机后就打开文件夹办公，到深夜还在工作。卫士高振普对他说，今天是总理72岁生日，请他早点休息。总理不听。坐在一旁的邓大姐说，年龄大了，为党工作的时间不长了，更要抓紧时间多为党工作才是。

他应当是永远在世的

耿秀贞

人民大会堂管理局原处长

大会堂福建厅，是周恩来总理经常开会、办公和接待外宾的地方。总理诞辰100周年前夕，我和大会堂的几位老同志又聚在了福建厅，共同缅怀我们敬爱的好总理。时光荏苒，总理已经离我们远去，但在大家心里，总理他老人家的音容笑貌依然历历在目，一些亲历的往事，大家也如数家珍。

总理身居高位，却平易近人，关心人，爱护人。他的这种伟大人格风范，是在和我们接触中的一言一行、一举一动中自然流露的，每个在他身边工作的服务人员都感受得非常真切。

一次，总理刚进办公区，有只鞋的带子开了，服务员侯桂珍就赶紧过去，蹲下身提醒："总理，鞋带开了，我帮您系上。"总理却谢绝了，还把她扶起来。她坚持说："总理，我应当给您系。"总理说："不，我应当自己系。"总理还说："我也是勤务员，咱们是分工不同，你是服务员，我是总理，咱们都是为人民服务的。我自己来。"

总理有颗假牙，一天吃完饭，顺手把假牙拿出来，放进漱口水杯里。王颖看见了走过去准备帮总理洗假牙。总理马上拦住她："不要不要，我自己来，我自己来。”总理解释说：“挺脏的，不好意思要你们去做。”总理那么大年纪了，最后还是自己端着杯子去洗的。

崔守财回忆起“九一三”事件后发生的一件事。当时，总理在大会堂已经五十多个小时没睡觉了，服务人员也很疲劳，但缺少换班的人，只能连续工作。那天东大厅开完一个会，崔守财把会场收拾完，就躺在沙发上歇歇，因为太累，躺下就迷糊了。突然听到有人说“快起来，总理来了。”又听到总理的声音：“别叫他，别吵醒他，叫他休息会儿吧。”崔守财感觉像是做梦，又像是真的，一下子惊醒了。一看，来了四五个人，总理穿着睡衣。总理对他说：“没事，你休息吧，我们开一个小会，马上就走。”他心里一暖，哪还能睡，赶紧给总理上茶，弄毛巾。就是这一次，因为总理的睡衣宽松，崔守财意外地看见他的衣服领子破了，是补的，扣绊用针缝过，而且补的技术也不怎么高，是手工补的。

总理平等待人的精神也体现在国际交往中。一次，一个非洲国家遭到外国入侵，总理在凌晨接见了他们的驻华代办。他亲自嘱咐，让摆上质量好的熊猫烟。总理说：你们应该拿出最好的东西来招待人家，因为人家正在打仗，正在被侵略。平时接见各国外宾，在沙发的摆放上，总理也要求我们：大国、小国、穷国、富国，都要一律对待，都让他们坐到中间。总理多次教导我们，要一视同仁地接待客人，不要有什么首长主义，要有群众观点。即便是一个翻译，总理也十分尊重，他说过：你们不要另眼看待翻译，他们很辛苦，要平等地待他们。所以，不管我们是上茶、上点心，还是上什么的，翻译与主要来宾的待遇是一样的。在总理的言传身教下，我们在进行服务工作的时候，一直遵循着他老人家的教诲：一视同仁。

侯桂珍还记得总理最后一次来大会堂的情景。那是 1975 年 8 月份，怀孕中的侯桂珍看到总理被疾病折磨得特别瘦，就忍不住想哭。

总理说："你不要哭，你要哭了对肚子里的宝宝不好，要多吃点蔬菜和水果，少吃点主食，要不然小孩大了不好生。"她难过地说："总理，你病成这样了！"总理说："我没有事，我挺好的，你看我挺健康的嘛！"她更难受了，直流眼泪。总理说："你不要哭，要注意宝宝啊！生完小孩以后怎么办？"她说："那就做绝育吧。"总理问："男孩女孩都一样？"她说："都一样。"总理马上把张大夫叫来，问："生完小孩以后做绝育，对喂奶受不受影响？"知道没有什么影响，总理这才点点头。这番对话让侯桂珍特别感动，孩子懂事后，她就教育孩子："虽然你没出世，但是总理就知道你，关心你。你要努力学习周总理。"

总理对大家的关心爱护，不仅仅是在政治上，还教育我们要多学点为人民服务的技能，比如说让我们学习外语，接待外宾一定要用外语，"请"啊，"用毛巾"啊，"请喝茶"呀，这些话一定要学会，学会了他就特别高兴。他还要求我们组织起来学烹饪，学放电影，学开汽车，学缝纫等等，总之为大家的前途考虑。从社会地位上看，总理和我们天差地别，但他却让我们感受到了一种慈父般的关爱，在我们心里打下了深深的烙印，永远也抹不掉。

如果要说艰苦朴素和廉洁自律，总理堪称典范。这一点，我们最有发言权。

大会堂经常要接见外宾，召开会议，活动很多，用电量也很大，总理总是要求我们从实际出发，注意勤俭节约。有时厅室里面灯多开了一些，总理就会提醒，不要开那么多灯，不需要那么多灯，不要浪费了。王颖回忆起一个手巾的事情。那是一个夏天，水蜜桃刚上市，她们给总理上了水蜜桃。总理吃完桃子，王颖就拿来一条手巾，想给总理擦擦手。没想到总理看看毛巾，说了一番让她非常意外的话。总理说："不行，我不能往毛巾上擦，这水果汁擦到毛巾上会洗不掉，我得到卫生间把手洗了以后再来擦。"

三年困难时期，总理与全国老百姓共渡难关。总理要求，召集内宾开会，不允许有以往的四个菜一个汤，就素的大合菜一盆，不放肉，摆点粉丝、白菜、豆腐，一桌一盆大合菜。我们很清楚，总理的个人饮食也很俭朴，一般的就是一荤一素，夜餐也常常就是熬点小米稀粥。吃饭时，有时给他加上一个菜，他会不动筷子，让服务员端回去，说下一顿再给他吃。总理吃鱼也给我们留下了深刻印象。总理食量不大，做了一条小鲫鱼，如果他感觉一顿吃不了，就会只吃一面，然后把另一面翻过来，晚上再吃；有时候是晚餐吃鱼，吃不完的就第二天接着吃。

总理胸怀博大，宽以待人，对自己却要求严格，严格到现在的人很难想象。他为国操劳，经常要加夜班，但他的夜宵都坚持自己付钱。请客喝杯茶也要坚持付账。比如一次请美国友人斯诺喝茶，总理就是自己付钱。他说：其他的人可以按规定走，他是每个月要结账的。“给大会堂去交款！”我们好几个人都听到过总理给秘书的这一吩咐。有段时间，每到月底我就会把账单交给总理的警卫秘书，按当时的价格，平均每个月要付一百多块钱。我记得很清楚，当时其他首长消费的茶、烟和水果也是自己付钱，但总理却是所有的都自己付，包括刮胡子。总理刮一次胡子要交八毛钱。有时候替我们洗一张照片，总理也会交代秘书：“我付钱啊！”

郭成仓是大会堂厨师长，多次看到总理到职工食堂排队吃饭。大家看总理来了，就会把位置赶紧让开，请总理先买。但是总理不，他说我一定要排队，和大家一起排队。职工吃饭是办一个本儿，吃饭的时候厨师给画本。总理也办了本儿，没进食堂门口，就把本儿拿在手里了，到窗口买，买完以后给他画本，花了多少钱，月底再拿这个本结账。这都是一些关于总理的小事，但每每忆起这些，我的心头都会涌起波澜：贵为一国总理，却又如此严格自律，这是一种什么样的心胸情怀啊！

我是1965年第一次在大会堂见到总理的，这以后的十几年一直为总理服务。和前面的事情相比，我感受尤其深的一点，就是总理忘我的工作精神。总理不仅事情多，工作忙，而且工作起来总是高度投入，忘掉吃，忘掉睡，有时甚至上卫生间都要提醒，真的是为国家鞠躬尽瘁，死而后已。

总理的工作日程安排得很紧，一场接一场，往往是这场还没完，下一场接见的外宾已经到了。有时候赶上该吃饭了，怎么办？总理说："先见外宾，然后再吃饭。"见外宾的时间不好限定，有些棘手问题会谈很长时间，我们和警卫、秘书等工作人员都很着急。总理饿了好长时间了，怎么办呢？后来商量了个办法，就是在给总理上茶的时候里面换玉米粥，外宾喝的是茶，总理喝的是玉米粥，这样来充充饥。有的时候总理在大会堂的活动完了，又要赶到另一个地方，我们就到厨房拿几个包子，用纱布包上，交给警卫，让总理在车上吃。还有的时候，我们给他上了一份托盘饭，他忙得忘了吃。菜凉了，我们就端回去热一热。可是，一个菜热两三次就没味道了，我们说换一换，总理不让，说："浪费！"还是把它吃了。另外，总理看文件时间很长，通常一坐就七八个小时，我们实在看不过了，就提醒他该起来散散步了。他有时会接受我们的建议，站起来，在沙发边来回走动那么几下，缓解一下疲劳。一个七十多岁的老人，为了国家和人民，常年这么高强度工作，真的让我们又敬佩又难过。

大会堂建成以来，总理一年有三分之二的时间是在大会堂里工作的。总理在病重期间，对大会堂工作的同志们非常怀念。有一天，秘书通知我们，总理要利用三天时间到人民大会堂来，到他去过的地方走一走，看看曾经为他服务的同志。我们深受感动，没想到总理在病重期间还关怀着我们大会堂的工作人员。

第一天他来的是西大厅，看望了西大厅的工作同志，然后到了江苏厅、西会议室、安徽厅、接待厅、北京厅、上海厅，最后到了西藏厅。他交代相关领导说：这些同志跟了我一辈子了，他们为我服务，我非常感激，今天你们准备一点便饭，我请他们吃一次饭，感谢一下他们。当时我们就在西藏厅准备了一餐非常简单的便饭，总理跟他周围的工作人员在一块共同就餐，吃了最后一顿饭。当时我们的心情非常激动，也非常难受。

我们难受，是因为大家都看到，总理很虚弱了，走路身体都打晃。脚已经肿了，穿着布鞋来的。总理平常都是穿皮鞋，很正规的，脚肿穿不上了，才穿着布鞋来的。尽管如此，总理还是尽量不让我们看出他有重病在身，实际上当时我们根本不知道总理已得了癌症。这个癌症是一直到总理去世以后，报纸上发表了，我们才知道的。所以总理老是表现得蛮有精神的，不给我们增加什么心理压力。

总理在病重期间的这次回来，把大会堂所有的地方都看了，把所有的服务员都见了，没有在的同志他就问其他人，这个人怎么样，什么情况，都问得很细。我们没有想到，这是总理最后一次来大会堂，我们这些同志也是最后一次见到生前的总理。

总理逝世前三天，他的司机把崔守财等四名同志接到 305 医院。他们在病房看到总理的时候，总理已经不能说话了，靠着枕头吸氧。他们很心酸，想过去和总理说几句话也没有机会，一个个都不肯走，最后卫士只好把他们几位给拽了出来。三天后的 1 月 8 号，说要开政治局会议，我们赶紧做服务准备，还在想总理是不是能够出院参加会议。结果一些人来了以后，就显得气氛不对，一看那些警卫和秘书，心情都挺沉重的样子。我们这才得到通知：周总理已经去世，要在这地方成立一个治丧委员会，安排总理的后事！

这个消息就像晴天霹雳，是我们万万没有想到的。在我们心里，像周总理这样的伟人，应当是永远在世的，我们无法接受这个事实。

但事实就是这么残酷。后来，根据上级指示，我们将总理的骨灰请到了台湾厅。在台湾厅，我们以泪洗面，为总理做了最后一次服务。

敬爱的周总理，我们永远怀念您！

看似无情胜有情

周尔均

周恩来侄儿，国防大学原政治部主任

我第一次见七伯、七妈是在上海，时间是 1946 年的夏天。我那个时候在江苏高邮初中毕业以后，因为没钱升学读书，听说七伯周恩来到了南京、上海与国民党谈判，我和哥哥就找他们来了。我们见面是在上海马思南路 107 号“周公馆”，马思南路现在改称思南路，门口挂着的牌子还是当年的牌子，英文是“周恩来将军公馆”，实际上是中共代表团上海办事处。用这个名义，为了便于对外活动。到那里后，是陈家康同志接待的我们，问了情况以后，他通报给七伯、七妈，他俩很快就从楼上下来。七伯、七妈见到我们非常高兴，也十分关心，详细地询问我们这些年来的情况。特别是见到我们由于经济困难，一路从苏北走路、坐船过来，缺吃少穿，脸上还长了疮。七妈很疼爱地说，你们受苦了。她拿来药膏亲自给我涂上没两天就好了。七妈去世之前的几年，有一次，她老人家同我和我爱人邓在军谈起当年的情况，七妈说：“那个药叫‘如意膏’，效果很好，是进口的，现在没有了。看来，这样的药还得进口一点。”40 年前的往事，这样的一个细节，她老人家都记得清清楚楚。

然后，七伯、七妈把我们带到他俩的卧室，关心地问我们是做什么来了，下一步有什么打算？我们说想升学上高中，也想跟着你们干革命，希望能到延安去。七伯、七妈说，这个事情我们要好好商量一下、考虑一下再定。

当时，我们是临时寄居在上海的舅舅家。住在施高塔路，现在叫山阴路，在虹口那儿。第二天还是第三天，七伯和七妈专门到舅舅家来看我，是坐了车去的。我那时看到的七伯、七妈显得特别年轻，七伯穿的是西服，七妈穿得也漂亮，上襟还佩了一朵花。我说："七伯、七妈，你俩看起来好精神，真漂亮。"七妈就说："你们不懂得，我们在这儿需要这样的穿着，便于在敌人的心脏里边活动、减少敌人的注意，也可以给你们舅舅家里减少麻烦。我们在延安住的是窑洞，穿的是土布衣服，跟这儿根本是两种情况。"

那次我们一起聊了很长时间，七伯、七妈才离开。后来他俩又找我们去思南路周公馆，专门谈我们所提的要求。七妈说，我和你们七伯一起商量过了，你们还是就地升学为好。我们与国民党谈判的形势很不乐观，内战随时可能打起来，也想过带你们去延安，恐怕有困难。你们还是留下好好读书，长知识，以后会有机会参加革命的。七伯说，要相信黑暗毕竟是暂时的，你们年轻，前途是光明的。他俩给我们留下了钱，还把七伯的衣服拿给我俩，每人分了一点。七伯、七妈还嘱咐我们，这里周围有不少国民党的特务在监视，好在你们年纪还小，但也要提高警惕，特地交代了一些我们注意摆脱特务盯梢的办法。我们就按两位老人家的意思留在上海念书，一直到高中毕业，后来于 1949 年 6 月参军到了二野部队。

回忆这段往事时，我曾经想过，当时如果能和七伯、七妈一起到延安去，早 3 年参加革命，对自己的成长会更有利。其实，现在回过头来看，还是七伯、七妈对这件事考虑得更周到，更着眼于长远。

50年代我从外地调到北京工作后，常和在军去西花厅看伯伯、伯母，有时遇到他俩的义女孙维世和她爱人金山，一起聊天。有一天，维世大姐好像遇到什么事情，情绪不很好。那时是困难时期，没什么吃的。七妈就说，今天不留你们吃饭了，我请客，在军和尔均当主人，跟维世和金山到西单的四川饭店一起吃顿饭。七妈这是为了让我们改善一下生活。就在这次吃饭时，我们各自谈起了当年的生活、工作情况，还一道唱歌。中间，维世姐姐很有感慨地说：你们在上海都到了伯伯、伯母身边了，他俩没有把你们带去延安。而我们这些烈士的子女，爸爸、妈妈都是千方百计找到了我们，不但设法把我们送到延安，有些还送到苏联去学习，我就是其中的一个。可见他们对自己的亲属真正是分外的严格。

其实，这种情况我们周家人也都知道。你看我们的兄弟姐妹们，没有一个是七伯、七妈给予特殊关照的。我们有个弟弟周尔辉，已经在北京钢铁学院毕业分配工作了，组织上后来也同意把他在家乡淮安工作的爱人调来北京，七伯得知后说：现在精简城市人口，为什么都要女方往男方这里调呢？你应该带个头，你申请到你爱人那儿去工作好了。尔辉也很听话，自己主动申请，经过组织同意，就从北京钢铁学院调去淮安当了一名教师。对我们这些侄儿女辈，伯伯、伯母都是一样地严格要求，他俩也从不允许我们炫耀与总理的亲属关系。

以往也曾经有一些想法，七伯、七妈是不是对亲属要求太严了？其实，看似无情胜有情，他俩对我们晚辈的严是一种真正的爱，发自内心的爱。七伯、七妈有鉴于历史上晚清的八旗子弟，由于享受各种特权，生活优渥，游手好闲，一个个都败落了，最终导致满清王朝也垮掉了。他们很重视这个历史上的教训，因此对烈士的子女，既无微不至地关怀，又严格地要求。对我们亲属则是严格而又严格。同时，在政治上又都是一样的关怀爱护。就拿我自己来说，参军以后，我写

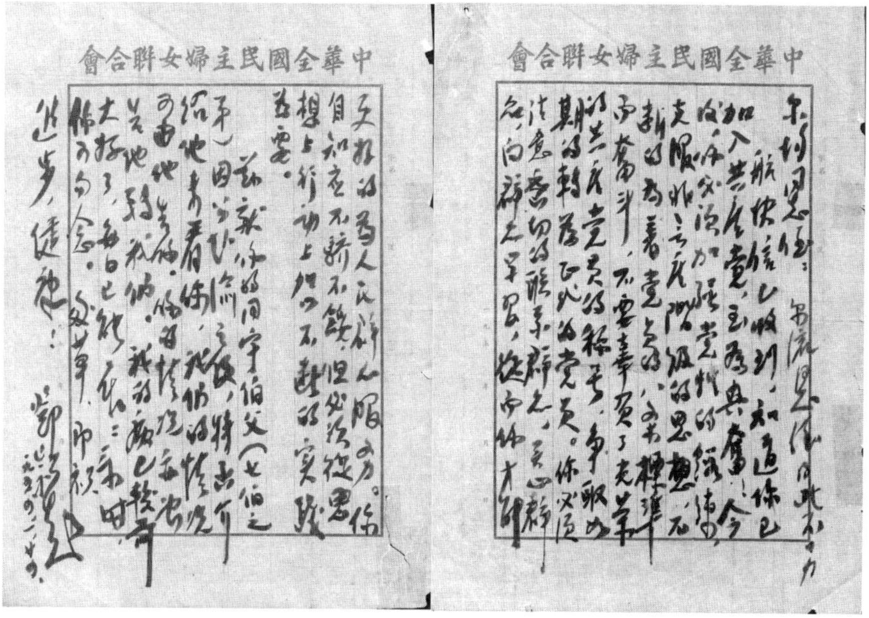
中華全國民主婦女聯合會

中華全國民主婦女聯合會

邓颖超在周尔均入党时写给他的信(1954 年 1 月)

信报告七伯、七妈，他俩马上给我回信，给予亲切的鼓励。我在进军西南的途中向他们汇报说，自己正在申请入党。七伯、七妈得知后非常高兴，立即回信，谆谆嘱咐我好好努力，争取早日成为共产党员。以后又不断地在通信中询问情况，继续给予鼓励。为我入党的事前后写过 3 封信，包括写给我们党组织的，证明我的父亲和家庭情况。我是在 1953 年 12 月被批准入党的，当天就写信报告七伯、七妈，很快就收到他们情深意切的回信。七妈在信中说："知道你已经加入共产党，至为兴奋！"同时谆谆教育我："今后你必须加强党性的锻炼，克服非无产阶级的思想，不断地为着党员的八条标准而努力，不要辜负了光荣的共产党员的称号，争取如期转为正式党员；你必须注意密切地联系群众，关心群众，向群众学习，从而你才能更好地为人民服务；你自知应不骄不馁，但必须从思想上、行动上不断地实践为要。"七妈在信中提到的共产党员的"三个必须"，今天读来，对我们大家仍有现实的重要意义。

当然，以后到了北京，有机会当面得到七伯、七妈的关心与教诲，特别是在军在中央电视台担任导演工作，他俩常常给予鼓励和指示。生活上也是这样。1988 年我在 301 医院住院做手术。在军去西花厅时，七妈特地把她用的一个闹钟让在军带给我。七妈说，这个闹钟是她平时用的，很准时，也好使，尔均住院做手术，要定时吃药，不能误了。可见，他们不论在政治上、生活上，对我们的关心真正是无微不至。所以我说，伯伯和伯母对晚辈亲属的爱，是最为深沉的、富有远见的爱。我们作为亲属，应该说是按照他们的教导努力去做，没有辜负了七伯、七妈的期望，今后，还应继续不断地努力，真正实践党员的“三个必须”，把它作为一辈子做人的标准。

说到西花厅，想起很多难忘的事。

有一件事情是西花厅的修缮。最初我们来西花厅的时候，从 50 年代一直到 60 年代初期，这里非常破旧，不是一般的破旧。地上铺的砖既破损又潮湿，门窗有缝隙，透风。伯伯的关节有病，七妈的身体一直不好，这个环境对他俩的健康很不利。后来趁七伯外出的时候，何谦秘书主持把房子整修了一下，是属于很一般的装修。但是七伯回来看了后非常生气，没有进屋，也不回家住，临时住在钓鱼台去了。陈老总去劝也不管用。

后来我们去钓鱼台看他时，为了缓解伯伯气愤的心情，我就对他说：您平时教育我们要爱护国家财产，西花厅这个房子实在是相当的破旧了，这是历史文物，这样一种维护，也是保护国家财产，从这个意义上也没有什么大错，伯伯您就不要再生气了。七伯那天心情还好，他听了后点了点头，然后严肃地说：你说的话也有一定的道理。我并不是反对做简单的维修，问题是现在修得过了些，你要懂得，我是这个国家的总理，如果我带头这样做，下面就会跟着干，还有副总

心心相印

劳动途中

观看比赛

打乒乓球

爱心

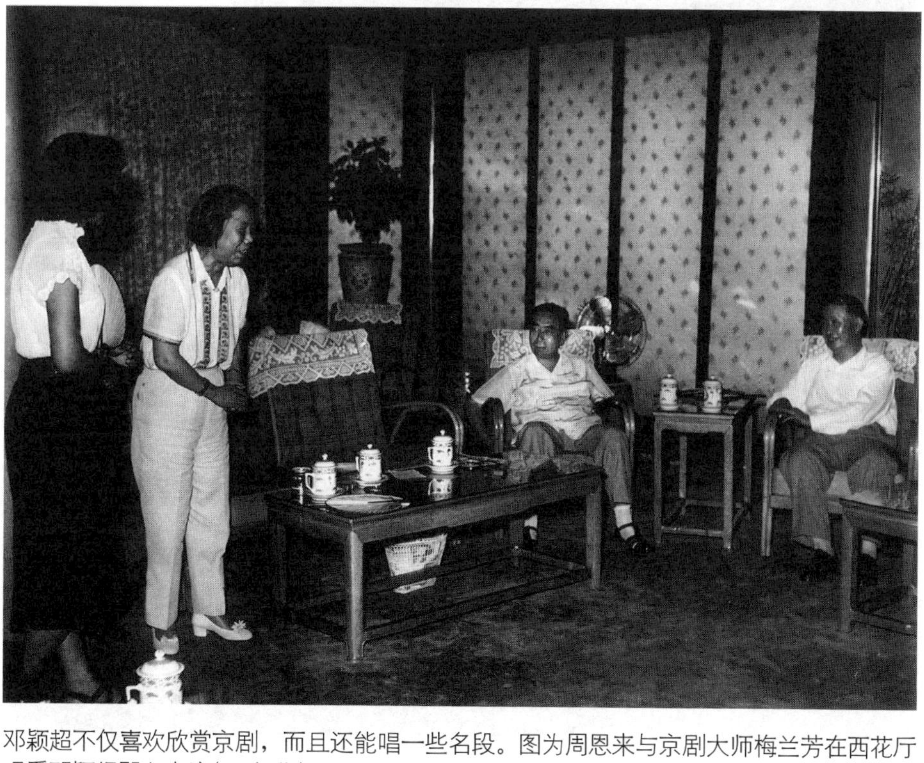

邓颖超不仅喜欢欣赏京剧，而且还能唱一些名段。图为周恩来与京剧大师梅兰芳在西花厅观看邓颖超即兴表演(60 年代)

童趣

学游泳

在大同华严寺观看经书

在江西南昌八大山人纪念馆观赏书画(1961 年 9 月)

理，还有部长，再一级一级地这样下去，就不知道会造成什么样的严重后果。西花厅这样的房子我看就很好了嘛！现在我们国家还穷嘛！还有很多群众没有房子住哪。伯伯问我，你看过杜甫的那首诗吗，就是《茅屋为秋风所破歌》？我说看过。七伯问我记不记得内容，我回忆了一下，并强调了最后那两句："安得广厦千万间，大庇天下寒士俱欢颜。"伯伯说，是啊！你看一下杜甫这首诗，就会明白我为什么这样生气了。后来，何谦秘书把新装的部分做了改动，窗帘卸了，吊灯拆了，床也换回去了，伯伯才勉强同意住回西花厅。这件事情过去了几十年，今天想来还像是昨天一样。

第二件事情是在1959年，我和在军去西花厅见七伯、七妈。七伯问我，听说你调来北京工作了，在哪个单位？我说是总后勤部卫生部。七伯就问我，你们部长是谁？我说是饶正锡。七伯说，噢，他是从新疆调来的，我很熟悉。正好我调来后熟悉了饶正锡同志的简历情况，我说，是这样，他担任过新疆迪化市的市委书记。七伯说："哎！你怎么说是迪化呢？"我理解七伯说这话的意思，因为迪化市已经改名乌鲁木齐市了。我说，我知道迪化现在已经叫乌鲁木齐了，我是看到他当年的任职表上是迪化市委书记。

七伯说，噢，是这样。然后又问我："迪化"这两个字，你知不知道是什么意思？我就说，迪化的"化"应该是同化的意思。因为迪化是在新疆嘛，我马上联想到，新疆是少数民族的自治区。但是对这个"迪"字，当时我没来得及深想。七伯听了还是很高兴，鼓励我说：哎，你这个答得不错。伯伯就讲，"迪化"，迪就是"启发"的意思。这是过去对我们少数民族的一种不尊重，对新疆要"启迪"，"同化"。

七伯接着又问，你能举出多少像这样的地名，就是类似对少数民族带有歧视或侮辱性的。我和在军就边想边说，回答七伯的提问，伯伯在一旁也帮我俩提醒，帮助凑。比方说"绥远"，原来有个"绥远省”。比如说“镇南关”，当时已改成“睦南关”。比如说“安东”，改成“丹东”。还有“抚顺”、“安塞”，等等。类似的地名，当时一起凑了不少。七伯就讲，你看，我们过去大汉族哇，对少数民族有所歧视。有的现在都已经是国家了。我们什么时候都不要忘记，各个民族之间都是一律平等，各个国家之间也都是一律平等。

平时跟七伯、七妈在一起谈心，他俩都是以这种平等的态度对待我们晚辈，总是针对现实的问题，深入浅出地给我们以教育启发。

再一个例子，七伯有着高度的原则性，对待和处理任何事情，旗帜都非常鲜明。在伯伯那儿谈话，他对大事小事、公事私事分得一清二楚。他可以听我们汇报工作情况，他也借这个机会做一些调查研究，但是从来不会轻易表态，更不准我们传达他的意见。这是一个原则。这个道理我们也都明白，从来不给七伯转信或传话，这是纪律。

但是，也有一次例外。这是1955年，我还在重庆工作，有一次到北京来汇报有关肃清反革命运动的情况。当时，开展肃反运动是必要的，但也存在打击面宽了的问题。这一点我是后来才明白的。那次来京汇报中间，去西花厅看望七伯、七妈。伯伯听我说起是来汇报“肃反”的事情，神情一下子变得十分专注。他问我：你这个单位的运动进行得怎么样，查出一些什么问题？因为我是专程来总后勤部汇报这件事，所以回答得很清楚：我们这个单位查出了多少名反革命分子，多少人有严重政治历史问题，等等。七伯听后，马上就说：这里面有问题。他问我们是个什么样的单位，我回答是个军级单位。伯伯就说：一个军级单位，何况是部队，不可能有这样多的反革命，不可能有这样多的严重的政治历史问题，这可是关系到很多人政治生命的大事。他接着说，你把我这个话带给你们单位的领导同志，就说是我的意见。我回到重庆后，立即向本单位的党委书记、政治委员汇报了，这位领导同志名叫卢南樵，后来担任过第二炮兵副政治委员。当时我向他汇报说，周总理有这个指示，听说我们查出了这么多反革命，有这么多严重政治历史问题，总理说，不可能那么多，打击面宽了。卢南樵同志十分重视，立即召开党委会，传达学习周总理的指示，并当即采取措施贯彻落实，如实纠正偏差，保护了一大批人。

这个例子说明，伯伯历来关心和爱护所有的人。正如我们后来在一首歌中说的那样："把所有的爱装在他的心上"。后来在"文化大革命"中更是这样。他在重大原则问题上是绝不含糊的。

不徇私情只为公

周秉德

周恩来侄女、中国新闻社原副社长

我父亲周恩寿，号同宇，是我伯父周恩来的胞弟。年轻的时候曾经追随哥哥到黄埔军校，是第四期的学员，1926年参加北伐战争，1927年在北伐当中负了伤，后在养伤时离开了革命。以后就一直在哈尔滨、天津跟他的四伯父做职员、经商。

1949年年初，他由天津到北京找到我伯父要求安排工作。伯伯说："你这么多年了，离开革命，你什么都不懂，怎么能立即做工作呢？你只能够从头学起。"就让他到华北大学去学习。经过学习，组织上把他分配到了当时的钢铁工业局，以后又调到内务部，一直做一般的工作。

在内务部的时候，我伯伯就专门跟当时的内务部长曾山交代："周同宇的工作，你安排的职位要低，工资要少，因为他是我的弟弟。"所以他的工作就安排得很一般。后来我父亲身体不好，严重胃溃疡，经常要休息、请假，时常不能坚持正常的上班。在50多岁的时候，我伯伯觉得他不应该不能正常上班又拿着全工资，所以就让他提前退休。当时伯父专门找曾山部长说：你应该给他办理提前退休。曾山部长以为伯伯就是说一下，表个态，就没有当回事。后来过了一段，伯伯又问他，你怎么还不给我办这个事情，你要再不办的话，我就处理你了。这样曾山部长才办了这个事，让我爸爸提前退休。退休以后我父亲的工资就明显地减少了，但是我们家的孩子又多，我们兄弟姐妹一共有 6 个人，负担重。伯伯又绝对不让他去向组织上申请补助照顾，伯伯就从他的工资里多拨了一些钱贴补我们家用，几乎是从 1950 年到 1968 年，直到我的弟弟妹妹全部参加了工作为止，每个月都是我到他的卫士长那儿去签个字，领回钱交给我妈妈。后来听卫士回忆说：周总理有一次在办公室工作，忽然抬起头叮嘱一句："同宇家这个月的生活费，你们别忘了送过去。"我们姐弟 6 个人从小到大，都是被他抚养起来的。

不光是经济上，特别是在精神上，我们受到他的恩惠就更多了。我们那时候太不懂事了，也太不了解伯伯的情况。后来我们年龄大些了，才知道伯伯是怎么样的简朴，觉得我们真不应该享受他那么多的资助，不应该用伯伯这么多的钱。伯伯当时宁肯自己艰苦些，也无论如何要拿出自己的工资去资助亲属的。他资助的亲属不光是我们一家，我们的二娘，淮安的尔辉家，很多亲属，还有他原来的下级，他的朋友，谁有了病有了困难，他都慷慨资助。

他自己节衣缩食，也不让亲属们有一点点特殊，不能有一点点因为他的关系有个比较好的安排，不能够有任何的特殊化。要他们按照自己的条件去奋斗，自己的路要自己走，不能够依靠他。这一点对我们的教育是最大的，我觉得我们在精神上也是受益非常大的，一辈子受益。

因为我父亲的工资低，收入少，职位低，房子很紧张，很挤，所以我们姐弟 6 人里边大的 3 个人，我和弟弟秉钧、妹妹秉宜住在西花厅，礼拜天到爸爸妈妈那儿去，然后就回学校了。那时候我们都住校，一到礼拜六，别人家都有车来接，我们没有车接，就觉得很不是滋味。那时候小嘛，心理不平衡，就回去向伯伯、七妈说，你们也不来车接一接我们，伯伯就非常明确地说："汽车是我为人民工作用的，我的工作需要，才用车。你们是学生，你们不能够享用，你们只能够自个儿坐公共汽车、走路或者骑自行车，不能够享用公家为我配的车辆。"这样，我们从小便知道，孩子不可以享受家长所享受的待遇。

在我们的整个成长过程中，伯伯对我们的要求是很严格的，他一向是亲者严，疏者宽。同时又是很关心，很有亲情的。比如，我长大工作以后，想买自行车，跟伯伯去讲。伯伯就说："可以呀，你买自行车是好事啊！"当然我是希望他出钱，我那时候不懂事嘛。他说："我给你出一半钱，你自己要承担一半。"我就这样做了。后来我又想滑冰，想买冰鞋，那个时候买个冰鞋还是蛮大的开销的，伯伯还是那个态度，就是我出一半钱，你自己要出一半钱。后来我理解了，我出了这一半的钱，我就知道珍惜这个东西，不是说随便得来，不知道爱护，知道来之不易。

我参加工作以后不久，西花厅的工作人员比较多了，我七妈在中南海的一个干部的宿舍楼里边，给我们找了一套小房子，让我和我妹妹住在那里。七妈跟我说："秉德，你已经参加工作了，这个房子的租金，我不是出不了，但你要自己付这个房租。因为不能够让你养成一个依赖家族的习惯。"我想有道理，我每个月去按时交房租。这让我就知道什么事情都应当自己来做，自己应该承担，我有这个责任。这样，从小到大我都是这样过来。

在经济上，伯伯、七妈对我们认为应该支持的事情，就明确支持。比如说，六妹周秉建，1968 年才 15 岁，刚刚上初二，因为毛主席有"上山下乡"的号召，她就积极地要求下乡，报名去了内蒙古大草原的牧区，跟牧民一起生活。我伯伯、七妈就非常支持她这个行动，称赞她能够响应毛主席的号召上山下乡。为了支持她，临走的时候也送送她，请她吃饭，鼓励她，教育她。后来知道她在牧区大草原，经常看不到报纸。七妈就把我叫去，说："你要给她买一个好的半导体收音机，我来付钱。"我说："我已经工作多年了，我来付这个钱。"七妈说："不行，这是我们对她的支持，因为秉建有志气，做得好，所以我们要支持她，鼓励她，这个钱一定要由我们出。"所以我就给她买了一个当时是最好的熊猫牌的七个管的半导体收音机。七妈看了以后觉得好，说："这个挺好的，你再帮我寄走，钱我来付。"七妈态度是非常鲜明的，她支持的事情就一定要办。

我觉得伯伯对我们的教育和要求，就是要求我们做一个普通的老百姓，普通的劳动者。我认为他是在向旧有的封建观念、封建的裙带关系做决裂，要铲除这些旧的思想观念。他要走一条新的路，这是由衷的，以全身心地为人民服务的观点，去走坚实的路。他一直就是这样走，没有一点做给别人看的意思，一点都没有，他就是踏踏实实这样去做的。

对于我的婚恋，伯伯和七妈都关心而且给我以教育。不过，两人各有特色。七妈是从道理方面引导，而伯伯却坦然讲起了自己的初恋，连七妈也仿佛恍然大悟当初来自欧洲"执著进攻"的背景。志同道合，这是伯伯与七妈半个世纪相亲相爱、相濡以沫的最坚实的基础。

他对我的婚恋的教育，也是挺难忘的。1956年夏天一个星期六的晚上，我陪两位老人家吃饭，我就讲到交男朋友的事，想听听他们的意见。七妈对我说："年轻人嘛，总要交朋友。要找到你合适的伴侣。你要找的这个人，首先要考虑志同道合，不要考虑外表，不要考虑职位，先要考虑和他志同道合。"伯伯给我现身说法，说："年轻的时候，留法勤工俭学那个时候也有一个比较接近的女朋友，是原来一起搞五四运动的，叫 ×××，曾跟他一起创办觉悟社，当时也是五四运动当中女界的领导人之一，跟她接触比较多，而且一起去了法国。”他又说：“我们来往比较多。那个时候我们是共同反对当时的封建制度，反对军阀，我们希望能有一个民主的社会，所以我们当时是一个共同的民主主义者，这样一种志向。但是在法国、英国、欧洲多年，我接受了马克思主义的教育以后，我感觉到我自己要投身社会主义，投身到共产主义这样一个目标，我这个目标是要为无产阶级的解放而奋斗的，那么我就觉得这个女士就不一定很合适。我要找的话，就要考虑到革命的艰难险阻，要经受得住革命的惊涛骇浪。找这样的人才能够跟我志同道合地革命到底，革命一辈子。所以那时候我就很毅然地跟她断掉了，找到你七妈。我跟你七妈写信，写了很多信，然后我们在通信当中明确了关系。”他这样跟我说他自己选择伴侣的经过，就是要我首先考虑到对方的革命志向，实际上就是个志同道合的问题。

这时，我七妈就说：“怪不得呢，你原来刚去欧洲的时候并没有给我带来什么信，怎么后来又来了这么多的信！”我们后来知道，他们两个人那时候的通信有250封之多。当然主要谈的是革命，他在欧洲看到的一些情况，比如通信，他给报纸上的投稿，他在那边的感受等，经过通信之后，确立了两个人的关系。

七妈也这样说：“原来他在天津搞学运的时候，他是全身心地搞运动，那个时候他就自己宣布是独身主义。我那时候也小。”我七妈那时候才十五六岁嘛。她说：“我们大家都觉得要支持他这个独身主义。”七妈说，她那个时候觉得，一个女人一结婚就完了，什么都做不了了。她看到了她的一些同学结了婚以后，受到封建礼教的束缚，完全都没有人身自由。所以她觉得女人不能够结婚。因此她在天津的时候，在伯伯去欧洲之前，他们就完全没有这样的关系。所以那个时候他们是非常纯洁、单纯的革命的友谊，一起搞学生运动，搞反封建的运动，全身心地投入到这个里边去。

因为有这样一个基础，所以他们在一生当中，从1925年结婚到1976年我伯伯去世，整整50年，他们的关系非常密切，互敬互学，感情非常深厚。每次他们暂时离开的时候，互相有信件来往，打电话呀，托人带信哪，互相关心，互相理解。伯伯去日内瓦的时候，七妈就给他有很多的信，有信使过去的时候，刚好西花厅的海棠花开了，她知道伯伯非常喜欢海棠花，就把西花厅的海棠花剪下来，压平，摆在信里边给带过去，让伯伯感觉到一种情意，就好像是又看到了家里边的海棠花了。

有情感，有情调，相互尊重，相互关心，相互体贴，彼此依赖，使分别多于相聚的伯伯与七妈，半个世纪的夫妻生活一直真挚温馨。

他们之间不是一般的你好、我好，他们都是很重情感的人。他们两个人的作息时间不一样，伯伯的工作非常忙，要处理大量的公文、材料，了解情况。他总是工作到很晚，把当天的事情尽量处理完，有时候工作到深夜，甚至于到第二天的黎明。有时黎明的时候他就在外边呼吸一下新鲜空气，在院子里转转，或者到公园里头去走走，有时候碰上了就把我或者秉钧、秉宜也带去转一转。有时候到中山公园去，大清早，只有起得特别早的一些老人锻炼身体，他也去散步。回来以后，七妈有时候还没醒，他就轻手轻脚地到他的房子里去睡觉。他没有醒的时候，七妈起来了，七妈也是一切动作都是非常轻，告诉工作人员，告诉我们这些孩子们，一定不能大声讲话，走路要轻，后来七妈就竖一个牌子在那儿，“请安静”。只要这个牌子摆在里院门口了，大家就知道伯伯还没有起，大家都会很轻地走动。

1950年刚刚进城的时候，七妈的身体不好，在颐和园的听鹂馆的后面，当时有一个很普通的小平房，她就在那儿疗养。伯伯工作很忙，有的时候到傍晚，就到那儿去看一看七妈，也算他的一个休息。正值暑假的时候，我呀，弟弟妹妹秉钧、秉宜都在的时候，他就会把我们带去，一块看看七妈。到颐和园的时候，一般的都是傍晚，还没有净园，但是颐和园的人已不是很多了，我们从东门进去，穿过长廊，一直到听鹂馆的后面，很长的一段路。他绝没有让游人回避，也没有大量的警卫前呼后拥，就是带上两个卫士，卫士长，有时候有我们几个小孩跟着，碰到谁就是谁，游园的大多就根本没理会我们这一行人，有的远远地看见了特别高兴，打个招呼，举个手哇，看看什么的。也有的特别激动，就跑到前边来跟他握握手。我觉得那时候非常自然，就像普通的游人一样的。见到七妈，有时候聊聊天，有时候就出来散散步，经常走的路线是到后湖。后湖人也少，也比较僻静，也挺好看，挺幽静。我们就沿着湖走，经常就走到谐趣园。谐趣园这个小的庭园是园中园，小巧，周围有水榭、小亭子，中间有一个小池塘。伯伯经常喜欢到那儿去，还带着我们 3 个在那儿照相。他为什么喜欢这个地方，我也不理解。直到 1988 年我第一次去淮安，我看到淮安有一个勺湖。勺湖湖面很小，周围有很多的小亭子、水榭，那个风味我觉得很像谐趣园。所以我觉得伯伯去谐趣园那么多次，有没有一点回忆他以前小的时候的家乡的园林的心情，恐怕也是有的，但是他不说就是了。你说他想念不想念淮安，他很想念他童年时候的一些文化氛围。

同样的，七妈对伯伯各方面也非常关心。比如，总要伏案看卷，看文件，还要开会，活动非常少，七妈就特别希望他有活动的机会。所以有时候知道他要回来了，就把我们给打发到二门的地方，这样从二门下了车以后走进去，就要走上 200 多米，对伯伯来讲呢，这就是一种活动。我们散步哇，聊聊天啊，有时候还唱唱歌。这对他来讲也是一个调节，比那个刚刚下了办公桌就进汽车，出了汽车就又到办公室好，要轻松一点，也就是这么一点时间。我们跟他一块儿散步的时候，他也特别地喜欢聊聊天，唱个歌，那时候他还唱“洪湖水，浪打浪”，一边走路一边指挥，打着拍子，非常高兴。有些新的歌曲，一些民族的歌曲，民歌性的像《刘三姐》呀，这些他都挺喜欢唱的。

另外，因伯伯活动很少，七妈就鼓励他星期六去跳跳舞。那个时候中南海紫光阁，或北京饭店有一些舞会，星期三、星期六都有，但是他只有星期六才能够去。七妈自己不参加舞会，却鼓励他去，希望卫士长安排伯伯能够星期六去跳跳舞。而且跳舞也是一种了解基层，了解情况的机会。当时有些单位都去一些女同志，有文工团，文艺团体的，也有一些机关的，跳舞时他就会一个一个地了解情况。哎呀，伯伯跳舞跳得好极了，舞步很稳，很准，步法特别的清晰，很优美。觉得跟伯伯跳舞特别轻松。当然机会非常少，因为很多很多人都愿意找他跳。这是伯伯生活的一点调剂，使他轻松一点，有一点点的休息，他太忙，也就是这样了。

七妈对伯伯的关心、爱护，伯伯对七妈的关心，表现在各个方面，给我写的信，也都有这些内容。比如1959年，我随我的工作单位朝阳区委到密云水库去工作了两年，那期间七妈给我写的信，也都讲到伯伯的情况。有封信写道：“让我告诉你喜欢的事，这是我在没回北京以前就打算，一回到北京就先写信告诉你的，也是你最关心的事，我的健康有了显著的好转，今后为党为人民服务是大有希望和大有可为了，你一定会为我高兴吧。再有，你最关心的伯伯，就是工作太多，太紧张，缺少睡觉，所以近来瘦了，只是身体还好，你可放心，还有我在旁边尽量照顾，为他的工作、生活做一些可能的调整，多少可以有一些帮助，你勿以我们为念。你最主要的还是把自己的工作做好，精益求精。”她就是这样子来表达她对伯伯的关心，也是想让我们在外面放心。

伯伯去世之后，七妈给了我一些遗物，其中有一件是一个小小的黑皮夹子，黑皮夹子里边有一张我爷爷的照片，伯伯自己亲自在它的背面写上“爹爹遗像”。另外还有3封信，都已经叠得很小，很旧了，一看嘛，一封是1939年伯伯在莫斯科养病的时候，我七妈没有在一起的时候，伯伯给她写的，讲他自己治伤的情况，右臂恢复的情况。还有两封是转战陕北的时候，1947年写的，两封都是很简单的信，只是向七妈报平安，他现在的情况怎么样，关心我七妈的情况。他们互相之间的关系非常好，非常亲密。

世界上本没有后悔药，伯伯病重后有几件事，只要一回想起来我就自责，就后悔。1974年伯伯决定住院时，我们不知道他得的什么病，我还挺高兴。伯伯问北京医院的医护人员：“我还能不能活一年？”得知这个情况后，我还在电话里批评伯伯说错了话！对伯伯的一再暗示，我一概没听进去。是啊，我从不相信世界上有压垮伯伯的重病！一年半的时间内，除了七妈，不准其他亲属探视，这规定够残忍吧。可是，伯伯两次回西花厅，第一次我去见了他，却没拍成照片，第二次我因家里有事没去西花厅，结果竟成永别！因为七妈特殊的关照，我才与六妹在伯伯遗体前合了影！

1974年，我刚从外地调回北京，5月31日专门通知我去看他们，是中午，伯伯、七妈、我3个人一起吃饭。伯伯就跟我说：“我明天要去住院了，以后咱们见面机会就少了。”我还觉得伯伯忙了这么几十年了，忙了一辈子了，也没有机会好好去休养一下，住院，我还挺高兴哪。我说：“伯伯，你可想通了。你还真能去住院哪，那就好好养养身体吧。”他还给了我两张照片，是他和七妈在大寨时的每人一张照片。我当时真是不知道他有这么重的病，更未想到其中告别的含义。

1975年5月12号，以前在他身边的护士忽然把我叫去，跟我讲，昨天周总理到北京医院来看病人，事先就通知了原在西花厅工作的在北京医院的医生和护士，在他去北京医院的时候跟他见个面。大家当然很高兴，这些人就都去看他了，他也跟他们问长问短，一块儿聊聊天，他自己还很轻松。但是走了一段路以后，他突然回过头来问一个护士："你说我还能活一年吗？"这个话一说，大家都愣了。因为那些医生和护士当时不是他医疗组的人，也不了解他的实际病情。但是周总理自己说出这句话来，他们觉得不是个简单的事情，所以都很着急，有的人一夜都没有睡好觉，第二天就把我叫去了，到他家去就跟我讲这件事，当时王力、周尚珏夫妇就说："不行，总理这样的心情，这样的情绪，这怎么行啊，我们急得都哭了，你要想办法去跟总理去讲一讲，这样对他身体，对养病是不利的。"我当时一听也急得直哭，我说这样怎么行！我当天就到了西花厅去看我七妈。跟我七妈讲："我要去看看伯伯，我不能让伯伯这样子说话。他有这样想法对他治病肯定不利。"七妈说："有规定啊，你还是去不成啊！"我就急得团团转，我说："那怎么行啊，我一定要跟伯伯讲一讲。"这样，七妈就给我接通了电话，我只能在电话里头跟伯伯说，一上来我就说："伯伯你知道吗，你说了一句错话。"他说："怎么了？"我说："你怎么能跟那些护士们说这样的话！"伯伯挺轻松的："这有什么！开个玩笑嘛！"我说："这个玩笑开不得！而且伯伯有这想法对治疗是太不利了！"我又问："那你现在情况怎么样？你身体到底怎么样？"他说："我现在还得治疗嘛！"我又不了解他的病情，那个时候的保密工作是非常严格的。我说："伯伯你能不能适当地做点运动，另外去晒晒太阳，活动活动。"他说："你不了解，现在这个房子啊，冬天还有点太阳，"因为它外边有一排走廊，他说："到了夏天太阳就不多了，但是我又不能够到外面去晒太阳，我现在已经是温室里的花儿了，只有在大草原，在广阔天地里的花朵才长得壮、才经得住风吹雨打，但是我现在是温室里的花儿，我不能随便到露天的地方去。"我说："伯伯，那你别在医院里了吧，医院里边都是护士、医生，对你心情也不好，你应该回到家里来疗养。"他说："你不了解，我现在的状况还是需要治疗的。”我说：“那你知道你说这句话，给大家的影响多大呀！那么大的风波！大家都非常担心你的身体。”他说：“你们不应该这样嘛！你是共产党员，是唯物主义，人总要有那么一天嘛！你总要有这样的思想准备。”我说：“这样的思想准备太残酷了！你还要为人民做好多事情呢，咱们国家还有好多事情需要你做呢。”他说：“任何人都有这么一天，我也一样。我要是没有了，总会有人代替我的，而且会比我做得还要好。”我说：“不光是工作上的问题呀！我是从亲属的角度，从家人的角度，不能让你这样子，你一定要把身体养好。”他说：“你是不是共产党员哪？你是不是唯物主义者？你应该正视这个现实，谁都会有这么一天，你就要有这个思想准备。”当时我听了以后特别难过，又劝了他半天，当然他也没有把他的实际情况告诉我。

5 月 20 日，他从医院里回家看看。回家之前我七妈亲自给我打电话，说在家里可以看看他。我就赶快请假去西花厅，在家里他那些秘书也是平常难得见面的，也在一块儿见见面、谈谈话。在他快回医院时我说：“伯伯我跟你照张像吧！”伯伯就说：“我今天累了，咱们下次再照吧！”到了 6 月 15 日，他又可回家看看，七妈又给我打电话。但那次刚好星期天，家里有一个多年未见的老同学来，我要给他做饭。我当时想，他不到一个月就又可以回家了，以后肯定是可以经常回家了，我哪儿知道他当时的病情啊！所以我就说那我下次再回去吧！我就没有回西花厅。但是，以后他再也没有能回家，我这次没有去看望他，造成了我终生的遗憾！

我把周总理看作我的老师、兄长

[柬]诺罗敦·西哈努克

柬埔寨前国王

自从1955年在印尼的万隆会议上，我和周总理首次会晤以来，我们之间的关系一直很密切。1970年，当时的柬首相兼总司令朗诺将军发动了政变，非法废黜我。即使在这种情况下，周总理仍代表中华人民共和国、伟大的中国人民，代表中国共产党，特别是代表敬爱的毛泽东主席，全力支持和维护我的荣誉，直到我们柬埔寨的民族解放斗争取得胜利。我和我的夫人忘不了周总理对我们的恩情，我们非常敬佩周总理。

周总理曾经对我说："小国敢于捍卫自己的独立，很值得我钦佩。我们认为正如毛主席所指出的：'世界上所有的国家，不论大小、贫富，应该一律平等。在全世界全人类的正义、和平与发展的事业中应享有平等的权利和义务。'"这个国际关系准则，不论是现在还是将来进入21世纪后仍然很正确。如果能遵照周总理阁下所说的国际关系准则，那么，世界上一切问题都能得到很好的解决。

在万隆会议上，印尼苏加诺总统和周总理的关系很好，同我的关系也很密切。在这个具有历史意义的亚非团结会议上，我们聚集在一起，讨论如何开展斗争，捍卫和争取独立，结束新老帝国主义和殖民主义统治等大事。

周总理在他下榻的住地举行了招待会，邀请我去参加。席间，我们就柬中两国的双边关系、国际尤其是亚洲的形势交换了意见。

万隆会议以后，我们之间相处得非常亲密。当得知周总理患了重病，而中国医生已想尽一切办法来医治也很难使周总理继续弥留在人间的情况后，我感到极其忧虑。但是他老人家对病魔毫无畏惧，仍和邓颖超夫人一起热情地接待我们。他仍在为保卫和建设国家、为人民、为增进中柬两国的友谊以及中国和世界各友好国家之间的友谊而不遗余力地尽自己最后的义务和职责。

1955 年万隆会议期间，总理阁下在他的住地为我们举行便宴，席间，我们进行了较长时间的交谈。周总理对我说："我钦佩亲王您作为柬埔寨国家的领袖敢于领导您的人民进行英勇的斗争，在 1953 年争取到国家的完全独立。"

我从法国殖民主义者手中夺回本属于柬埔寨的独立。柬埔寨是一个有千年悠久历史、独立的文明古国。但是，法国殖民主义占领了柬埔寨，柬埔寨人民不甘心受殖民主义的统治，坚决要求独立。经过艰苦的谈判，法国终于在 1953 年同意柬埔完全独立。

在便宴上，周总理以毛泽东主席和中国人民的名义，以及他本人的名义，对我和柬埔寨人民经过不屈不挠的斗争所取得的独立表示祝贺。他还对我说："只要亲王您需要我们什么样的援助来巩固柬埔寨的独立，中国人民是一定会全力以赴的。"

周总理特别注意援助柬埔寨发展自己的民族工业。他代表中华人民共和国援助柬埔寨建了 6 座大工厂。

当年，柬埔寨的经济基础还很薄弱。周总理说得很好，经济上巩固了，政治上的独立才能巩固。柬埔寨的农业基础比较巩固，但工业方面都不行，还未得到发展。因此，中国就从工业、文教卫生、旅游等方面向柬埔寨提供慷慨的援助。中国帮助我们建大学、建实验室，并赠送我们供教学实验用的各种仪器，另外还在暹粒省援建一座现代化机场，这个机场目前我们仍在使用。虽然这些援助是经过毛泽东主席、刘少奇主席同意的，但是出主意和制定援助项目的是总理阁下。柬埔寨人民至今还感谢中华人民共和国提供的这些援助，感谢已故的周总理阁下。中国的援助是具有模范意义的。

之所以这样说，首先因为，这些援助项目都是独立的柬埔寨最薄弱和极其需要的领域，既有利于帮助巩固柬埔寨政治上已获得的独立，也促进了柬埔寨在经济上的独立。

第二，中国的援助是无条件的。美国也向柬埔寨提供援助，但该国的援助是附带有许多政治等方面的条件，而中国没有附带任何条件。总理阁下还表示，中国支持柬埔寨所奉行的独立自主政策。柬埔寨虽是小国，但它应赢得别国的尊重和赞赏，因为它不仅捍卫了国家的独立，而且还维护了国家的尊严。国家不应分大小，大国不应该欺压小国，大国和小国之间的关系要一律平等。这是国际关系中非常重要的准则。

中柬两国 1955 年建立友好关系后，应我的邀请，周总理在陈毅元帅的陪同下对柬埔寨进行国事访问。我们非常荣幸能在柬埔寨的国土上接待周总理。

我与周总理在万隆会议上首次会晤，随后柬埔寨宣布承认中华人民共和国。当时在东南亚只有几个国家承认中国，不像现在中国的朋友遍天下。但是那时候，有的国家害怕美国的压力，不敢承认中国，而柬埔寨却敢于正式宣布承认中国。虽然中柬两国制度不同，但是我们两国之间的关系很密切，堪称友谊的楷模。周总理愉快地决定和柬埔寨互派大使。周总理 1956 年的那次访问是具有历史意义的。我亲自到金边波成东机场迎接，柬埔寨数以十万计的群众聚集在波成东机场到王宫的道路两旁，热烈欢迎周总理等中国贵宾。当时总理就下榻在我目前居住的卡玛琳宫。

1956 年，我病中的父王苏拉玛里特、母后西索瓦·哥沙曼王后和我一起在金銮殿，举行正式仪式，欢迎周总理、陈毅元帅等贵宾。随后，我和我夫人陪同总理阁下等中国贵宾参观游览了暹粒省的吴哥、滨海城市贡布，并一起乘游轮观赏美丽的白马海滩以及海边的风光。

周总理结束对柬埔寨访问后，中柬两国发表了具有历史性的联合公报，为两国的友好关系打下了牢固的基础。该联合公报至今仍在继续发挥作用。

1960 年，周总理再次率团访问柬埔寨。可以说，包括王宫在内，首都金边和部分省市都非常荣幸地接待过中国伟大的政治家周恩来。当时，柬埔寨全国正在为苏拉玛烈国王举行国丧。周总理等中国贵宾怀着对已故国王的深厚友情，亲自到金銮殿吊唁。总理阁下要求所有参加吊唁的代表团成员都按照柬埔寨习俗带黑纱，在我父王灵柩前默哀。周总理的这次访问给我们很深的印象。

在柬埔寨，无论在何处，周总理总像在中国那样热情、亲切地对待我们的官员、青年学生和普通群众。

我去中国访问时，有幸和周总理一起去参观。周总理和平民百姓的关系亲密无间。柬埔寨人民也感到周总理是位和蔼可亲的伟人。中国的总理，不像某些国家的大人物那样只是走走形式，总理是亲自接触和深入了解群众。比如，在柬埔寨贡布参观访问时，周总理与当地农民亲切交谈；在金边大学，他与大学生们广泛接触。周总理是一位非常和蔼可亲，密切联系群众，在国际上又享有崇高威望的伟大政治家。我努力以他为榜样，无论当国王还是别的职务，我仍然很注意密切联系群众。应该说，周总理为各国领导人树立了良好的榜样。

伟大的中国给我留下很多美好的回忆。

我首次访问中国是在1956年，这以后，在1958年、1960年、1963年、1964年，我又多次前去访问。因为次数太多了，我没有计算。但是可以这么说，几乎每年都去。那时候，中柬两国之间的关系很密切。每次到中国访问，周总理都对前来欢迎我的群众说："西哈努克国王是我们伟大的朋友，希望大家重视亲王在中国的每次访问。"几十年过去了，但是现在仍有许多当年的年青人，在这些人当中有的目前还担任重要职务，他们还记得自己当年举着中柬两国国旗，挥动着花束，夹道欢迎我的动人场面。

周总理很重视接待方面的礼节。每次到中国访问，无论我是乘飞机或专列，他都亲自去机场或火车站迎送。世界上少有像总理阁下这样一位平易近人的国家领导人。我仔细观察总理阁下的每一举动，努力向他学习，只要各国首脑来柬埔寨访问，我都亲自去迎送。

我把周总理看作我的老师、兄长。他从未指点过我，但是他的行为本身，就是无形的力量，他成了我学习的榜样。

周总理与同事的关系也很密切。

有一次在南京参观，当总理阁下出现在群众队伍当中时，无论是青年学生，还是普通老百姓，他们都簇拥着自己的总理，欢呼和拥抱他，此情此景十分令人感动。

柬中两国人民认为，我对中国的访问是件好事，它增进了我们两国与两国人民之间的友谊。

刘少奇、陈毅元帅、李先念副总理也都率团访问过柬埔寨。柬中两国领导人经常互访，通过频繁的互访活动，使我有更多的机会接触总理阁下，并学习他为国家服务、密切联系群众、保卫和建设国家的好经验。

朗诺发动政变前，我曾经多次率团对伟大的中国进行国事访问。

1970 年 3 月，我去苏联进行正式访问时，首相兼总司令朗诺将军及其一伙在金边发动政变推翻了我。

1970 年朗诺发动政变以后，不像现在这样我又当上国王，人们纷纷来朝拜、晋见，对我表示敬佩和赞扬。柬埔寨有句俗语：患难时结交的朋友，才是真正的朋友。在我被废黜、失去权力，处在最困难的时刻，中华人民共和国、朝鲜民主主义人民共和国、罗马尼亚、阿尔及利亚、阿尔巴尼亚、南斯拉夫的铁托、毛里塔尼亚等极少数国家支持我，而最坚决支持我们的只有伟大的中国。

周总理代表中国，从各个方面全力支持和援助我们，不仅如此，他老人家还广泛地接触亚非以及世界其他各国，努力开展工作。中华人民共和国利用向别国提供无偿援助的机会做受援国的工作，希望它们支持柬埔寨人民在西哈努克领导下进行反对帝国主义侵略的民族解放正义的斗争，直到取得胜利。周总理对受援国的领导人说：中国并不要求贵国对柬埔寨提供经济援助。中国方面已负责向柬埔寨提供从人员到武器弹药、外交、财政、物资等方面的援助了，现在只希望你们从政治上和在联合国大会上支持柬埔寨。周总理就是这样努力地为我们做争取工作，所以才有不少的国家响应周总理的号召。在联合国投票决定柬埔寨代表资格审查的那次大会上，有包括美国在内的 54 个国家投票支持朗诺政变集团，而投票支持我们的，有包括中国在内的 52 个国家，结果仅以 2 票之差未能加入联合国。但到 1975 年我们取得了胜利，我应邀率团参加联合国大会，当时朗诺已被赶出联合国了。这时不像过去大约 10 个国家，而是有 80 多个国家的首脑或代表到纽约国际机场欢迎。过去，当我处于无权和最困难的时候，承认我的国家极少，但现在我们胜利了，他们就纷纷来向我表示敬佩和赞扬。不过我心里最清楚，谁是我们真正的朋友，谁是一般的朋友。我们真正的伟大朋友是中华人民共和国，是总理阁下。是他老人家日以继夜地为全中国乃至全世界而努力工作，不仅仅是支持他的朋友诺罗敦·西哈努克，而且还支持包括柬埔寨人民在内的被帝国主义欺侮的世界各国人民的正义斗争。

在北京居住的5年间，我没有任何私人财产，我两袖清风从不腐败。自从被朗诺及其一伙推翻后，我穷了。周总理和邓颖超夫人非常关心我们，亲自到我的官邸了解我们缺少什么。中国政府在北京为我修建了一座富丽堂皇的官邸，内设有游泳池、运动场、办公设施等，为我们提供良好的工作和生活条件，就像在王宫一样。继总理阁下之后，邓小平阁下、江泽民主席仍然按照毛主席、周总理那样去做，因此至今在北京仍有我的官邸。每次我赴中国治疗，都是住在那里。中国其他有关部门也仍然按照周总理历来的做法，为我们提供各方面的援助。中国还为我们创造与世界各国联系的条件，给我们提供两架飞机，一架是供我和我的随行人员出访时乘坐的专机，另一架是专门用来运载出访时送给各国领导人的礼品。值得一提的是，我出访时捐赠大米一事。

我访问非洲国家塞内加尔时，正好这个国家缺大米。塞内加尔总统向我提出，要求援助大米。柬埔寨过去曾经向这个国家出口大米，当时柬埔寨是和平之岛，没有战乱，是盛产大米的国家。但是自从柬埔寨爆发战争后，连自已温饱都成问题，哪里还有大米支援别国呢！我从非洲的塞内加尔致电周总理，通报他说："总理阁下，现在人家要求我援助大米，我不晓得如何办才好。"周总理回电说，请国家元首西哈努克亲王对塞内加尔总统说："不要紧的，即使柬埔寨目前正处于战乱，但我们总会找到大米捐赠给你们的。"周总理通知有关部门要以西哈努克国家元首的名义，将5000吨大米直接运到塞内加尔。

当得知我向塞内加尔捐赠大米后，毗邻的冈比亚领导人对我说："西哈努克亲王，如果您还有大米，也捐赠一点给我们吧！"周总理得悉这情况后，又以西哈努克的名义从中国运去2000吨大米捐赠给冈比亚。这个例子非常感人，这样真诚的朋友是难能可贵的，哪里也找不到的。世界上也有抛弃我的，比如苏联就是这种人。

苏联等国，他们曾表示不会抛弃我。但是，在1970年3月8日即朗诺集团推翻我的当天，正好我在莫斯科访问。苏联总理柯西金对我说："亲王，金边已废黜您了。但是请您相信，苏联是不会抛弃亲王的。"

我离开苏联到中国时，周总理仍承认我是柬埔寨国家元首，以国家元首的仪式来欢迎我。中国邀请各国驻华使节到北京首都机场迎接，并通知中国有关部门举行热烈、盛大的招待会。而苏联呢？看到我已被赶下台，又无权，认为我没有前途了，就抛弃我。当时不仅是苏联，法国、英国等许多国家都抛弃我。周总理不但没有抛弃我，反而还从各方面援助我们，使我能顺利地继续为我的国家和人民服务，并领导他们进行救国斗争，直到取得最后的胜利。

从1970年3月到1975年我居住在中国这5年期间，我受到周总理和邓颖超夫人无微不至的爱护和关怀。只要他得知有关我们的好消息，就连夜赶来告诉我。我对周总理说："您工作那么繁忙和劳累，每天只睡三四个小时。"周总理很少能睡5个小时，而我呢，医生要求我每天睡7个小时。周总理工作十分繁忙，他不仅为国操劳，还处理大量的国际事务，他的足迹遍及全世界，他在国内外都享有崇高的威望和声誉。

有一次，我提出要到周总理的办公室，他不同意。周总理很注重外交礼节，他没有把我当作已被推翻的人，而仍把我当柬埔寨国家元首相待。周总理对我说："我是总理，亲王您是国家元首，我应该去拜访您。"虽然我已被推翻了，不掌权了，但每次到中国各地出访后返回北京时，周总理总是像1957—1969年我当国家元首时那样到机场或火车站迎接我。他不但没有改变接待的规格，反而比过去更加爱护我。在我掌权的时候，他已经爱护和尊重我了，现在当我有难，国家有难，我的人民有难，周总理就更加关心和爱护我。像周总理这样高尚品德的人，世界上是独一无二的。这 5 年间，周总理和邓颖超夫人尊重、爱护和关心我，待我谦逊有礼，我和我的夫人忘不了总理阁下和邓颖超夫人的恩情，他们是最好的人。因此，每当回忆起这 5 年的情况，我们的心情非常激动。

周总理只要有可能，就从人力、物资、财政到武器弹药全面支持和援助柬埔寨的民族解放斗争，而且在外交方面也给予大力支持。

1972 年，美国总统尼克松、基辛格博士等访问中国，中美两国首脑在亲切友好的气氛中举行会谈。会谈结束后，周总理非常坦率地向我通报会谈中涉及柬埔寨的有关内容。当时，周总理对尼克松说："只要朗诺集团和美国恢复西哈努克国家元首的名誉，请亲王返回柬埔寨继续任国家元首，在柬埔寨各派之间进行调解，柬埔寨这场战争就完全可以结束。"但是当时美国总统尼克松和基辛格回答说："不行，不同意这样做，我们不会接受西哈努克的。"由于美国总统不接受总理阁下的意见，那场本来在 1972 年就可以结束的战争一直拖延到 1975 年才结束。

1973 年三四月间，我离开伟大的中国回到柬埔寨解放区。当时，柬埔寨人民和柬爱国武装力量已经解放了柬埔寨 80%的国土，我的同胞希望见到我。能返回久别的故土，我心情异常激动。周总理为我们一行能安全返回柬埔寨做好周密的准备。我作为柬埔寨合法的国家元首在柬埔寨内地进行视察，有机会与我的人民、干部、战士以及柬埔寨各级领导亲切和广泛交谈。那次视察非常成功。视察结束后返回北京，周总理见到我时非常高兴，因为他帮助我完成了一次震撼整个世界的伟大使命。中国政府为庆祝我凯旋，在人民大会堂举行了有关展览，邀请各国驻华使节以及中国各有关部门的负责人等数百人前去参观，并将展览盛况拍成纪录片。同时，中国政府还举行盛大的欢迎宴会，使我很受感动。另外，我也为邓小平副总理在周总理的努力下得以复出而欢欣鼓舞。我们早在1956年和1958年就有交往了。他是周总理长期革命斗争中伟大和亲密的战友，是位身经百战、立下赫赫战功的伟大革命家。

在宴会上，我和邓小平副总理紧紧拥抱。周总理向我和在场的外交使节等中外宾客介绍邓小平副总理如何忠于自己的国家和人民，以及他在长期的中国革命战争和解放战争中，在保卫和建设社会主义中的丰功伟绩。接着，周总理还谈到邓小平副总理的复出问题，他说："邓小平下台是不公正的。不过，我们每个人有时也会遇到不幸，会受到不公正的对待。现在，小平同志已得到平反，恢复了名誉。"听到这里，在座的中外友人无不为之感动。当时与我、我夫人一起坐在主宾席的有周总理、邓颖超夫人、邓小平副总理以及中国其他高级领导人及其夫人等，这个具有纪念意义的场面深深留在我的记忆里。

我和周总理之间的关系就像兄弟一样。周总理病危期间，我和夫人有幸前去探望。从初次见面到周总理病危之前，我们一直相处得很友好、亲密，彼此相互信任。柬中两国之间的关系也是相互支持和最最友好的。我为我与周总理的这种日益增强的兄弟般的友谊而感到非常自豪。

1975年4月柬埔寨抗美救国斗争取得胜利后，我由北京返回柬埔寨。同年9月我又来中国。这次是应邀出席联合国大会途经北京，邓小平副总理代表患病住院的周总理亲自到首都机场停机坪迎接我。邓小平和我的关系很密切。从联合国返柬途中在北京作短暂逗留后，离开北京时，邓小平副总理代表周总理陪同我乘敞篷车从我的官邸出发，途经北京市区一直送到首都机场，由中国专机送回柬埔寨。

在北京图书馆(即现在的国家图书馆)还保存一张当年我和邓小平阁下一起乘敞篷车受到北京数百万群众热烈欢送动人场面的照片，这一场面深深印在我的记忆里。

1979 年在越南入侵柬埔寨前几个小时，中国派飞机到金边接我到中国北京。邓小平副总理到机场停机坪迎接。此后由他领导的中国政府一如既往坚决支持由我领导的抗击越南侵略者的救国斗争直到我们取得胜利。现在柬埔寨已经重新获得独立。我们永远不会忘记，在这一段历史长河中，中华人民共和国、周总理、邓小平副总理等所给予我们的恩情是伟大和无与伦比的。

1965 年的那次访问，周总理陪同我、我的夫人和其他家庭成员乘游轮游览长江。沿岸那秀丽迷人的景色激发起我在游轮上创作的欲望，我便即席写下一首《怀念中国》的歌曲，来抒发我热爱和钦佩伟大中国的浓厚感情。

《怀念中国》最后的一句歌词是：“中国是柬埔寨和柬埔寨人民永恒的朋友。”使我自豪的是，这首歌自 1965 年创作至今，其歌词无需作任何修改，它仍然有意义、有价值；现在有价值，今后也仍然有价值，因为柬中两国和两国人民之间的友谊和感情是永恒不变的。

当时，周总理把我创作的这部作品送交军乐团配乐。在招待我的每次宴会上，军乐团的艺术家们都曾为我们演出中柬两国音乐节目。我这首歌曲不是专门为大乐团演出而创作的，只不过是一般的独唱歌曲，而周总理就请军乐团为我的作品配乐。

后来，在为我和庆祝柬埔寨国庆或为别的重大节日而举行的盛大招待会上，总政军乐团的艺术家们首次用中柬两种语言演唱《怀念中国》这首歌。那次演出非常成功，受到出席招待会的各国驻华使节、中国各有关部门的负责人以及各界人士代表等的热烈欢迎。演出结束后，周总理和我以及我的夫人走上前去和军乐团指挥握手表示感谢。

周总理要求将《怀念中国》的歌片印成册，歌曲灌成唱片，赠送各友好国家。

从此，在庆祝柬中两国国庆，或为我举行的招待会上，每当艺术家演唱《怀念中国》这首歌曲时，周总理就在宴会桌上，一边随着音乐节奏击掌打拍子，一边唱，他非常喜欢这首歌。

继周总理之后，每逢庆祝柬埔寨重大节日，邓小平、李先念、江泽民等中国领导人总是为我举行招待会。在这些招待会上，总政军乐团演出了许多节目，而每次都安排《怀念中国》这首歌曲。

1972 年我在天津休假时又创作了一首歌曲《中国，我的第二故乡》。周总理请著名的艺术家抓紧排练，准备演出。在天津首次演出我的第二首作品《中国，我的第二故乡》时，总理阁下还亲自陪同来华访问的非洲某国总理来天津同我一道观看演出。

金边的金銮殿，周恩来阁下曾两次来过这里。金銮殿是柬埔寨历史的见证，也是我同最敬爱的、伟大的朋友周恩来建立亲密友好关系的见证。

周恩来是一位伟大的政治家和杰出的人物

[美]亨利·基辛格

美国前国务卿

周总理是一个极具智慧的人，非常有魅力，极其了解人类。周总理总是非常坦白非常诚实地向我解释，中国的高级领导是如何想的。周恩来理解中国如果要和某个人、某个国家达成某项协议，就必须做到互相间非常理解，非常诚实，以诚相待。所以他在和我们交往过程当中，从来不隐瞒自己的态度。如果我有问题的话，我去找他，他可能给我解决，他可能不会一定同意我的观点，但是他总是认真聆听我的意见，聆听我的想法。在中美建交的事情上，他得到我们的尊重，他值得人们怀念。

周恩来一开始就跟我讲：你看看中国有 10 亿人口，这个 10 亿人口的中国并不是一个神秘的国度，所以对基辛格先生来讲也不会是一个神秘的国度。

周恩来在中国事务上教会了我很多事情，他是我第一个关于中国事务的老师。我经常为周恩来感到难过，因为他没有看到现在中国发生的一切。因为我认为周恩来是一个非常人性化的人，我为中国的事业和中国人民感到非常的骄傲。中国应该朝这么一个方向发展。

他首先是在一个极端困难的时代的伟大民族的总理，他们进行了革命，他们还进行了另外一种革命——生产，然后他们采取了闭关自守的政策，然后是周恩来又把这个国家重新带到了这个世界。中国人民把周恩来看作是中国很多优秀品质的代表。确切地讲，周恩来为今天中国人民创造了一个很好的基础。我想，如果周恩来能够看到今天的中国，他肯定会非常的高兴。

我的孩子见过周恩来，在 1974 年 11 月 25 日，那时候周恩来已经病了，但那时候我带着我的孩子来，周恩来邀请我的全家去看他。

我知道尼克松非常崇敬周恩来。

我可以告诉你，我见过很多世界的领导人，但是没有人像周恩来那样给我那么如此深刻的印象。作为一个政治家和一个人，他都给我留下了深刻的印象。

刚才我讲的是我最深刻的印象。我给你们最优先的权力，把我所说的记录下来，作为我们对周恩来永久的纪念，这是我的荣幸。

雄才大略周恩来

[俄]罗高寿
俄罗斯前驻华大使

所有与周恩来交谈过的人，都对他的博学多能和在国务活动中的雄才大略留下极深刻的印象。我最初和周恩来接触时，还是一个相当年轻的外交官。我初次作为翻译，有机会经常和苏联大使帕 维尔·费奥多里维奇·尤金大使，之后是苏联临时代办安东诺夫·谢尔盖·费奥多里维奇，苏联临时代办叶利扎韦京·阿里克谢·阿里克谢耶维奇一起工作，与这些苏方代表经常出入周恩来所在的中南海，作为翻译参加会谈。

周恩来不只一次出席我们大使馆的国家招待会。招待会通常在北京饭店举行。众所周知，那时没有像现在这样高耸在首都市中心的大宾馆。我们苏联大使馆坐落在东交民巷大街。但从不在那里举行大型招待会，只能租用北京饭店的大厅。当时我们的日常关系非常密切，每周要和周恩来的秘书，特别是马列联系。50 年代末两国之间商讨的问题多数涉及相互促进经济发展和苏联在中华人民共和国援建大型国民经济项目问题。周恩来直接参加这项宏大工程的领导工作。

1959 年 8 月坐落在东直门内大街的苏联驻华使馆这座宏伟壮观

的大楼全部落成。11 月 7 日的前夕，在这座大楼里举行了首次盛大隆重的招待会。邀请了 800 多位贵宾，有中国客人和外国使团。中方的主要客人是周恩来。来的人非常多，旁边称为玫瑰厅的也打开了，那里也挤满了人。

周恩来到这里，站在他旁边的是苏联大使契尔沃年科·斯捷潘·瓦西里耶维奇。我是翻译站在后面，以随时应付使馆的一些事。我的任务是将大使的讲话译成中文。讲话很长。周恩来致答词，字里行间充满友情，谈到了 50 年代我们之间的友谊与合作。招待会十分隆重，这当然应感谢中方有这样一位高层领导人，中国政府首脑周恩来出席。

我还想再重复一下，我们国家的领导对周恩来十分尊敬，和他进行过很有趣的谈话，进行内容丰富的谈判和会谈。他是一个知识广博，有治国才干的人。

1960 年 11 月，大使馆准备举行大型国庆招待会，中国外交部礼宾司给我们来电话，说周恩来将参加招待会。这是我们极大的荣幸。大概是 11 月 7 日，周恩来到来时，大使在楼下主门厅迎接他。我是翻译，站在他旁边。周恩来从汽车里出来后说，10 分钟后毛泽东主席来你们这里。我感到十分惊讶，大家也非常高兴，因为我们都知道毛主席通常从不去外国大使馆，也不出席任何招待会。真的，10 分钟后，一辆黑色红旗牌轿车驶向门厅，毛泽东向我们大家问好。我们和周恩来一起在一楼交谈了一下……然后大家从主楼梯上楼，走进这个厅。中国客人和外交使团已聚集在这里。大使和毛泽东的谈话进行了整整 1 小时。然后相互告别。我们将毛泽东和周恩来送到门厅。

这一天一直记忆犹新。

遗憾的是，20 世纪 60 年代 70 年代，由于意识形态问题，我们之间的关系紧张了，冷落了。两党之间的分歧逐步升级，并波及国家间的关系。最为紧张的是 1969 年 3 月、4 月间。1969 年之后几年，我又在大使馆任参赞，两国边界冲突更为紧张。

正当我们之间的关系可以说进入了死胡同时，苏方提出了两国总理，即周恩来总理和苏联部长会议主席阿列克谢·尼古拉耶维奇·柯西金会见的动议。当时，柯西金在越南参加胡志明葬礼时，中国方面提出建议请阿列克谢·尼古拉耶维奇·柯西金于返回途中在北京停留。为此负责此事的临时代办叶利扎韦京和大使馆参赞雅科夫多次去中华人民共和国外交部。最后，我们制订出这次会见的计划。会见将在首都机场进行。

这次会见于 1969 年 9 月举行。柯西金及其随同人员乘坐的飞机降落在机场。会谈进行了两个半或 3 个小时，我现在无法说出确切时间。两位总理进行了小范围的会谈。可以说，会谈主要针对调整边界问题的途径。而周恩来和柯西金这次会谈最重要的是商定了在近期内开始两国政府代表团间的会谈，会谈将在北京举行。

不久，由苏联外交部第一副部长瓦西里·瓦西里耶维奇·库兹涅佐夫为首的苏联政府代表团抵达北京。毋庸置疑，周恩来和柯西金在北京的会见，成为我们双方关系史上极为重要的划时代事件。虽然后来持续了很多年，时断时续，困难重重，但它是一个开端，是走出当时死胡同的唯一出路，当然，是解除边界上的困境。

我被委派参加这些谈判。1970 年夏，苏方参加谈判的政府代表团更换了团长，由苏联外交部副部长列昂尼德·费奥多罗维奇担任。伊利乔夫代替生病的瓦西里·瓦西里耶维奇·库兹涅佐夫，并率团抵达北京。很快我们代表团团长伊利乔夫、苏联驻华大使托尔斯季科夫和我作为大使馆参赞和代表团顾问，以及代表团其他成员，得到周恩来的邀请，这是我最后一次非常接近地见到周恩来。会谈广泛地涉及当时的状况、谈判进程，以及建立关系的总体形势问题。关系仍然非常紧张，谈判没能达成多少实际结果，但涉及了如何加快谈判进程，如何使谈判取得更多的有效结果。

最后，我还想再重复一下：我们国家的领导人对周恩来总理十分尊敬，和他进行过很有趣的讲话，进行过内容丰富的会谈和谈判。他是一个知识广博、有治国才干的人。这就是我记忆中的一切。

第一次看到他，就被他的眼光折服

[日]二阶堂进
日本前官房长官

田中内阁成立时，外交问题交给了大平正芳，大平外相对日中邦交正常化表现了特别的热情。最后组阁时，田中、大平他们在三木、中曾根的协助下，把日中邦交正常化作为日本外交的大方针定下来了。而我经常跑到茅先生、岸信介先生那里，也跑到当时的佐藤首相那里说服，而这期间，极力反对的是茅先生及岸信介先生，这可能是与蒋介石之间的关系有关，说服他们相当困难。我们党内召开了党的大会，讨论了田中该不该访问中国，这个讨论延续了将近一个月，每一次大平都受到质疑，“和蒋介石的关系如何处理？”“日韩、日台条约如何处理？”几乎每天围绕着国际、日中问题受到了追究。我在下面，找了态度最顽固的茅、岸等先生进行说服工作。但他们一直认为，“为时过早”。但是，最终决定，先不考虑正常化与否，田中先去中国，和周总理会谈，回来后汇报其结果。换句话说，大家同意田中访华，和周总理谈判日中邦交正常化，回来后汇报，这样党务会议上达成了谅解。党内还决定，以小坂善太郎为团长组成反对派的代表团经上海，在北京与周总理会谈。这期间，大平最忙碌，小坂善太郎也完成了使命，虽然不知在北京和周总理怎么谈的，反正在党内大多数人同意了。

大平事先讲明，若要与中国恢复邦交正常化，则日台的条约便无效。正因为如此，反对者更激烈，但田中下了如此决心去北京，和周恩来谈判。对田中内阁，对大平，对自民党来说，这个决断是需要相当大的勇气，也是件不容易的事儿。

当然在野党的有志之士也做了努力，亲自跑到北京促进了这件事，这也是不能抹杀的事实。特别是公明党的竹入义胜委员长以及社会党的佐佐木等，和周恩来身边的人进行了会谈也是事实。这些努力，也是促进日中邦交正常化的一个不可抹杀的力量。还有很多民间团体、著名人物，有的派舞蹈团，有的派体育代表团，做了充分的准备工作。中方的如中日友协的孙平化先生、廖承志先生以及其他先生们通过民间的舞蹈、体育交流促进了正常化这也是事实。我也是作为个人做过类似的工作。当然，中方也是通过地下通道进行了促进工作，特别是中日友协的孙平化先生，以及民间贸易的代表萧向前先生。据说他们是代表政府，带领文艺团体、体育代表团等展开民间的中日友好运动，通过这些，逐步促进日中两国的接近，他们两个人的贡献是相当大的。

我认为，通过长期不懈的民间的友好活动，也支持了田中、大平的方针，他们对实现日中邦交正常化所做出的贡献是很大的。

竹入委员长从中国回来时，或者佐佐木委员长从中国回来，田中经常通过他们了解了情况。通过他们了解，周总理愿意接见田中首相，这信息是从他们那里来的。通过这些信息，田中的设想也逐渐形成，最后下了决心。

当时驻东京的孙平化、萧向前两位先生得到周总理的指示，他们和田中、大平和我在帝国饭店见面了。在帝国饭店集聚了一百多位记者在等着。当时，我和田中首相一起，大平外相不在场，请了孙、萧二位交谈，这时第一次谈到周总理的正式谈话："若田中首相访华，我愿意高兴地迎接你。"这就是周总理的话。周总理的正式谈话，是这一次在帝国饭店里从孙、萧二位的口中得知的。我忘了是几月几号。这时的田中首相，显得格外高兴。当然我也是很高兴，这是爆炸性的消息。就这样，决定 9 月访华。这以前，田中去了夏威夷，尼克松特地到了夏威夷，我没去，可我认定田中首相谈了日中邦交正常化的设想。当然我想他会向尼克松讲明，和中国恢复邦交，不意味着把美国当成敌对国家，是为了亚洲的和平。我想田中首相讲清了日中邦交正常化并不是把美国当成冤家，同时，对安保条约和日中邦交正常化也取得了美国的谅解。

当时我的心情也是无法形容的，如今还记得自己能为世界和平做出一点贡献，为此感到无比的喜悦。田中先生他是感情很丰富的人，他曾对我说过："和中国人在狭路相见，连话都说不出，这样怎么能行呢？战争结束 20 多年，战争状态还在继续，这是不能允许的。"他常常强调，要改变狭路相见连话都说不出的状况，非改变不可。他是很重视平民感情的一位政治家。他认为，中国也是很重视中国人民情感的国家。已决定访华的某一天，田中首相和大平外相和我在一起时，田中和大平提出要我也参加，说这是重大事件，少不了记者招待会，这样我就有了机会参加这伟大的活动。现在想来确实是难得的机会。这样，我们在很多欢送的人的欢呼声中离开了日本到了北京。

我们没法直达北京，只好通过上海上空，花了不少时间。到了北京机场，看到欢迎的人群，其场面把我吓了一跳。停机坪上，整齐的欢迎群众穿着各种色彩衣服的中小学生，至今难以忘怀。周总理等官员迎上前来，和田中首相紧紧握手致意。大平外相也是。虽然我没有这个福气，但我当时在想，从此日中两国，特别是日本在反省过去的基础上建立起日中两国永久的和平友好关系，至今这个信念没有忘记。我想田中首相也是一样的心情。

周总理的握手及年轻小朋友的欢迎，我是一直记在心里，直到今天，还清楚地印在我脑海里。田中首相和周总理乘坐一辆小轿车一道驶向迎宾馆钓鱼台，我和大平先生也分别乘坐小轿车，到了钓鱼台的迎宾馆。

到达的这一天，开始了会谈。会谈之初，各自谈到了喜悦之情，具体问题的交涉是在此后的会议中进行的。两位领导，田中首相和周总理都显得很高兴，两位都发表了热情洋溢的讲话。但想到今后会谈的艰难，使我放心不下的问题还很多，两人谈话的表情是认真的。双方介绍了走到这一步的艰难路程，特别是田中首相，他说："我这次来中国，在日本正反两方面的争论很激烈，如今自民党也不是完全同意并支持我的行动。我决定来中国时，我心里没数，反正去一趟，去了再说。"说的这番话里有这么一个背景，在我们决定访华时，有很多人，特别是极右分子，打电话给田中，威胁他不要去中国，这种电话我也接到了。我儿子接到电话吓坏了，说是你父亲的生命只有一星期。给田中首相的威胁的电话更多。田中首相也说，如果这次谈判失败，我们的生命将结束。

第一天的会谈总的来说气氛比较紧张，第一次会谈是在迎宾馆进行的。第二天开始移到人民大会堂。这一天晚上开了欢迎宴会。这天来的人在一千以上。田中、大平和周总理及其他官员坐在最前面的席位上，宴会上周总理致了欢迎词，田中致答词。在这个宴席上发生了意想不到的事，席间表演了田中老家的民谣和大平故乡的民谣，从此我们的心情也缓和、好多了，万万没想到在异国在这种情况下听到了自己故乡的民歌，备感亲切。我想田中首相也是一样的。尽管是这样的情景，田中首相面对参加者我记得说了这样的话："日本在过去很长时间，给中国人民带来了不少麻烦，如今是为了恢复邦交正常化而来的。如果这个目标达不到，有可能被暗杀。我是做好这一切思想准备，做了决断，站在这里的。从今以后，在反省的基础上，为了树立日本和中国的永久的和平友好关系，来到北京和周恩来总理会谈。”我也跟他握了手，我一直觉得周总理眼光敏锐，是感情很敏感的人，有魄力的政治家，他是一位我心中的政治家。

记得是第二次会谈的时候，田中和周总理谈起深刻的问题，当田中首相谈到过去日本给中国人民以无法估量的麻烦。对此周总理指出：“先生您只说增添了麻烦就了事了？”于是列举了所发生的事件，在这里有 30 多万人惨遭杀害，在这里死了多少人，他一一列举数字，反问了田中：“田中先生，发生如此惨重的事件，而你单单说一句，增添不少麻烦，过得去吗？”我虽然第一次参加这种外交谈判的场合，心里担心会发展到什么程度。不管怎样，周总理是代表中国人民说的话，因此感到事态的发展很不妙，心跳得也很厉害。田中首相呢？他深深反省过去，谈了自己的决心，为了不再发生此类事件，为了建立两国永远和平友好关系，是冒着生命来到这里会谈的。他坦然地说：“周先生说得有理，我对此做深刻的反省，在今后的日子里，日本和中国要建立永久和平的关系，为亚洲的和平作贡献。如果这次谈判到此结束，我回去后会被暗算的，我是做了这个准备，冒着生命危险来访问贵国的。这个会谈不能失败，非让它成功不可。”而后，他们互相谈了历史观的差异。我就不想细说了。最后，还是周总理引用了古人的一句“求大同存小异”，说起小事，永远是谈不清，如历史观的差异等，谈个不完，这样大局，即日中邦交正常化，这个大局就会被忽视。这个时候，田中首相也说，周先生的话是有道理的。的确，我们的大局是日中邦交正常化，为了它的实现，要求大同存小异，以此为精神进行我们的会谈。

周总理对田中的严辞，田中首相是怎么回答的呢？田中也不客气，他说：“我回去后还有选举。还有总裁选举，若在选举中失败，只好退阵。周恩来先生，在你那儿有全民投票吗？有参议院选举吗？我是冒着生命危险来到中国的。”我看到田中首相当时的表情，深深体会到，外交是认真的，周总理是代表7亿人民来说话，田中也是代表1亿多人口说话，双方都是代表着一个国家来说话。田中对周总理说：“周先生，你们国家有参议院选举吗？你们根本没有总裁选举嘛！在我们国家就有。”田中也不客气，可见双方都很投入。我今天的讲话也是以当时的精神为榜样的。

记得是签字仪式的当天晚上，毛泽东约我们去他那儿。我记不得日期了，田中、大平和我一起吃晚饭的时候，突然通知我们，毛泽东想约我们去他那儿，请立刻就去。我们3人分乘3辆车到了毛泽东的住宅中南海。我不知道被带到什么地方，到了才知道是毛泽东的私宅，就在书斋见面的。见面的时候，日方是田中、大平和我，中方有周总理、廖承志，就这么多人。对了，还有两位女秘书也是翻译。当田中进去的时候，毛泽东就在门口迎接了我们。互相问候后，这时，田中提出想去厕所，毛泽东亲自领田中上了厕所。毛泽东一直在那儿等田中先生出来。回来后，一起进了他的住房，像个书斋的住房。毛泽东一坐下来就指着周恩来说：“田中先生，和我家的他（指周总理）吵完了吗？不能不吵架啊！”这是毛泽东的第一句话。他就是世界共产革命的领袖，我觉得不像，倒像个在日本到处可见的上了年纪的老人。就是他在我们还没有坐下的时候就讲了“和我家的他（指周总理）吵完了吗？不能不吵架啊！”这在外交场合没见过的事儿。会谈中，田中和周总理之间确实有过争论，历史观的差异等。毛泽东说这句话，就是宣布前一段两个人的争论算结束。我是这么理解的。

毛泽东和田中之间没谈到政治问题。当时廖承志在场，廖承志在日本住过，毛泽东指着廖承志说了笑话：“把他带到日本，让他当个参议院议员好不好？”还谈过什么“要孝顺父母”等以及介绍了他的私生活，没涉及政治问题，会见是不到1个小时。在分别的时候，他说：“田中先生，我年纪也大了，神经痛，很快要去天国了。”这是通过翻译说了这番话。谈笑声中，看起来他身体还不错。最后离开的时候毛泽东说了一句“好好学习诗吧！”边说边送了一本诗书给田中。这本书，我想还保留在田中家里。除此之外，给我印象深的东西没有了。“吵架吵完了吗？”这句话，是他知道田中和周总理之间的争论，记得他也提到了“求大同存小异。”也指着旁边的年轻翻译说：“连这些年轻人也反对啊”等话，就是说年轻人也有反对中日邦交正常化的。

我第一次见周总理给我的印象，正如在前面所说他是眼光敏锐，富于机智，有决断力的，很有组织能力的一位政治家。还有他因年轻时从马上掉下来，摔坏了胳膊，总弯着胳膊。他喜欢喝茅台酒，可是对田中却说：“茅台酒劲儿大，田中先生最好少喝。”一边这么说一边劝田中喝茅台酒。第二天和周总理一起去上海时，我们4个人在一起，但田中因为多喝了茅台，一个人在飞机上睡着了。我说，周总理在场，而田中先生睡着了太失礼，于是我准备叫醒他。这时周总理就说：不要叫醒他。于是田中从北京到上海的飞机上一直在睡觉。可周总理还是兴致勃勃地指着飞机下的地面说：“这就是我出生的地方。”显得特别和蔼可亲。

周总理是7亿国民的领袖，比日本大20多倍的中国，他能把这么大国家的行政管得如此有条有序，这一点就可以看出他的领导能力。日本只有1.1亿人口，田中也有领导能力，他们俩确实都是有魄力的政治家。我经常说田中是一台“电脑”，又是一辆“推土机”。说是电脑，他脑子里装着各种数据，他顽强地推动着各项工作。而大平，他是学者派，他精通艺术、文化、政治，他是热情洋溢的人。我最尊敬的政治家，除了田中外，就是大平，他对日中两国交往的研究，在邦交正常化并签定航空协定的过程中，付了最大力量的，就属他大平了。在中国谈判日中邦交正常化期间，他在车上也和姬鹏外交部长谈个没完，有时整夜整夜地交换意见。用我自己的看法来说，日中邦交正常化的过程中，最热心、最努力、最下功夫的，还是大平先生。对周总理，我第一次看到他眼睛时，就被他的眼光所压倒。这种印象至今记忆犹新。

父亲视周恩来为圣人

[日]冈崎彬

全日本航空公司总裁冈崎嘉平太之子

1963年在人民大会堂，周总理第一次接见我们。因为我跟贸易访华团无关，所以我排在最后。周总理同来访的每一个人一一握手后，站在我面前，第一句话问："会不会说普通话？"我说："不会。"第二句用法语问我："会说英语吗？"我讲："英语会说一点儿。"然后他用日语说："我的日语忘光了。"清清楚楚的日语，使我吃惊。他说完哈哈笑了一声。我并没问他会不会日语，他自己用日语这么说的，其后我问他会不会广东话，他就笑着不答而叫了廖承志先生。当然他是会说广东话的。当时，我父亲站在周总理身后，他显得特别高兴，为什么呢？因为他最尊敬、最喜欢的人正在和自己的儿子交谈，我父亲那带点儿羞涩的天真的脸，说实话是我有生以来第一次看到，就在这一刹那，我明白了父亲之所以要我请假陪他到北京的用意。周总理对我说："你父亲自己不会说，他为我们，为我做了什么样的工作，我们中国对他是怎样评价的，所以我来替他说一说。我非常依赖你父亲，这种信任体现在牺牲自己利益为他人尽力的行为之中。你父亲为了日本和中国，牺牲自己，尽心尽力，所以我们非常信任他。"当时我30

多不到 40 岁，可算是青年人，因为平生见过很多地位高的人，在国外如总统，在美国也见过国务卿等人，可是周总理却是和那些人不一样，首先他不给人以威力，那炯炯有神的眼睛，放射着柔和的视线，他对我这样的年轻人，也像和朋友说话一样亲切。毕竟是 7 亿人口中的拔尖人物，与众不同。

这便是虽然时间短暂，却是难忘的初次见面。晚上开了一个盛大的宴会，会上聆听了周总理的讲话。那次讲话，对我来说是影响深远的讲话，因为它成为我了解中国的基础。这个讲话概要地说是这样的：日中邦交的历史，在史籍记载的就有两千多年，没有记载的恐怕更悠久。这期间，日中两国保持着良好的关系，一般说来，邻国之间的摩擦是正常的，但是日中之间一直保持了良好关系，只是在近代的 70 多年，从中日战争开始形势变得恶劣。这几十年与良好关系的历史相比较，只不过是一瞬间。因此我们的任务就是把关系恢复到良好的关系，走共同繁荣的路。保持良好关系是天理，是天的意愿，我们所做的努力只是执行天的意志而已。

我从小就知道，日本的文化其源泉在于中国文化。听了周总理的讲话后，使我认识到日中两国的友好关系也是天理，这是我看中国时的基础。和周总理的接触中，我父亲受到很大的影响。我从父亲嘴里听说过很多他和周总理之间的故事，其中常常提到的是："周总理圣人论。"这话父亲可能只对我说过。他说：世界上有四大圣人：基督、释迦牟尼、孔子、穆罕默德。而周总理应列入圣人之中。我父亲这时候笑着对我说，如果圣人中有两个是中国人，可能别人会有意见的，只好委曲一下孔子，把这个地位让给周总理。

我听父亲说：他和周总理的正式会谈就有 18 次，但非正式的会见不计其数。有时候还到周总理的办公室去会见。正式会谈时周总理穿着笔挺的中山服，在日常工作时，他穿着有补丁的衣服。这件事对我父亲的影响很大，从此我父亲再也不添置新衣服了。年纪大了以后衣服显得肥大，但他照样穿着旧的直到去世。我想父亲这样做，是为了使自己更接近于周总理的缘故吧。我母亲看着父亲那肥大的衣服，几次劝他做新衣服，可他怎么说也不听。

从生活细节中我父亲看到了周总理的为人。他经常说，人一般来说，得到权势后，不管这个人如何严格要求自己，总不免在某些方面会流露出傲慢来，表现在态度上，不管是哪一个国家的人，地位高了就会流露出来的，可是在周总理身上半点儿都找不出来。

听到周总理去世的消息时，我父亲的悲痛难以形容，我甚至怀疑，恐怕就是我死了、我母亲死了，他也不会这样悲痛。

我父亲是 1989 年发病住院后 8 小时安然去世的。他是拿着准备整理的材料从楼梯上摔下来死的。当然父亲的突然去世，对我们是个很大的打击。整个葬礼结束后，包括我母亲在内，我们几个弟兄围坐在一起交谈时，我母亲就说：“不太悲伤。”我们都惊呆了！这是为什么？我母亲心平气和地说：“你父亲活到了 92 岁，又能到周总理身边了。我倒是高兴他能够去周总理的身边，这怎能说是悲？是高兴。”我们兄弟也觉得这话有道理，看着我父亲的遗容，看不出痛苦，似乎看到一丝笑容。当时我忘了是谁提醒的，反正不约而同的，将周总理相片放在父亲遗体的胸上，送去火葬场。因为我父亲平时总是把周总理的照片随身带着。骨肉之死当然是悲痛的，但想到我父亲到了周总理的身边，无拘无束地交谈，他们在天上保佑着我们，这样，心情缓和了许多。当我母亲谈到我父亲会在天国和周总理交谈时，我一下子回想起 1963 年第一次见到周总理时的情景，我父亲那种带着羞涩的表情站在周总理身后，看着我和周总理交谈时的天真的情态。想到这一切，仿佛他们在天国在看着我们这次的采访活动。

我从中国朋友那里听说，在淮安，在周总理的故乡，有我父亲留下的字迹。写的是："访问周总理的故乡泪流不止。"落款是："弟冈崎嘉平太。"那里常有很多中国友人去采访，常常问起，周总理哪来日本的弟弟，我也尽力作些说明。其实，我父亲比总理的年龄要大一些。

但是从人格来说，他认为他只能是弟弟。我看，周总理面前的我的父亲，只能认自己为比他小很多的弟弟。一生中，能遇到这样的朋友，总算是没白活在世上。

我家里没有周总理的笔迹。因为当时想反正随时可以要到，没料到，周总理这样匆忙离开了人间，我父亲很后悔。每当谈起周总理的事，我父亲几乎成了少年。不仅跟我是这样，只要他跟办公室的人谈起周总理，表情就变化了，总是沉醉在美好的回忆之中。

和周总理的见面像一幅名画，永留脑海

[日]池田大作

日本创价学会名誉会长

对于我来讲，能够在周总理晚年见到他，是我一生最难忘的事。当年和周总理的见面，现在还像一幅名画一样，深深地留在我的脑海里。

我现在还清楚地记得，我们的会见是在1974年12月5日的晚上。那天晚上在北京饭店，参加一个由我主持的宴会。宴会当中，廖承志先生突然非常紧张地跑到我的身边，说有点事情要跟我讲，之后就把我带到旁边的那个房子去。廖承志先生，还有孙平化先生在那个小房子里面跟我说，非常紧张地跟我说：周总理在等待着你，我们马上去吧。当我听见他要带我去见周总理的时候，我就想起，刚刚我在人民大会堂跟邓小平先生见面的时候，邓小平先生已经跟我说过周总理现在身体不好，好像住院的样子。我知道周总理身体不好的时候，要是跟我见面，对于他的身体来讲，会是一个很大的负担，所以我当时马上拒绝了，我说不要打扰周总理，不要打扰他，不要让他的身体增加负担。但是孙平化先生就说，这是周总理的邀请，我们不能拒绝，所以还是请你去吧。我见他既然那么说，也没有办法继续拒绝了，之后我们就一起随着他们出发了。

当天晚上非常冷，我们分坐两部小车，我记得我跟廖承志先生，还有翻译林丽韫女士就坐在前头车，孙平化先生坐在后面的一部车。由于天冷，中方还特别为我和我的夫人准备了一个袍子，盖在我们的身上。坐车大概15—20分钟左右，我们就到了周总理住的那所医院。在车里，大家都默默无言，非常紧张。

这是一个非常特殊、简朴的建筑物。一打开大门，我就看到了梦寐以求、一直都想见的周总理，他在那个大堂里面等待我。周总理紧紧地握着我的手，跟我说："这次是你第二次访华吧？"我到现在都记得，他紧紧地握着我的手不放，目光炯炯地看着我，注视着我。我看他的目光非常严峻，但又非常柔和，非常难以形容的一种非常感人的目光。之后我就看到他身体好像比以往消瘦一点，但是也是非常精神的。他邀请我到旁边的一个休息室去坐。我看那间房子不是很大，也是非常简朴。

一坐下，我现在还不能忘记，周总理说："在樱花盛开的50年前，我离开了日本。"我马上就回答了，希望总理健康早日恢复，然后再一次在樱花盛开的时间来日本观赏樱花。周总理马上说："我虽然有这个愿望，但是可能没有这个机会了。"

因为我非常担心周总理的身体，担心他的健康，所以我也没有特别准备什么要问周总理的，只不过想见一见面，就让他好好地休息一下，我们快一点离开。当时坐下以后，周总理就开始跟我们说，现在中国的情况还是非常贫穷，但是他说从现在开始，这个世纪里面最后的25年，对于中国，也不单是对于中国，对于整个世界也是最重要的25年。从这句话开始，他就开始跟我谈到国际问题。

我跟他见面和他开始谈话的时候，我就直觉得周总理有一种非常宏观的思想，他的历史观是非常宏观的，但他对人的心理又好像显微镜一样，能够看得非常清楚，非常微观的，可以细微地注视到一个人的思想和心灵。另外，他对我所讲的世界的动向完全可以说是正确的。因为在这个世纪最后的25年，可以说整个世界都是充满着动乱，可以说整个世界经历着最重要的25年时间，可以说周总理的预言说中了。周总理说最后25年是非常重要的意思，就是在他自己的心目中，已经一直在想着，最后这25年，就是在进入一个新的世纪之前，怎么样把中国整个国家和人民的生活，人民的幸福，人民的繁荣、把它搞好。周总理一直都在这么想。所以在最后这25年里，我们也可以亲自感受到周总理当时的这种心情。我们现在看到中国的发展，也可以了解到周总理为什么那么重视这最后的25年。

还有一点非常重要的，就是周总理跟我说的在这最后一段时间，世界的各国要互相尊重。本来跟他谈话之前我就想，反正最重要的就是我们日中两国之间的友好，但是周总理的这一番话，远远超乎了我自己微小的想法，他是把眼光放在整个世界，可以说世界的共存、共荣的方面，周总理的整个想法是非常宏观，非常壮观的。

最后他说了一句非常重要、非常尖锐的话，他希望有一天尽早能够签订中日两国之间的友好条约。从他这句话，可以看到，他对我们两国之间的这种关系，对国际间的关系，是如何重视的。最后，我就跟他约好，说我一定遵照周总理这种想法去活动，去实行，我一定对有关的人士、有关的部门，努力做工作实现这件事情。本来我就非常担心总理的身体，本来就准备跟周总理会见5分钟或者10分钟，我们就失陪了。但是我们一起谈话的时候，看着周总理好像谈得非常兴奋，不想结束我们之间的会见。我就跟坐在身旁的廖承志先生打招呼，说我们现在要不要早一点走哇，或者我们要不要早一点失陪呢？廖承志先生见到我，或是见到周总理谈得那么有兴致，他就跟我打招呼说，你们不着急，你们慢慢谈吧。最后我们和周总理的会见延长到

30分钟。虽然我走的时候还是非常担心，我们这次30分钟的见面，会不会影响周总理的身体呢！

除了跟周总理之间的见面，我跟周总理的夫人邓颖超女士，也有过很久，或者很深的交往。以前好像听说，他们的院子里面有一棵樱花。邓颖超女士曾经说过，就是在周总理生前，最遗憾的是没有跟周总理在那个樱花树之前照一个纪念照。

中日两国邦交恢复之后，我所创办的创价大学，首次接受了中国派遣的公费留学生，6个留学生。之后为了纪念周总理和邓大姐。也是为了我对邓大姐这片心，我就跟留学生6个人一起在创价大学的校园里面种了8棵樱花树，来纪念周总理。这8棵樱花树就种在我们创价大学中心的文学之池，一个池塘旁边的，就是在池畔最好的地方。现在那些树已经长得很大了，在那些樱花树前面我还立了一个碑，在石碑上面我亲自写了“周樱”这两个字，碑文上面也把我们为什么要种这个“周樱”的意思写上了。我把石碑放在朝向中国这个方向的，石碑是面向中国的。我希望石碑能够面向着周总理这个方向，这是我特别安排的。另外，为了纪念周总理和邓大姐他们之间的夫妻恩爱这种爱情，在文学之池下面还有一个日本式的庭院，叫平安庭院，我在里面种了两棵樱花树，命名为“周夫妇樱”，一棵代表周总理，一棵代表邓大姐。这两棵樱花树现在也长得很大了。每年在樱花盛开的时候，我们都举行赏樱会，邀请

日本创价大学樱花园内种植的“周樱”“邓樱”及碑石

各界有关人士来观赏“周樱”以及“周夫妇樱”。“文学之池”这4个字我们是请中国的敦煌学家常书鸿老先生为我们亲手题字的。

去年我首次去访问古巴，跟卡斯特罗见面，我们谈了很多事情，也谈到了周总理。我说到周总理的事情的时候，他就满脸微笑地对我说，周总理是一个非常伟大的领导人。这件事情对我来讲是难以忘怀的。

我还有一个老朋友，美国前国务卿基辛格博士。我们见面谈到周总理的时候，他也是非常赞赏有加。本来他对自己是非常有自信的，从来很少称赞他人的，但是谈到周总理的时候，他说，可以说他是我见到所有人里头最高的文化人，也是最高的政治家，是最了不起的文化人跟政治家。还说周总理给人的印象是如何深刻，周总理的人格是如何伟大。

还有一件事情，在中国和苏联之间的关系最为险恶的时期，我访问了北京，同年苏联也邀请我去，我跟苏联的柯西金在克里姆林宫见了面，我们也谈起周总理。他跟我说：周总理是个非常聪明的人，周总理在世一天，我相信两国之间就不会打仗。他也相信，周总理在世一天，苏联也是绝不会乱来的。从这一点可以看到，中国有周总理，或者当时苏联是有柯西金的时候，两国之间绝不会发生战争。虽然当时有许多人非常害怕这件事情，但是我当时已经预见，就是他们两个有生一天的时候，中苏之间绝对不会打仗。我的看法也是说中了的。因为周总理和柯西金两个人，都是可以说是英雄，英雄所见略同，他们有共同的见解、共同的看法，绝对不会做出那么愚蠢的事情。我还记得柯西金对于周总理，虽然周总理对他来讲当时是个敌方，从心里面佩服的。

我也听说，周总理在日中邦交恢复之前，已经开始重视创价学会，已经开始请人跟我们联系，或者去研究创价学会。对于我们之间的友好，他是非常重视的。就是在谁也没有注意的时候，他已经开始从大局方面了解创价学会，或者说已认识到我们之间的友好是如何重要。他的看法是非常敏锐的，非常深刻的。在整个历史进程中，他可以看得非常准，可以看出人民跟人民之间的友好的重要性。从这一点上也可以说，他是一个非常精明的政治家，也是一个非常优秀的人。

有一件非常不可思议的事情是，就是有一些人他们对社会主义或者对共产主义不喜欢。但是，就算对社会主义，或者对共产主义不喜欢的人，他们打心里也尊敬周总理，喜欢周总理。

周总理是非常有教养的人，他的人格是非常高尚的。他一直是全心全意地、鞠躬尽瘁地去为人民服务，去为世界和平而努力，这方面他是非常坚定的。他待人像春风一样，使你感到非常舒服，非常愉快。他对人非常慈爱，非常慈祥。所以见到他的人都感到他的心慈祥得好像一个菩萨，一个佛一样。他有这么慈祥的一面，但是对于敌人，他是非常严格，非常坚强，他坚强得像铁一样，他是绝对不会屈服于任何敌人的。他是一个非常伟大的政治家，也是一个人格非常高尚的人。在现在或者在近代，很难再找到一个像他那么优秀的人。

我还有一个玉石雕的大的周总理半身胸像，就放在创价大学最重要的一角，最重要的一个地方。我的意思就是希望我们，就是希望所有创价大学的学生，或者来参观的所有的人，能够学习周总理这种伟大的人格。

我是他的徒弟、学生

[日]木村一三

日中经济贸易中心前会长

说我是周总理的好友，实在是不敢当。我是周总理的徒弟，是学生。他给了我很深刻的印象，我对周总理只有着敬仰之情。

1955年，我第一次见到周总理，见面前我开始预备知识，留意当时美国国务卿回国后的记者招待会的讲话。他说，周总理是世界上屈指可数的绅士。还说：若是我和周总理比，我是野蛮人。他很谦虚地谈论了对周总理的印象。

我和周总理第一次见面时的情景，至今还清楚地浮现在我眼前。第一个印象是，周总理是严厉而又和蔼可亲的人，这两者恰如其分地融合在一起，一见面就给人亲切的感觉。在他面前，自然而然愿意吐露心事，这种感觉特别强烈。见过几次之后，他就对我说："要学汉语，最好不通过翻译直接交谈。"我说："我已经过了40岁的人，现在学习汉语，学成太不容易。"周总理就说："不会的。例如，你看毛主席，他比我懂得英语。"他的意思是说，只要有决心，汉语也能学会的，说我是思想问题。

他会见时，常常是过了夜里12点以后，我心里很担心，就问他：

“周总理，您是什么时候休息呢？对身体有无害处？”周总理没有直接回答这个问题，说：“和日本朋友见面感到很愉快，对身体没害处。用不着担心。”后来听说周总理每天一直工作到凌晨两三点钟。该批的文件都批好，部长们一上班就能工作。说是习惯，这是延安时代养成的习惯，以身作则的习惯吧！

我从中国朋友那里知道，周总理公私特别分明，他坚决反对特权和乱用权力。所以周总理身边的人，很多人不能升官。我可以举一个人，中国国际贸促会的副秘书长，他是经济学方面的权威学者，他始终在这个位置上，并且比较年轻的时候就去世了。周总理对他的死感到惋惜，发表过悼念的讲话。周总理身边的人，对不能升官都没有不满情绪，也没意见，他们都心情舒畅地工作。从中我感到，周总理的作风渗透在每一个干部的身上。

周总理自己决定不坐红旗轿车而改坐上海牌轿车，他是以身作则，以示模范。他最讨厌乱用职权和摆官架子。

周总理他是眼观四方、考虑全局的人，可是他有时对细小的事情也记得清清楚楚，我碰到过几次，使我惊讶不已。这意味着什么呢？是他对群众的关怀之深。反过来，因为关怀深才能从大局看问题，从长远想问题。周总理对群众的关怀就是基础。中国朋友经常说周总理的记性好。可我不那么看，不仅是记性好，是他感情深，感情不深，就不可能记得那么细小的事情。这可以举出我本人的事，他记得我出生的年月日，这使我惊讶！后来我调查了一下，我出生的那一年正是周总理留日的那一年。

有一次参加庆祝活动，要我们在会上发表讲话，我只好讲了话。当时一个叫周斌的给我做翻译。讲话前，我们商量好，讲到哪儿就加翻译，我也做了记号，可是开始讲话后，我自己兴奋起来，忘了事先商量的段落，把一段重要的部分说下来了。周斌君一下子慌了，这一段没翻好，效果也就不好。可是周总理在主桌上接我时说：木村先生的激情影响了周斌君，结果成了这样。当然这不是原话，不挫伤双方的积极性，还在鼓励双方。当时一下子感到，这就是领导艺术，常人学不到的东西。

我在这次讲话中，代表日本民间贸易团体感谢实现邦交正常化中做出努力的毛主席、周总理以及中国方面的干部，与此同时感谢日本政府的田中角荣首相和大平正芳外相所做出的努力。说到这儿，周总理一个人鼓起掌来表示赞同，周总理一鼓掌，会场上响起了雷声般的掌声。当时，我犹豫过在这种场合该不该提感谢日本政府这类的内容，当时我认为应该说，才在会上提到了日本政府所做的努力，而对此周总理带头鼓掌，我心里有说不出的高兴。

极右团体对我这样的人也没放过，也威胁家属，而这不仅是一时半时，而是连续了数年之久。后来才知道，他们雇了台湾的特务。他们对我都这样，那对首相、外相更是如此。没有勇气是下不了这个决心的。

下面我谈两件小事，说明周总理对我的无微不至的关怀。

有一次我到北京，办完事准备回国，从北京饭店坐车到了机场，一到机场，看见了廖承志先生，我认为他是来接什么官员呢。我就问他："您在机场，接人吗？"他说是来送我的，我以为他在开玩笑。他说："是真的来送你的，是周总理的命令。"这一下，反倒把我吓坏了，一下子变得紧张起来。我说："像我这样的人，用不着你来送啊。"廖先生说："周总理就是这样的人，他对人的关怀是无微不至的。"

我在政治立场上也有微妙的地方。有一次，从日本来了和我对立的代表团，周总理接见了他们。就在接见的那一天，周总理叫我马上到人民大会堂。去了后，指着座位让我坐下，就坐在周总理的旁边，把我安排在中方的一边，和我的对立面对面坐着。如此这般安排，从中领会到周总理的一片苦心。

就在庆祝日中邦交正常化的纪念大会上我讲话以后，举行了有1000人参加的庆祝宴会，我坐在主桌，周总理从桌上摆放的花束中拿出一朵送给我，说："拿回去送给你的女儿。"不知道谁告诉周总理我有一个女儿，周总理的关怀如此细微，常人是做不到的。他又摘了两朵，站起来往后边走，我看着他到底到哪儿，那里有两位日本有名的女演员也在场，一个是杉村春子，一个是高峰三枝子，她们接到周总理送的花后，高兴地尖叫起来，把全场的目光都集中到坐在靠后位置的她们两个人的身上。

佐藤内阁时代，日美发表了关于归还冲绳问题的共同声明，在声明中提到：韩国、越南和中国台湾是日本的生命线(起到这种作用)。对此中国政府提出严正声明。批评数月后，周总理和叶剑英会见我们时说："既然如此，我们的贸易只与好朋友之间进行。"当时确实形势很严峻，所有中小企业没有问题，有些大型企业，他们与台湾的关系很密切。于是请了松村先生，告诉他，今后就按这个原则办事。之后周总理叫我根据这个原则开展工作。我根据周总理一向坚持的原则要坚定、政策要灵活的指导思想，开始了争取更多企业的工作。我争取到了日本大企业的99%，根据我的推荐，中国政府都给予了认同。

那时正是佐藤内阁的末期，是日中邦交正常化的前夕，当时在联合国，美国和日本四处奔跑阻挠恢复中国的合法地位。在联大上，通过了他们否定中国合法地位的决议。而第二年，关于台湾为中国合法代表的提案被阿尔巴尼亚等国提出的决议案否决了。绝大多数国家支持阿尔巴尼亚的提案而否定了日美的提案。台湾从联合国被赶了出来，中国恢复了其在联合国的合法地位。这是历史性的大事。在这个时候，田中内阁诞生了，在此期间，田中先生被选为自民党的总裁。田中、大平两位先生我早有接触，很了解他们的想法，我自己判断在自民党内他们将战胜佐藤，将会出现田中内阁。当时我就想，日本的财团、关东和关西的财团此时此刻应该挺身而出，在邦交正常化方面，应该起到应有的作用。日本的财团，在日本经济建设中起到了很大的作用，对政府实现邦交正常化的动作应给与支持和鼓励。我独自跑北京，面见了周总理，提出了我的看法，现在日本财团中数一数二的大财团，对佐藤内阁的政策表示不满，开始用行动表明了他们的立场。我提出希望中方欢迎日本财团来华，但当时有四个条件，在人选问题上要贯彻这个原则。我在周总理面前保证，人选问题上由我负责，保证做到这四个条件。当时要把关东和关西地区的财团组织起来派一个大代表团，那是不现实的。决定先派关西财团，东京的财团和政府的关系很密切，让与政府较疏远的关西地区财团先去中国，以此促进东京的财团。于是召开了关西地区的财团的会议，于 1971 年 9 月派关西财团访华。同年 11 月，派了东京财团访华，第二年派三菱集团访华。这样，财团以自己的行动表明了态度，这一切都是在周总理亲自指导下进行的，廖承志先生起了很大的作用。整个过程中周总理强调，既坚持原则，又实行弹性政策。

我还想再谈一谈周总理的作风。周总理以身作则，深入群众，受到群众的爱戴，这一点看周总理去世时的民众的反应即可得知。我参加了周总理的吊唁活动。周总理去世一个多星期后，有一天，我发现北京饭店的很多女服务员，在二楼一间房子里大哭，哭得很惨。不知道发生了什么事，我悄悄进去一看，她们因想念周总理而哭泣，可见周总理在群众心目中的地位了。

我可以断言，在中国的领导人中像周总理这样受到人民群众爱戴的领袖，这样的人是不多见的。

周总理深入群众，不脱离群众。例如在“文化大革命”中，红卫兵涌上来，他不管是雨天晴天，花上几个小时进行说服工作，最后取得了红卫兵的理解，高高兴兴地回到原籍。这种情况不止一次。不仅中国人，很多日本青年也在“文革”中来到中国，周总理也见了他们，讲了关于“文革”的问题。第一次谈完后，他觉得说得不彻底，于是当晚，亲自到北京饭店，召集了日本青年，又讲了一次。周总理如此满腔热情地关怀着群众，深入到群众中去，这是他可贵的作风。

关于周总理的作风，我再补充一点，他从不滥用职权，公私分明，以身作则，工作中带头埋头苦干，不脱离群众，一句话就是延安作风，周总理用自己的行动执行了延安作风。我常想，现在的中国朋友，有必要学习周总理的这种作风。要把党和群众的关系搞成鱼水关系，其关键就是贯彻延安作风，贯彻周总理的作风，这才是最重要的。

在处理对日关系问题上，是周总理亲自领导的。作为周总理的一臂，有廖承志先生，因为有了他，什么时候去，他就什么时候见，有问题马上得到解决。和廖先生谈，有的当场就拍板，有的则说，请示一下周总理，第二天一见面，已经有了答复。为处理好日中关系，我想有必要加强两国间的通道。那时，日中邦交正常化前后的政界财界的好多人，都已经过世了，我想有必要重视建立这种强有力的通道。中方也在周总理亲自领导下，建立了一个更为顺当的体制，畅通两国关系。

一句话，周总理的大局观，贯穿在对形势的判断上。正是因为有大局观才不致于失去谦虚的作风，不脱离群众，对群众有很深的感情。他对中国的未来，中国在国际上的作用，是充满信心的。例如，对外政策，一方面坚持原则同时很有弹性。很大方，不小气。比如中印边界问题，印度一度大兵入侵，怎么警告都不听，于是中方举兵反击，把印度军打败后，立即退兵。这一仗打得真漂亮，让印度也知道了中国的厉害。他的大局观也表现在万隆会议的求同存异原则。

我补充一点，自民党有一个干事长叫堀进一，他见过周总理，回来后对我说："在世界上的政治家中，还没见过这样伟大的政治家，当代少有的政治家。"他赞不绝口。

在与周总理的接触中感受到一种无名的东西，它就是一种信心。信心十足才能做到谦虚，才能热爱群众，在世界上拥有很多的朋友。凡是见过周总理的人都喜欢他。他身上就具备了这种东西，是什么东西呢？最深最深的感情，打动民众的很深的情感。自信，从哪里体现？我认为就在他的大局观，我只能这么说。超越意识形态的不同，却异口同声地赞扬他，尊敬他。比如谈到的"中国威胁论"，如果是周总理他就对此不会那么敏感，只是淡淡一笑而已。因为他有信心，他不走小路走大道，对"威胁论"那么兴师动众就等于战略上重视了敌人。我认为，周总理不会犯此项错误的，确实干得漂亮。站在大局，远见卓识，充满信心。

有人常说周总理的记性好，细微的小事都记得清清楚楚，把它当作习惯。我是不同意这种看法的。他的亲切，表现在对待群众等各个方面。他是一个很善良的人，关怀别人，这才是真正的王者。因为有信心，才能从容，他把所有的人看成自己的朋友，自己的骨肉，他之所以能注意到细微的小事，是因为他对人有感情，这种感情来自大局观。

出类拔萃的长者

[日]田中真纪子

日本前首相田中角荣之女、日本前外交大臣

在纪念日中邦交25周年之际，我先讲讲我父亲去中国时的情况。

我中学的时候，也就是大约十四五岁时起，我父亲只要有出国访问的机会，每次都必定带上我，去见识见识政治的实际状况，这种情况一直持续到与中国恢复邦交。其间，唯独去中国不带我去，而我又特别想去。当时日中关系在今天是难以想象的。当时的中国遮挡在红色的帷幕后面，完全无法知道那里发生了什么，虽说从新闻中知道人民公社，等等，但我对中国的真实情况一无所知。

此外，在日本方面，台湾派的国会议员占大多数，几乎都反对与中国恢复邦交。田中角荣只是少数派，无论是在执政党中，还是在野党中。于是，右翼、台湾派的人们不断打来威胁恐吓的电话，甚至有的人还说要杀了他们，生命安全受到威胁。而且，在自民党内也是一片批评声，被批评是反时代的行为。再加上是去中国那样一无所知的国家，所以他不带我去。而我却正因为如此才想要去。去那里的话，既有可能被日本人刺杀，也可能会遇到其他预想不到的事。因为，由于历史的原因，中国人对日本人怀有仇恨是很自然的，所以，我父亲是冒着生命危险去的，是以生命为赌注的。

我父亲从日本出发时的情况也是非常紧张的。飞机何日何时起飞，直到最后都是保密的，一方面是国内的反对；另一方面对红色帷幕后面的情况一无所知，那里还有反日的云雾，安全不能保障，我又是唯一继承家业的女儿，两个人都去的话，万一丢了性命，田中家就断了香火了。所以，我父亲对我说：我这次一个人去，你在家看家，万一我被刺杀了，丢了性命的话，你千万不要惊慌失措，要镇定地办理后事。我此行的目的是极为重大的，是为了在不远的将来，中国和日本的普通国民能够自由来往。我为实现这样的时代而去，我坚信自己的政策而去。

如今，这样的时代已经实现了。日本的家电销往中国，中国人也大量来日本，我切身感受到我父亲的预言终于实现了。时代完全变了，大家都异口同声地喊起了“中国万岁，中国好”，等等。

我父亲从北京经由上海回到日本后，见到我第一句话就是，应该带真纪子去。我父亲是如此地感慨不已，我至今记忆犹新。我父亲告诉我说，毛泽东是位哲人、思想家，周总理是位美男子、实干家。周总理和我很投缘。在和周总理一见面，说第一句话之前，我就直觉到，和这个人一定能把事情办好，如果周总理不符合自己的想象的话，很可能就干脆回日本了。周总理因战争时期受过伤，右臂有残疾，我看到周总理右手的样子，心想这就是和日本打仗时受的伤(周总理臂伤是在延安坠马所伤——本书注)。总之，与周总理的结识，非常有好感，很快建立了一种信任关系，可谓是精神较量吧。毛泽东也是很了不起的哲人，然而周总理是务实的，极为出色的人，非常周到的人，周总理无论作为政治家，还是作为人，都是出类拔萃的，我想让真纪子见见这样的人。下次一定带你去。但最终没有能实现，周总理去世了。

后来，我父亲得病那年，大概是恢复日中邦交后七八年的时候，我和父亲的医生第一次去了北京。周总理已逝世三四年左右，我去中南海拜会邓颖超。邓颖超一见到我就对我说了周总理对田中先生的评价，她说，我丈夫，即周恩来总理，曾对我说过，如果不是和这个人见面，事情就办不成，这和我父亲当年对我说的话完全一样。周总理为与田中见面，做了周全的准备。见面一看，与自己想象的形象吻合，所以邦交成功。邓颖超反复强调这一点，并要我回国后向我父亲转达。这件事说明了他们两人的是极为投缘的，他们的感觉是完全一样的。

另外，我父亲是喜欢早起的人，每天 5 点钟起床开始工作。周总理对我父亲的这些生活习惯，从饮食嗜好到起居习惯都了如指掌，专门进行了调查。据当时给周总理当翻译的王效贤回忆说，周总理由于长期战争年代养成了夜间工作，白天休息的习惯，而田中是白天工作，自己如果不去适应这个工作时间，就不会取得最佳效果。所以周总理在两个月前就努力开始适应这一习惯。我父亲是速断速决的人，就任首相后很快就到中国来了。中国方面已做好万全的准备。以至于生活细节都注意到了，包括我父亲怕热，以至吃东西的嗜好，等等，都全力进行了调查了解。周总理自己为了与我父亲协调一致，从两个月前就开始了这方面的训练。今天，时隔多年后听说这件事，仍使我非常为之感动。

而我父亲这方面是突然而去，没有丝毫准备。7 月就任首相，9 月就去了中国，而且是在一片反对声中，有人甚至耸人听闻地宣称，如果不从首相府的屋顶或警视厅乘直升飞机去机场的话，就会寸步难行的。我父亲回国后，马上去皇宫拜见了天皇陛下，然后去参加众、参两院大会。在那次会上，他受到了四个半小时的攻击，被说成了“国贼”，包括自民党在内的所有议员都反对。

我父亲刚就职时，最有精力，头脑也清楚，他为了不辜负国民的期待，把最重要的事放在第一位去做，所以，趁着又年轻，精力又旺盛，才得以排除干扰，完成了这件大事。

就在前几天，遇到一位当时和我父亲同行的记者，他告诉我，那次在从北京经上海回国的飞机上，我父亲当着周总理的面，呼呼大睡，我们看到觉得不太合适。周总理说："不要叫他，让他睡吧。"在北京虽然只待了两天，两人又是初次见面，但两人之间非常融洽，两天中两人进行了充分的交谈，所以在北京至上海的一个多小时中，我父亲已卸下了负担，于是就睡着了。这边记者一见，都觉得我父亲可真了不得，而周总理也真了不得，可见他们是很有情谊的。

周总理是我心目中的伟人

[日]中曾根康弘
日本前首相

1973年1月，我作为日本通产大臣，在日中邦交正常化后率第一个代表团访华，记得分3次，共10小时与周总理会谈，印象很深。周总理协助毛泽东主席领导中国共产党，而且管理中国政府，他是一个伟大的战略家，特别是第二次世界大战末期，国共合作期间，曾在重庆，作为毛主席的助手、中国共产党的代表，和国民党蒋介石的代表进行谈判，看到当时谈判中的周总理，我就想到他是一个出色的外交家，也是战略家。新中国成立后，他兼任过外交部长，发挥了巨大的外交作用。他在独立的中国还未被国际上承认时，主动出击宣传中国，第一个显示独立的中国之尊严的就是周总理。

周总理访问东南亚及非洲时，很多年轻人特别是女青年被他吸引，他是美男子又是潇洒的政治家。他之所以能在群众中有如此高的名望，是他在人民群众中成长的缘故吧！我见到他时，是我担任通产大臣时的事，谈起苏美为一方，日本和中国以及亚洲应该如何展开对付苏美的外交和战略，谈起日本的防卫政策，安全保障政策应落实在何处，他对这一类问题表示了特别的兴趣，也问得很多。我读过毛泽东关于论述游击战略、游击战的书，当时对中国共产党的战略思想佩服。我年轻时的经历，周总理也很感兴趣，对此表示赞赏。从中午一直谈了 3 小时，他约再谈一次，傍晚我们又谈了 4 小时。可他觉得还不够，又约我谈一次，于是我们在深夜从 10 点谈到后半夜 1 点钟，在人民大会堂谈的。

中国的伟大总理，和日本一个通产省大臣，先后 3 次，长时间会谈，这是没有先例的事。会谈结束后，他陪我从二楼下到一楼，亲自给我披上了大衣，又把我送到大门，送到车上，而他一直在车边送我。外边特别冷，我看到这一切，深受感动。周总理后期住院治疗时，记得是田川议员，或者古井议员到医院看望过他。当时周总理已经很瘦，他对日本的议员说，他对日本和中国的关系表示担忧，他要我们永远和睦友好下去。周总理在生命的最后一刻，还在念着日中两国的友好和睦，我听到这一切，心里特别感动。

后来我当了首相，来华后提出给周总理烧香的要求，我去了周总理的住处，受到邓颖超的欢迎，我祈祷周总理安息。我去时没有别人，好像是为我特别安排的，我在那儿祈祷并感谢他生前对我的关心。我从邓颖超的口里知道，当时周总理从人民大会堂回到家后告诉邓颖超说，刚见到的中曾根，他将是日本未来的首相。我听到这件事，心情无法平静。毛泽东也是一个伟大的政治家，但是，如果没有周总理的辅佐，也许中国革命的成功是不能想象的。周总理的人格，他的爱国心，以此团结了中国共产党完成了革命，建设了如今的中国。他不仅是不可忽略的建国之父，而且从亚洲来看，也是战后的伟大政治家，这一点我深信不疑。

因为我尊敬周总理，所以在我家的会客室就挂着我见到周总理时的纪念照，其他还有里根、希拉克等世界各国的伟人的相片。周总理是我心目中的伟人之一。

他改变了我的一生

[英]韩素音
著名华裔英国女作家

一提到周总理我就想哭，他是 1976 年病逝的，很多年了，可是一提到他，我还是哭。我写这本书(指《周恩来和他的世纪》)可以说是流了不少的泪。邓大姐，她也对我好得不得了，所以这两个人，我心里头一想起来他们，就想哭。

我觉着这两个人，不但中国人应该向他们学习，应该知道他们是什么样的人，全世界也应该知道。现在全世界最大的毛病是什么？是道德问题，没有道德，现在年轻人都以为很聪明，就是赚钱，赚钱。赚钱为什么？你也不能够吃纸票嘛！他们应该有中国人说的，精神文明，我觉得周总理在这一方面完全可以说他是富于精神文明，不但是中国古老的，还有革命的精神和道德。这个道德非常重要，要有道德。道德并不是说过去的所谓旧道德，是新的道德，是为人民服务，是为国家，爱国、爱人民、爱世界。我觉得周总理在这一点上完全可以说是世界性的一个大人物，不单是中国的。

所以我写了这本书。我觉得这本书还写得不太好，有些地方我写得太富于感情，外国的出版社划掉了，我发现中国的也没有，可是不

一月的哀思

沉痛悼念周恩来的人们汇聚在人民英雄纪念碑

邓颖超向周恩来遗体告别，她献的花圈挽带上写着“悼念恩来战友，小超哀献”

联合国安理会为周恩来的逝世全体起立默哀

要紧，也许这样的好一点，要不然有人会说："哈哈哈哈，你看这个韩素音啊，一点都不像历史家，只写好的，不写坏的。"可是，我要写这本书的时候是怎么写的呢？我记得是欧纳西夫人，就是肯尼迪的遗孀，她是我的挺好的朋友，她常常给我来信，是她鼓励我写的。她说："我全世界我只崇拜一个人，是周恩来。"我吓了一大跳。我说：你崇拜周恩来？她说："Yes！ 我只崇拜周恩来。"她也不提她自己的丈夫。她说：你应该写，韩素音，你应该写。因为我知道，你好多时候也跟周恩来谈哪，谈得很久。所以是她鼓励我写的。

我就写了，欧纳西夫人看了，她认为比较满意，觉得写得还可以，还对。像欧纳西夫人，人家以为她是不懂事的，其实她是很聪明的一个女性的呀。她就崇拜周恩来，我只能够这样说。

我知道周总理病得很厉害，也知道是什么病，我知道没有办法，但我还是抱着希望。我那时候在外国，我就写了一两封信给他，大概邓大姐那儿有信，他当然没有回答，他不能够回答。我感觉他最后几个月也许相当苦哇！因为那时候"文化大革命"相当乱，要没有周总理恐怕更乱啊！我们都知道。我们就是怕要是没有他，就会出大事了。

我是 1956 年第一次回到中国，我小的时候生长在北京，后来出国念书，1937 年日本侵略中国，1938 年我就回来了，回四川，我也想参加抗战。那时候我就和一个中国人结婚，那个中国人是蒋介石侍从室的。

1941 年 1 月，周总理在重庆讲话，我都不敢和我丈夫说，偷偷地跑去听了，听了以后我心里就感觉到，将来一定会是像他讲的那样。但是，当时没有和周总理见面。后来见面是 1956 年回国后才谈一谈。那时候他的秘书是龚澎，她是我燕京大学的同学。我写信给龚澎，我说我要见周总理。她说，好。这是第一次跟周总理谈话，谈了两小时。

后来又见了好几次。我每一次回国，周总理就说：见一次面，谈一谈吧，因为他知道我在外面，很多人请我演讲，因为我写的书比较出名，只有我一个人可以跑到美国去，美国不是封锁了中国吗？但是我可以去，很多美国人还要听听，中国到底怎么样。

我只能说，他改变了我的一生，改变了我一辈子的看法。

我一直到现在，只要提起他，我就要哭。我觉得他了不起，我觉得他是中国人民的道德，中国人民的良心，中国人民的英雄。

周总理有一种感情，使得我们都可以爱他，都可以认为他可以明白我们。他小小的事情，大大的事情都要做。他不仅是个伟大的人，而且在道德方面了不起。他改变了我的生活。我知道我应该怎样给中国做贡献。

他是最有勇气的，他什么都不怕。欧纳西夫人就说："我们很尊敬他"。

我想，没有周总理，没有中国的今天，就是说基本建设，经济建设，还有教育，没有周总理就不会这样快。所以，我很高兴有邓小平，很多地方跟周总理这一路线是一样的。

他完全忘了自己，他不知道怎么照顾自己。为什么大家喜欢他，因为他没有忘了人，大大小小的人，他要去照顾他们。

得知周总理病逝的消息，我没作声，我就在床上睡了10天，不起来，因为我不愿意出来，我不愿意见人……可是一直到现在，提起他来，我就要哭，20多年了。连我爸爸去世，我也没有这么伤心。

很多美国人很尊敬他，还有法国人，全世界。所以希望青年人记得他，因为这是历史，要懂得自己的历史。

他朝着中国的未来看

[意]焦尔乔·洛迪

意大利著名摄影家、《沉思中的周恩来》照片拍摄者

1973 年我有幸见到周总理，那是 1973 年的 1 月，我在人民大会堂见到了他，那次对我来说真是一个绝好的机会。

在意大利外交部梅迪奇外长访华之际，我获得了去中国的签证，我从小就一直梦想着到这个伟大的国家。到了人民大会堂后，我和一些大使排队等待着与周总理见面。当时，我排在队伍的中间，当我听到周总理向人们打招呼和致谢的声音时，我向排在我前面的一位大使询问，除了中文外，周总理还会讲什么语言？他回答说，周总理的法语讲得很流利。这也是我的运气，因为这样我就可以直接向周总理说明我的要求。我向意大利驻华大使撒了个谎，说我没有带照相机。其实，你们也知道，作为一个摄影记者，是不可能不带照相机的，因为说不准什么时候就有机会用到。之所以撒谎，我是想借机排到队尾去。因为队伍排到一半时，我意识到，即使我向周总理只要求 1 分钟(照相)的时间，我的要求也不会得到满足的，因为我的身后还有三四十人在排队。于是，我从队伍里走了出来，一直走到队尾，这样我就成了最后一个接近周总理的人了。

他的微笑、他的高雅气质、他的沉着稳重和高大形象立刻打动了我并给我留下深刻的印象。他是一个非常有涵养而且高雅的人，他的确懂得预知未来，预知自己的国家。我不是一个政治家，但我认为，如果说毛主席是一个伟大国家的舵手的话，周总理则凭他的勇气为这个国家照亮了前进的道路。这是我个人的一点看法。在我接近周总理的时候，我想我得找一个理由说明我当时在场的原因。于是，我说：

“总理先生，我有生以来第一次撒了谎，我向别人谎称没有带照相机，但实际上我带了。因为这是唯一的机会能为您拍一张照片，我再也不可能有其他的机会、再也不可能有像今天这么好的运气给您拍照了。”

他看了看我，对我说：“满头白发的人也会说谎吗？”

“是的，总理先生，我是说了谎。但是，如果可能的话，如果您愿意的话，我这是第一次请求您，耽搁您一小会儿时间让我为您照一张相。”

他对我笑了笑，说：“面对一个满头白发的人，我总是愿意的。”

我让他走近沙发，并让他坐下来。他的姿态是那样高贵，他当时的姿势是这样的，你们可以从这张照片上看得出，他的手，他的胳膊肘这么完美地放在这里，根本不需要任何提示。我拍下了第一张照片，但那时他的眼睛几乎是往地上看，我认为这张照片不太好。于是，我走近周总理，对他说：

“总理先生，我不是一个出色的摄影师，您能给我一个机会再为您拍一张照片吗？”

他同意了。我重新回到我的摄影位置。当我正在取景时，他的一个秘书从远处叫他，他的目光移向了远方，朝着中国的未来看去。就这样，我拍下了第二张照片。

能为周总理拍下这张照片的确是我的运气。有一件事我得说明，给周总理拍下这张照片不是因为我能干，而是因为我面前站着一个有个性的、如此重要、如此崇高的人物，是的，应该说他有着高贵的气质，他的面部轮廓，还有他的眼睛是这样的非同一般。如果说拍下这张照片有什么功绩的话，也就归功于他个人。他的确很有吸引力，我这一生永远都不会忘记他。

还有一件很有趣的轶事。有一天，我去为阿拉法特拍照，当我到了突尼斯时，阿拉法特对我说："亲爱的朋友，自从我们在开罗见面到现在，我们认识已经很长时间了，我想请您帮一个大忙，像给周恩来总理拍照一样也为我拍一张。"我说："噢，主席先生，这可比较难，因为你们是两个完全不同的人。"

为周恩来拍摄的这张照片，首先刊登在意大利《时代》周刊上，占了中心页整整两页篇幅。它很快引起了世人的关注。1974 年，这幅照片荣获美国最有名的新闻照片奖：密苏里大学新闻学院颁发的"认识世界奖"。

另外，与周恩来夫人的会晤也使我激动不已，她是一位非常和蔼可亲的女性。周总理逝世后，我再次来到中国，受到邓颖超的亲切接见。见面时，她紧紧地握住我的双手，并对我说："感谢你拍了一张很好的照片，这是恩来生前拍的姿势和神情最好的照片之一。"我激动得说不出话来，过了一会儿才喃喃说道："不，这要感谢周总理！"

我可以告诉你们，我为周恩来总理拍的这张照片在中国以各种方式被广为采用，我听说到 1986 年为止这张照片的发行量已超过了 9000 多万张。可以说，我得到的最为高贵和诚挚的谢意是来自周恩来的夫人。

编者后记

邓在军

“音容宛在，永别难忘！音容宛在，永别难忘！音容宛在，永别难忘啊！”这连续三声深情的呼唤，竟然出自一位失忆已近3年的百岁老人之口。奇迹发生在周恩来、邓颖超早年的战友、觉悟社最后一位在世社员管易文身上。觉悟社是五四运动时期由周恩来、邓颖超等20个男女学生创办的青年进步团体。当年他们做了50个号码，以抓阄的方式确定自己的代号，周恩来抓到的是“5号”，因此取谐音名为“伍豪”。从那以后，他多以此为笔名发表文章。1932年2月，国民党特务还用“伍豪”这个笔名在上海《时报》、《新闻报》、《时事新闻》和《申报》上分别刊登了“伍豪脱党启事”，企图达到污蔑周恩来、瓦解共产党的目的。“文革”当中，江青等人借此事发难，意图陷害周恩来，这就是历史上著名的“伍豪事件”。可见“伍豪”这个笔名的影响之大。邓颖超抓到的是“1号”，取别名为“逸豪”；管易文是“18号”，别名为“石霸”。

采访管老这件事发生在1995年10月3日，是我为纪念周总理诞辰100周年摄制的12集电视专题艺术片《百年恩来》开机当天，拍摄的第一个镜头。说起来要感谢天津周恩来邓颖超纪念馆的李爱华副馆长，是她为我提供了第一手信息，并亲自带我到北京管老的家，全程协助我进行了拍摄。就在此次采访50多天后，重病中的管老永远离开了这个世界。

丧失了对人世间一切事物记忆的管易文老人，为什么唯独保留了对周恩来的思念？这是一个需要医学界探讨的问题。而我通过执导《百年恩来》，在两年多时间里采访300多位各界人士之后，脑海里浮现出一个清晰明白的答案：这是缘于周总理把所有的爱给了人民，中国人民为此深深地爱着他；周总理把人民的幸福与安危时刻装在心头，人们自然对他永远铭记在心。正像一位小学女教师在观看了《百年恩来》后对我所说的："石碑可以倒塌，木雕可以腐朽，只有人民心中的丰碑是永存的。"敬爱的周总理，就是一座镌刻在中国人民心中的不朽丰碑。

通过拍摄《百年恩来》，对自己是一次次净化灵魂的过程，也是我最珍贵的心路历程和人生际遇。我曾以为，作为周总理的亲属，对伯伯、伯母还是有一定接触和了解的，但在这次采访拍摄后才真正感受到，恩来伯伯伟大的人格力量，他为我们民族的解放与振兴所做的一切，我过去实在是了解得太少太少了！

继《百年恩来》之后，2008年，我又担任了纪念周总理诞辰110周年在人民大会堂举行的大型文艺晚会《你是这样的人》总导演。相继采访了众多对总理有浓厚情感的各界人士。加起来，有文字可据的内容已不下数百万字。其中许多被采访的人士业已故去，他们在世时发自肺腑的深情回忆、当时收集到的许多鲜为人知的珍贵史料，今天已成"绝响"。

为了纪念周总理诞辰115周年，感谢人民出版社的高度重视和精心策划，感谢中央文献研究室廖心文同志的指导帮助，得以出版这本《你是这样的人——回忆周恩来口述实录》。正如上述，它是由一个个鲜活生动的故事所构成的一本优秀读物。书的题目《你是这样的人》，源于《百年恩来》电视片的主题歌名。这首由宋小明作词、三宝作曲、刘欢演唱的歌曲，已成为一首传唱不衰的经典歌曲。歌词中并没有一个字提及周恩来，但是，只要《你是这样的人》的乐声响起，人们就立刻想起周总理：

把所有的心装进你心里，
在你的胸前写下，
你是这样的人。

把所有的爱握在你手中，
用你的眼睛诉说，
你是这样的人。

把所有的伤痛藏在你身上，
用你的微笑回答，
你是这样的人。

把所有的生命归还世界，
人们在心里呼唤，
你是这样的人。

不用多想，不用多问，
你就是这样的人；

不能不想，不能不问，
真情有多重，爱有多深！

正由于此，用《你是这样的人》作为本书书名，十分贴切，再好不过。

亲爱的读者，相信你在读过书中的一篇篇“实录”之后，将会与我一样受到心灵的震撼，并为我们曾经拥有这样一位人民的好总理，为中华民族拥有这样一份极其宝贵的精神财富——周恩来精神，感到无比的自豪与欣慰！

2013年8月

策　　划：侯俊智　周　苓
责任编辑：侯俊智
封面设计：王春峥

图书在版编目（CIP）数据

你是这样的人——回忆周恩来口述实录/邓在军 主编. —北京：人民出版社，2013.9
（2021.4 重印）
ISBN 978-7-01-012450-6

Ⅰ.①你…　Ⅱ.①邓…　Ⅲ.①周恩来（1898～1976）-生平事迹　Ⅳ.①K827=7

中国版本图书馆 CIP 数据核字（2013）第 188193 号

你是这样的人
NI SHI ZHEYANG DE REN
——回忆周恩来口述实录

邓在军　主编

人民出版社 出版发行
（100706　北京市东城区隆福寺街 99 号）

北京汇林印务有限公司印刷　新华书店经销

2013 年 9 月第 1 版　2021 年 4 月北京第 7 次印刷
开本：710 毫米×1000 毫米 1/16　印张：26.75
字数：315 千字

ISBN 978-7-01-012450-6　定价：55.00 元

邮购地址 100706　北京市东城区隆福寺街 99 号
人民东方图书销售中心　电话（010）65250042　65289539